Kinder des Fegefeuers

KAZÉ MANGA

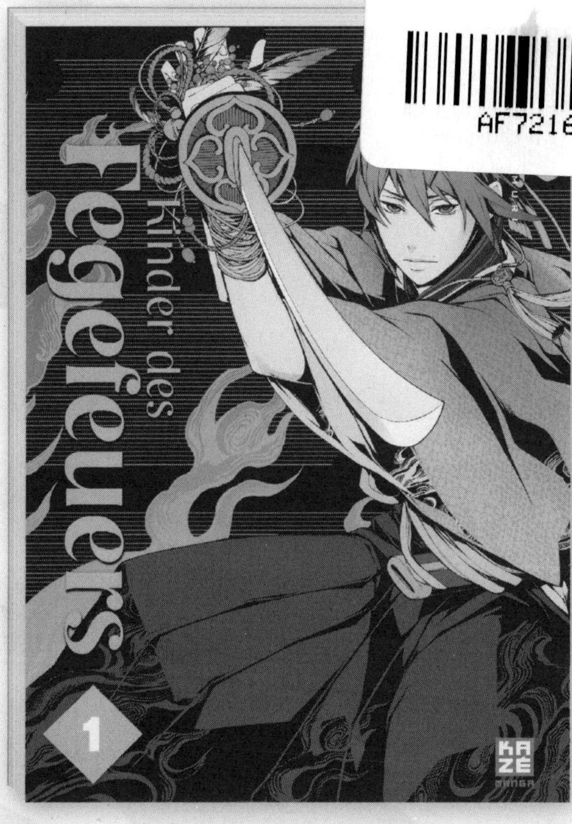

Der Himmel kann warten

KarakaraKemuri

In Ohmi, wo nie die Sonne durch die dunklen Wolken bricht, liegt ein okkulter Schrein. Man sagt, dort lebt ein Zwillingspaar, das dem Fegefeuer entsprungen ist. Ein geheimer Auftrag hat den jungen Samurai Sakichi dorthin geführt. Angeblich wird er hier die Totenkopf-Hozuki finden, ein mächtiges Artefakt. Aber was genau ist das überhaupt? Die Zwillinge wissen es, aber Sakichi ahnt nicht, in welch Teufels Stricke er sich mit ihnen begeben hat.

ROMANCE

Küss ihn, nicht mich!

KAZE MANGA

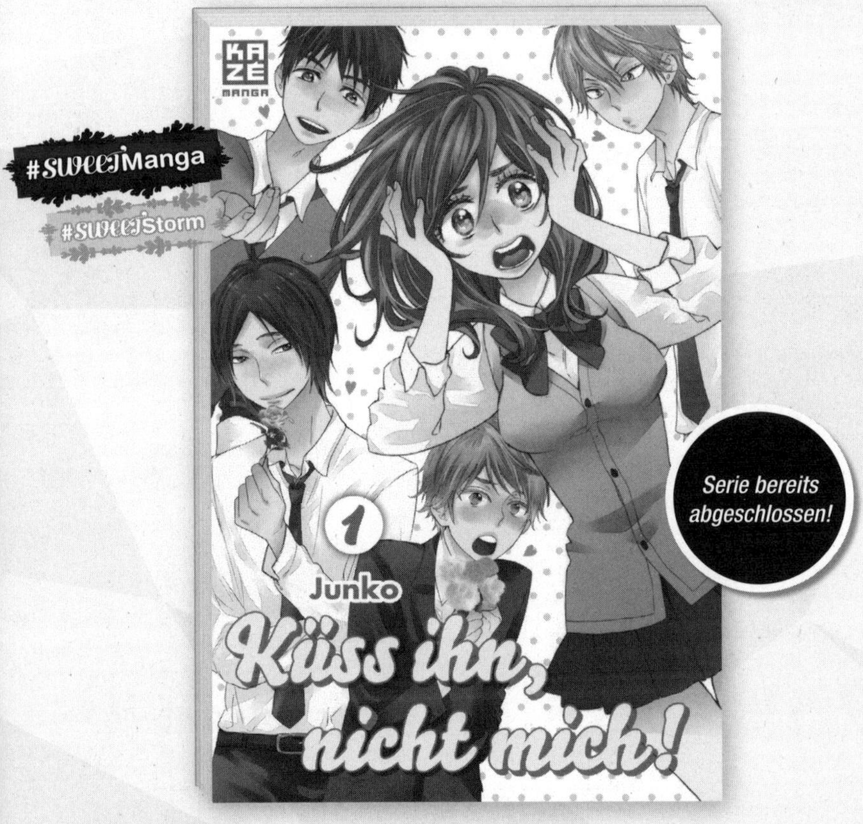

Boys, Boys, Boys

Junko

Kae ist ein molliges Mädchen, das total auf Boys-Love-Mangas steht. Kein Wunder, dass sie untröstlich ist, als ihr Lieblings-Anime-Charakter den Serientod stirbt. Eine ganze Woche schließt sie sich in ihr Zimmer ein und als ihre Familie sie endlich wieder zu Gesicht bekommt, ist plötzlich aus der Pummelfee eine schlanke Prinzessin geworden. Nun hat Kae fast so viele Verehrer wie Finger an der Hand. Dabei denkt sie sich beim Anblick der süßen Jungs nur: Küss ihn, nicht mich!

www.kaze-online.de Kaze.Deutschland KazeDeutschland

Anziehend anders

JOSOUSHITE MENDOKUSAIKOTO NI NATTERU
NEKURA TO YUNKEE NO RYOUKATAOMOI
VOL. 1

First published in Japan in 2019 by MAG Garden Corporation
German translation rights arranged with MAG Garden Corporation
through Tuttle-Mori Agency, Inc., Tokyo

Deutschsprachige Ausgabe / German Edition

CH-1007 LAUSANNE

Aus dem Japanischen von Martin Bachernegg

Redaktion: Juliane Günther
Herstellung: Sonja Lesch
Lettering: Datagrafix Inc.
Druck und Bindung: GGP Media GmbH, Pößneck

ISBN 978-2-88951-573-8

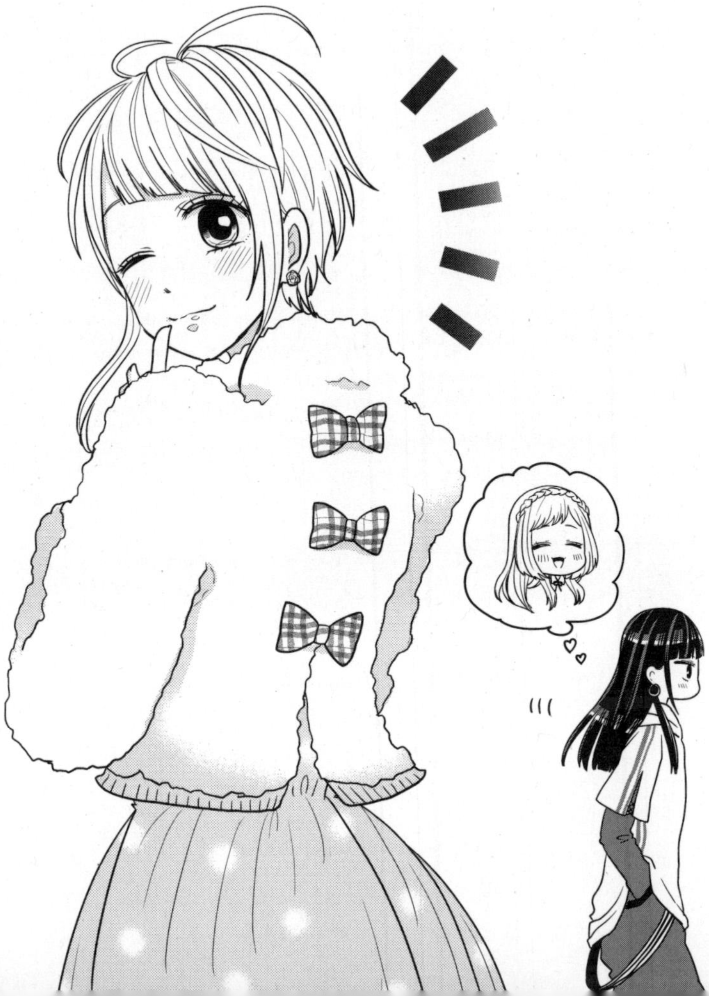

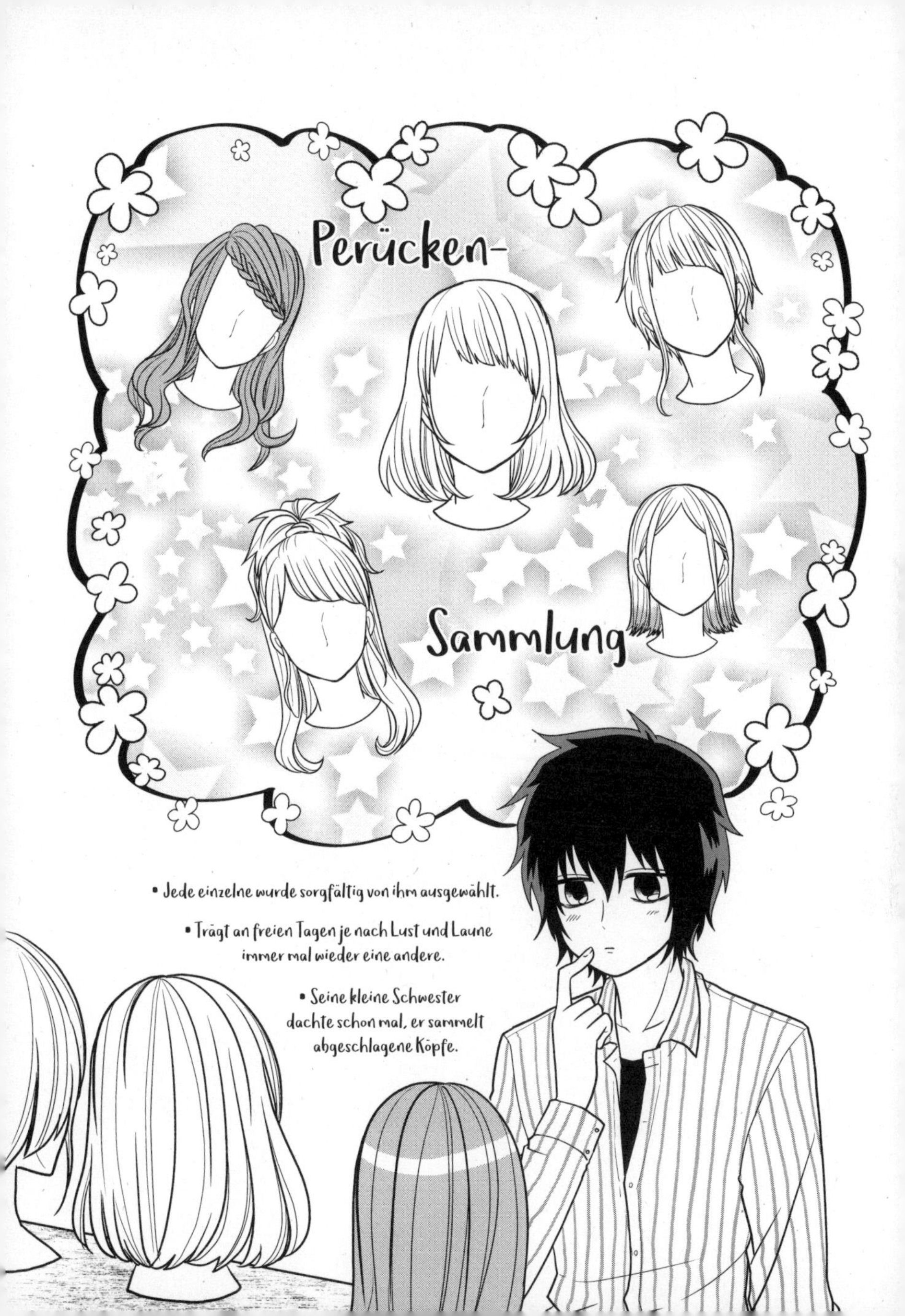
Perücken-
Sammlung
• Jede einzelne wurde sorgfältig von ihm ausgewählt.
• Trägt an freien Tagen je nach Lust und Laune immer mal wieder eine andere.
• Seine kleine Schwester dachte schon mal, er sammelt abgeschlagene Köpfe.

HANA (YUMA) WIRD VOM BESESSENEN KANOKO VERFOLGT.

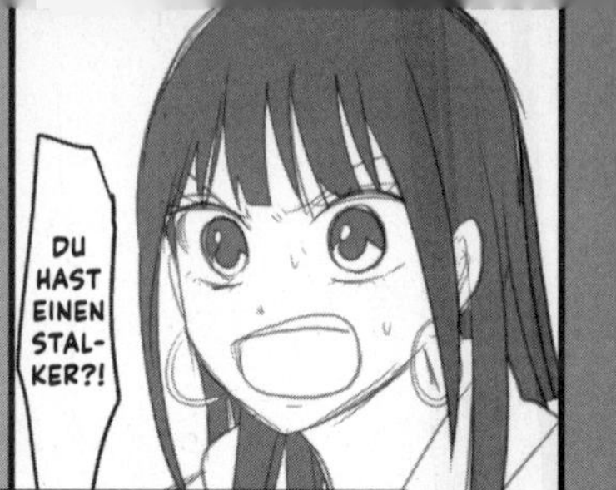

DOCH ES BAHNT SICH NOCH EIN WEITERES PROBLEM AN!

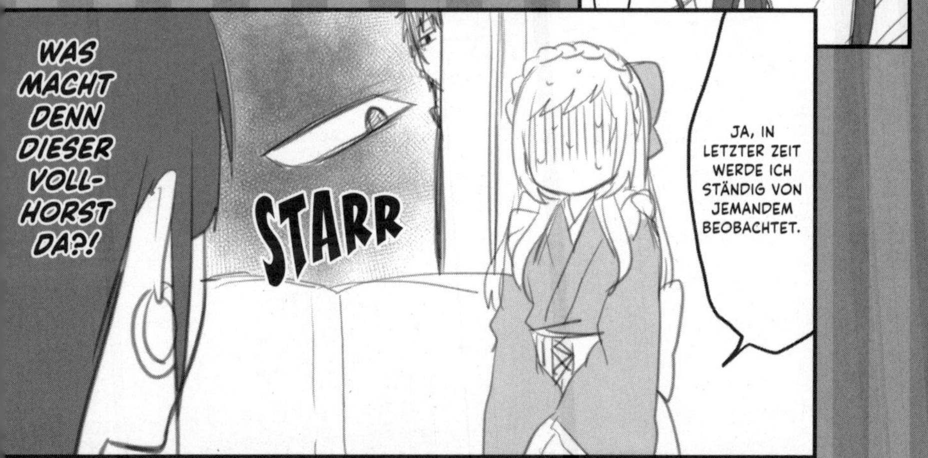

BAND 2, IN DEM EUCH NOCH MEHR VERWIRRUNGEN ERWARTEN, KOMMT AM 2. JUNI 2022 IN DEN HANDEL!

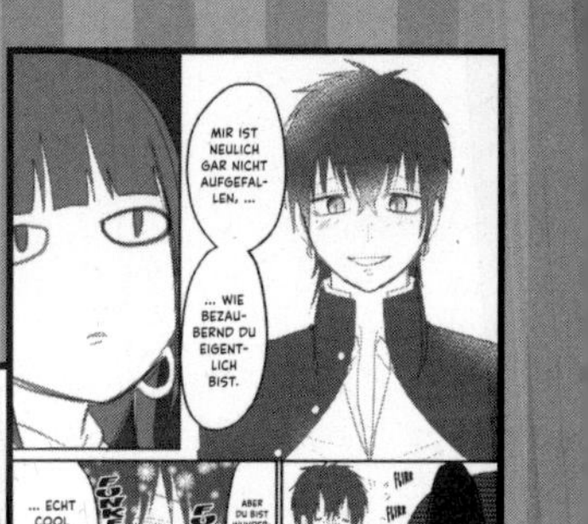

WIE ES WEITERGEHT ERFAHRT IHR IN „ANZIEHEND ANDERS" BAND 2!

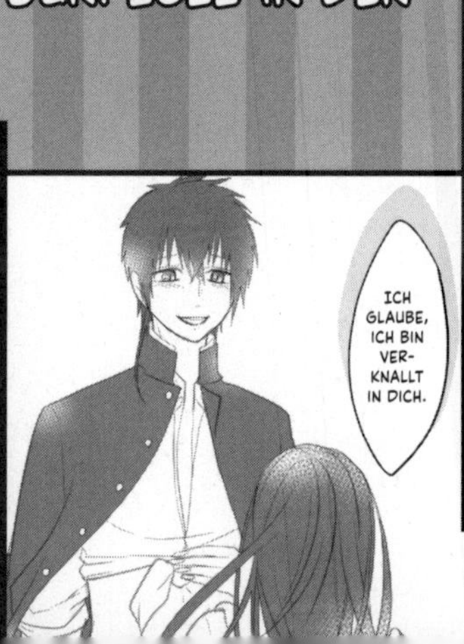

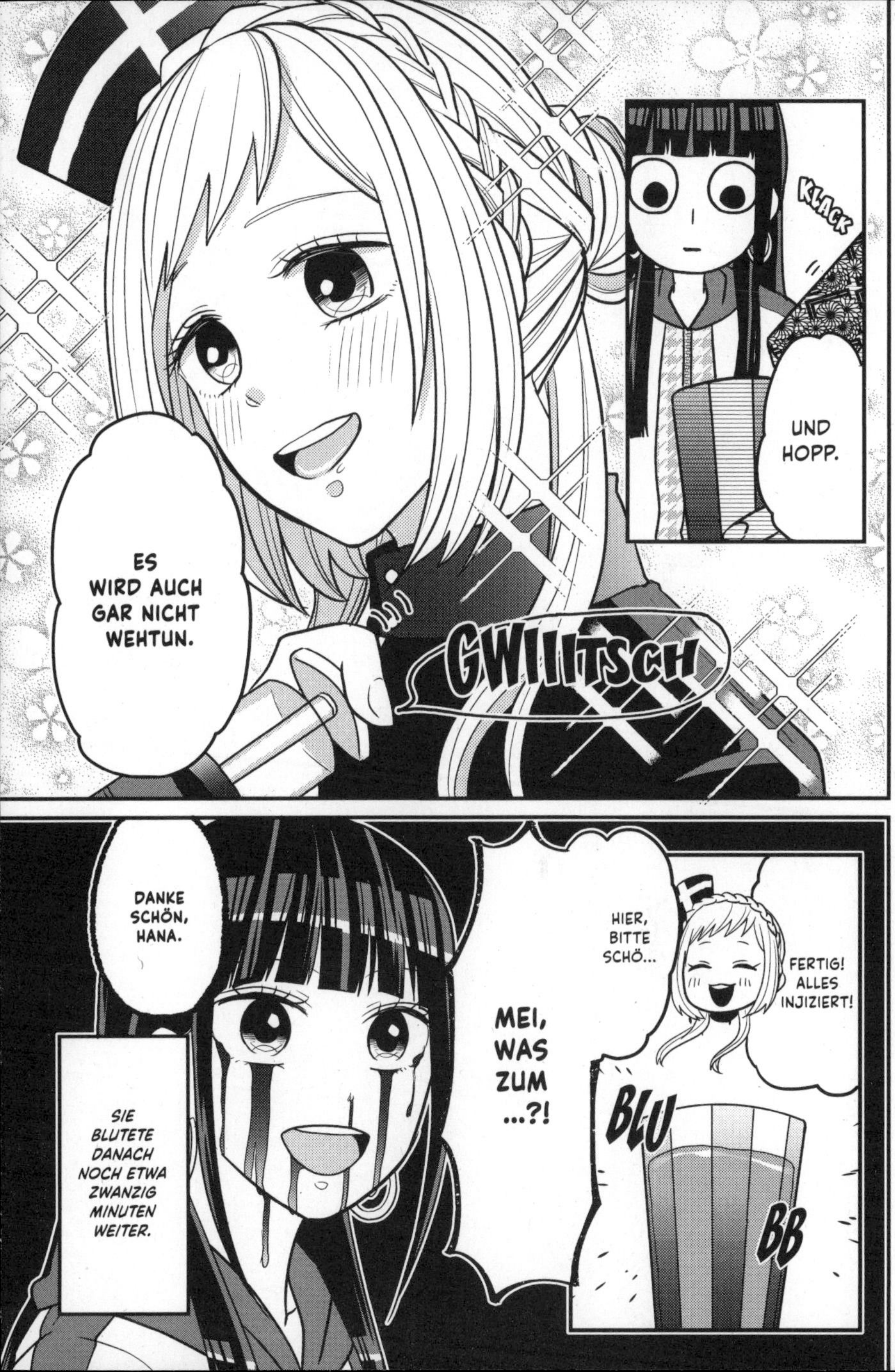
KLACK
UND HOPP.
ES WIRD AUCH GAR NICHT WEHTUN.
GWIIITSCH
FERTIG! ALLES INJIZIERT!
HIER, BITTE SCHÖ...
MEI, WAS ZUM ...?!
BLUBB
DANKE SCHÖN, HANA.
SIE BLUTETE DANACH NOCH ETWA ZWANZIG MINUTEN WEITER.

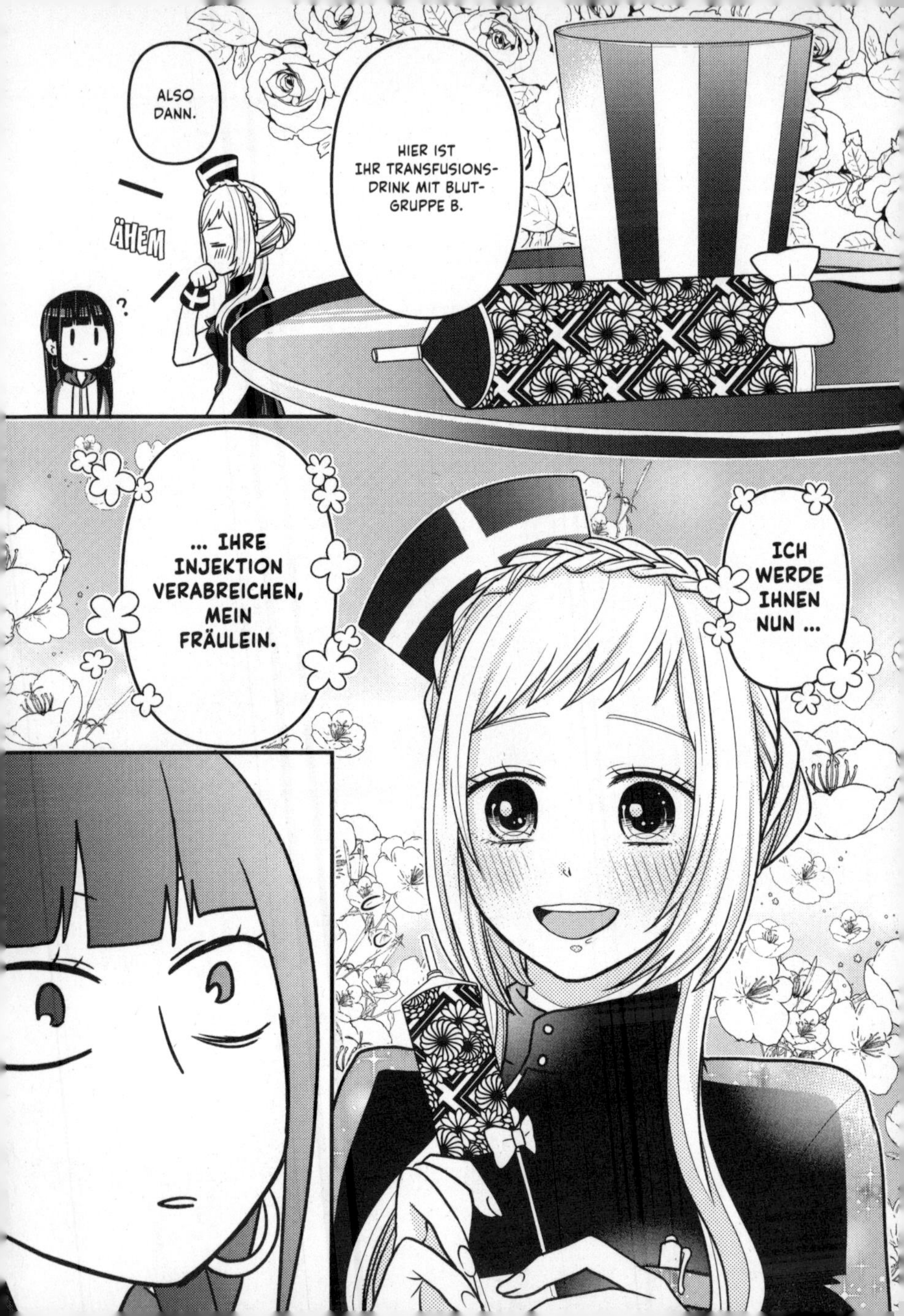

HIER IST IHR TRANSFUSIONS-DRINK MIT BLUT-GRUPPE B.
ALSO DANN.
ÄHEM
?
ICH WERDE IHNEN NUN ...
... IHRE INJEKTION VERABREICHEN, MEIN FRÄULEIN.

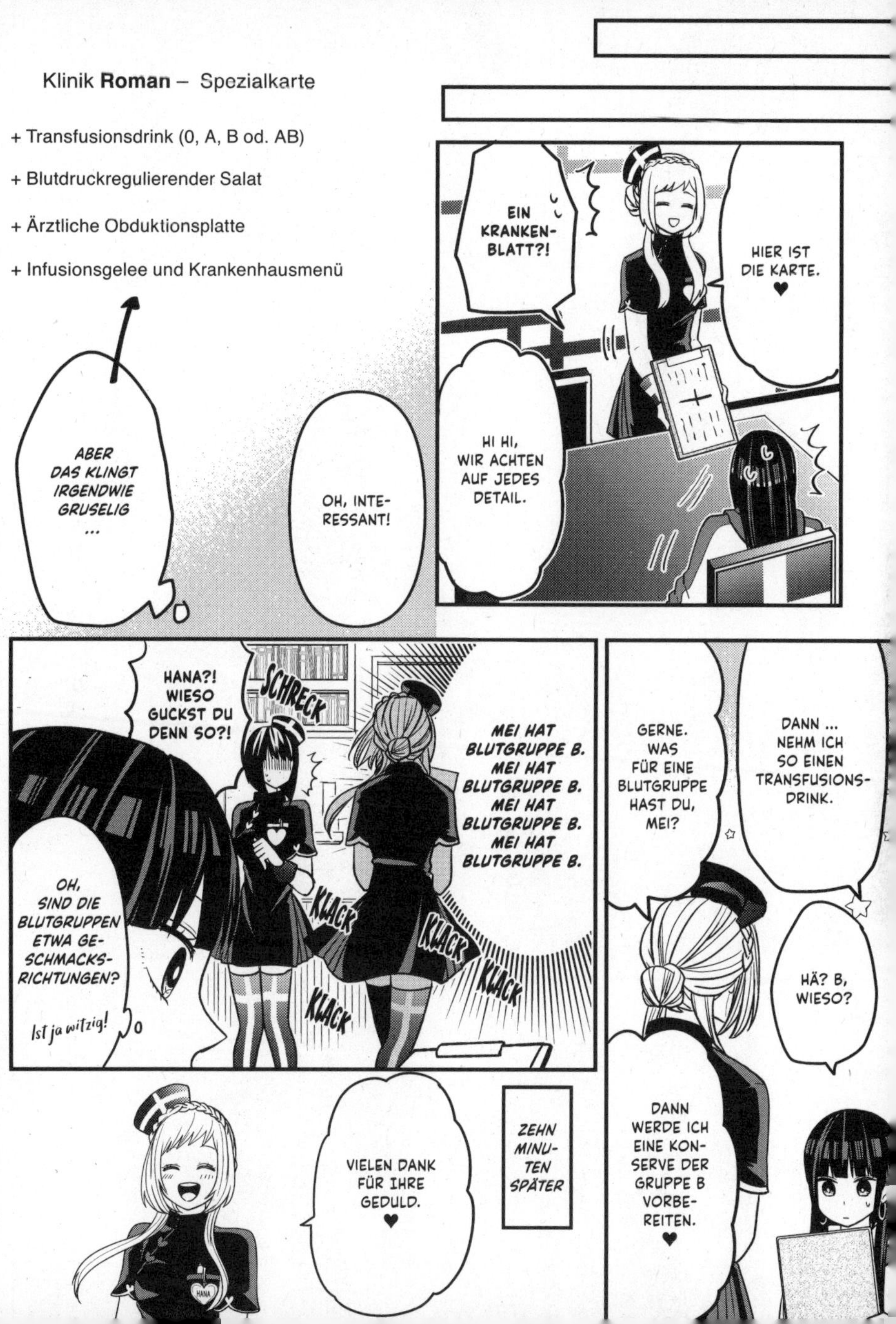
HIER IST DIE KARTE. ♥
EIN KRANKENBLATT?!
HI HI, WIR ACHTEN AUF JEDES DETAIL.
OH, INTERESSANT!
Klinik Roman – Spezialkarte
+ Transfusionsdrink (0, A, B od. AB)
+ Blutdruckregulierender Salat
+ Ärztliche Obduktionsplatte
+ Infusionsgelee und Krankenhausmenü
ABER DAS KLINGT IRGENDWIE GRUSELIG ...
DANN ... NEHM ICH SO EINEN TRANSFUSIONSDRINK.
GERNE. WAS FÜR EINE BLUTGRUPPE HAST DU, MEI?
HÄ? B, WIESO?
MEI HAT BLUTGRUPPE B. MEI HAT BLUTGRUPPE B. MEI HAT BLUTGRUPPE B. MEI HAT BLUTGRUPPE B.
SCHRECK
HANA?! WIESO GUCKST DU DENN SO?!
KLACK
KLACK
KLACK
KLACK
OH, SIND DIE BLUTGRUPPEN ETWA GESCHMACKSRICHTUNGEN?
Ist ja witzig!
DANN WERDE ICH EINE KONSERVE DER GRUPPE B VORBEREITEN. ♥
ZEHN MINUTEN SPÄTER
VIELEN DANK FÜR IHRE GEDULD. ♥
HANA

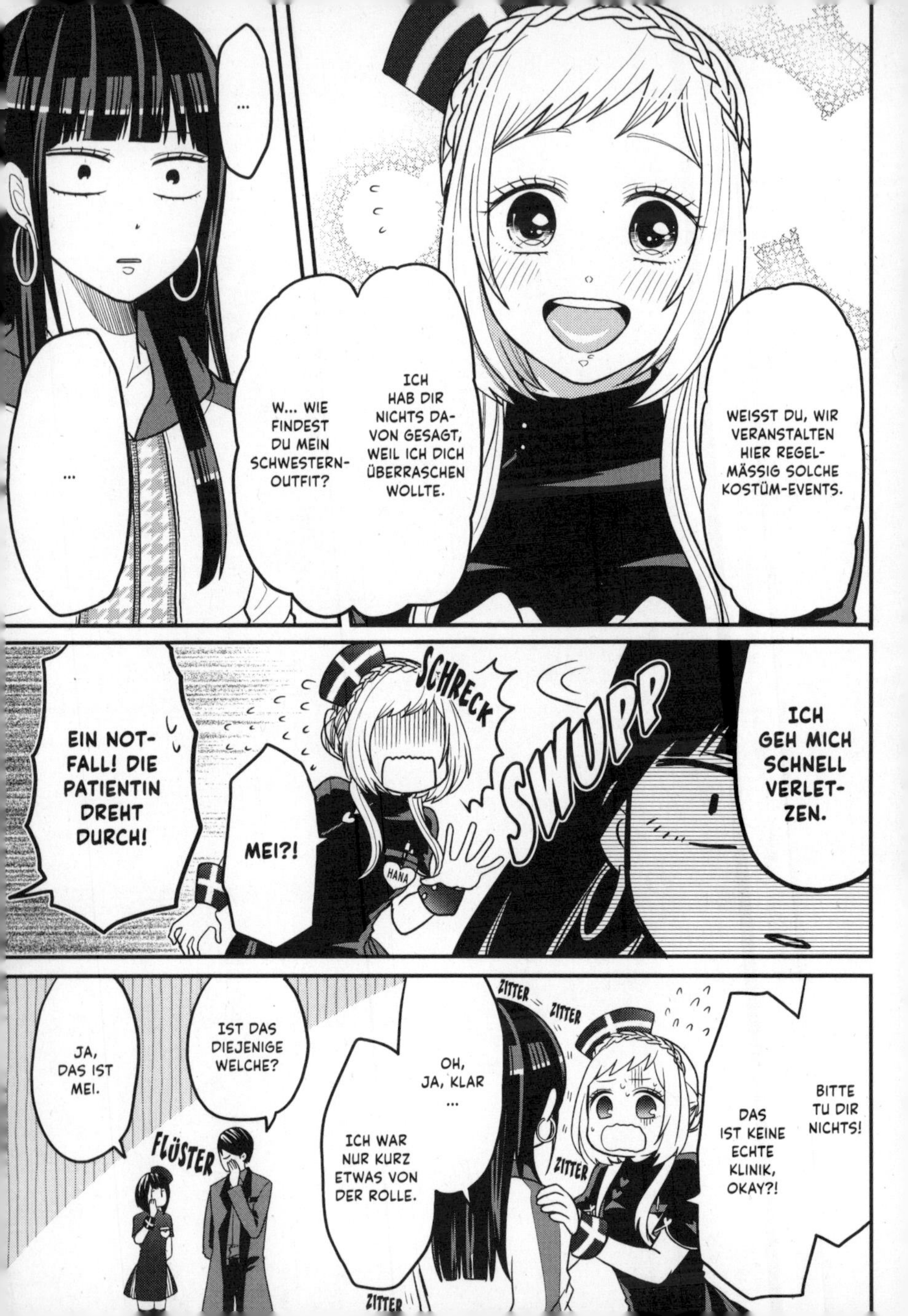
WEISST DU, WIR VERANSTALTEN HIER REGELMÄSSIG SOLCHE KOSTÜM-EVENTS.
ICH HAB DIR NICHTS DAVON GESAGT, WEIL ICH DICH ÜBERRASCHEN WOLLTE.
W... WIE FINDEST DU MEIN SCHWESTERN-OUTFIT?
...
...
ICH GEH MICH SCHNELL VERLETZEN.
SWUPP
SCHRECK
MEI?!
EIN NOTFALL! DIE PATIENTIN DREHT DURCH!
HANA
BITTE TU DIR NICHTS!
DAS IST KEINE ECHTE KLINIK, OKAY?!
ZITTER
ZITTER
ZITTER
ZITTER
OH, JA, KLAR ...
ICH WAR NUR KURZ ETWAS VON DER ROLLE.
IST DAS DIEJENIGE WELCHE?
JA, DAS IST MEI.
FLÜSTER

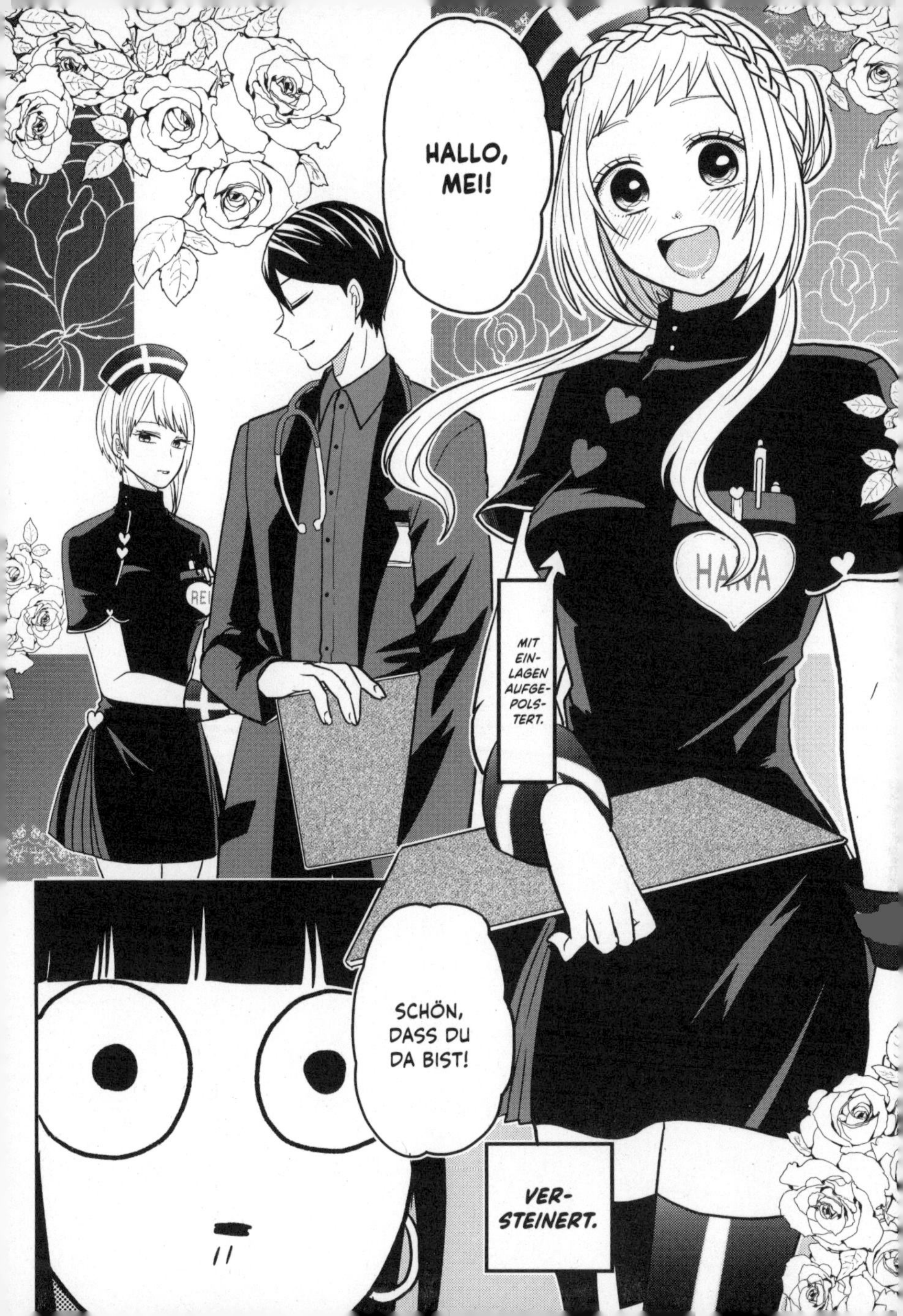
HALLO, MEI!
MIT EIN-LAGEN AUFGE-POLS-TERT.
HANA
REI
VER-STEINERT.
SCHÖN, DASS DU DA BIST!

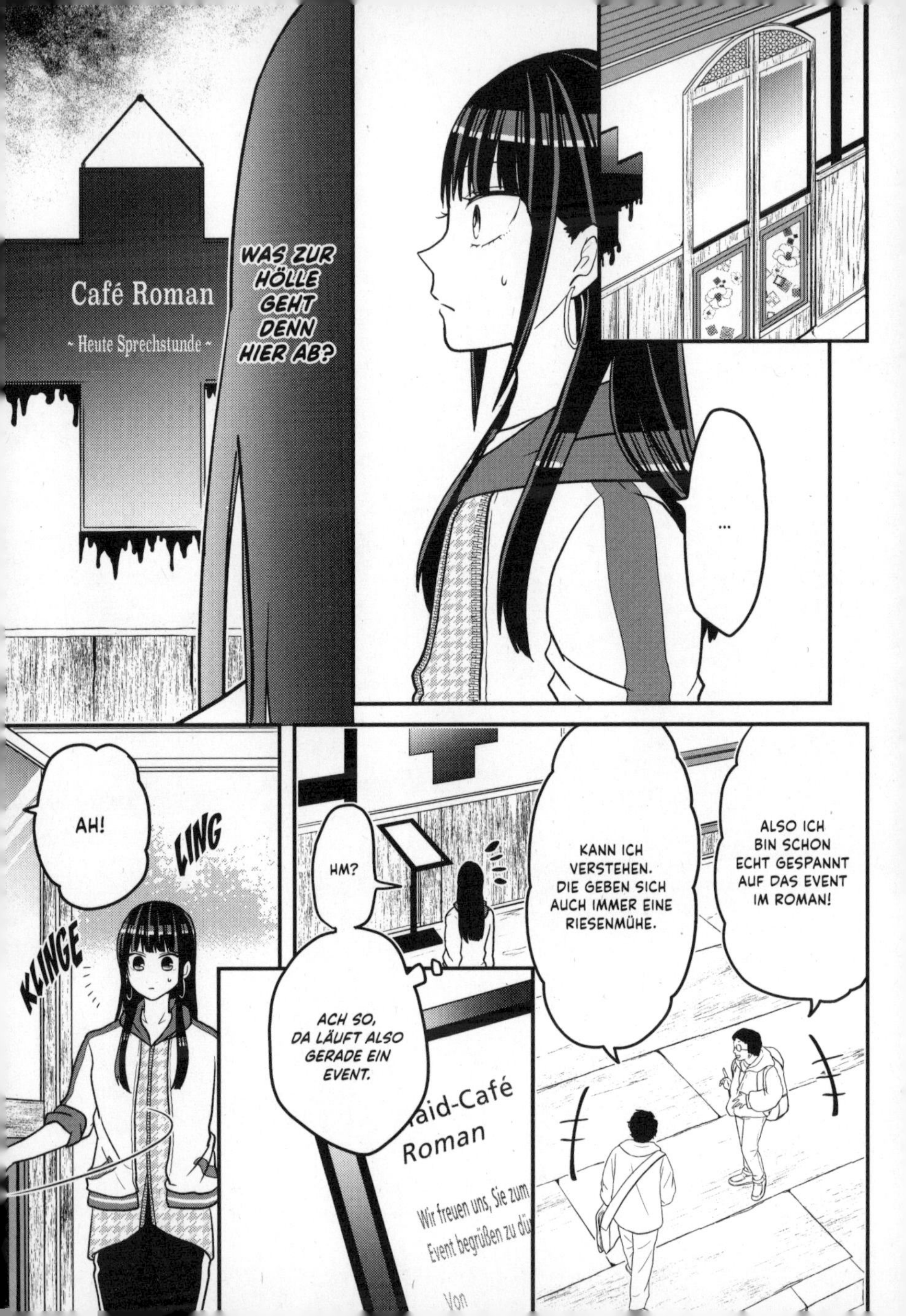

Café Roman
~ Heute Sprechstunde ~
WAS ZUR HÖLLE GEHT DENN HIER AB?
...
ALSO ICH BIN SCHON ECHT GESPANNT AUF DAS EVENT IM ROMAN!
KANN ICH VERSTEHEN. DIE GEBEN SICH AUCH IMMER EINE RIESENMÜHE.
HM?
ACH SO, DA LÄUFT ALSO GERADE EIN EVENT.
aid-Café
Roman
Wir freuen uns, Sie zum
Event begrüßen zu dü
Von
AH!
LING
KLINGE

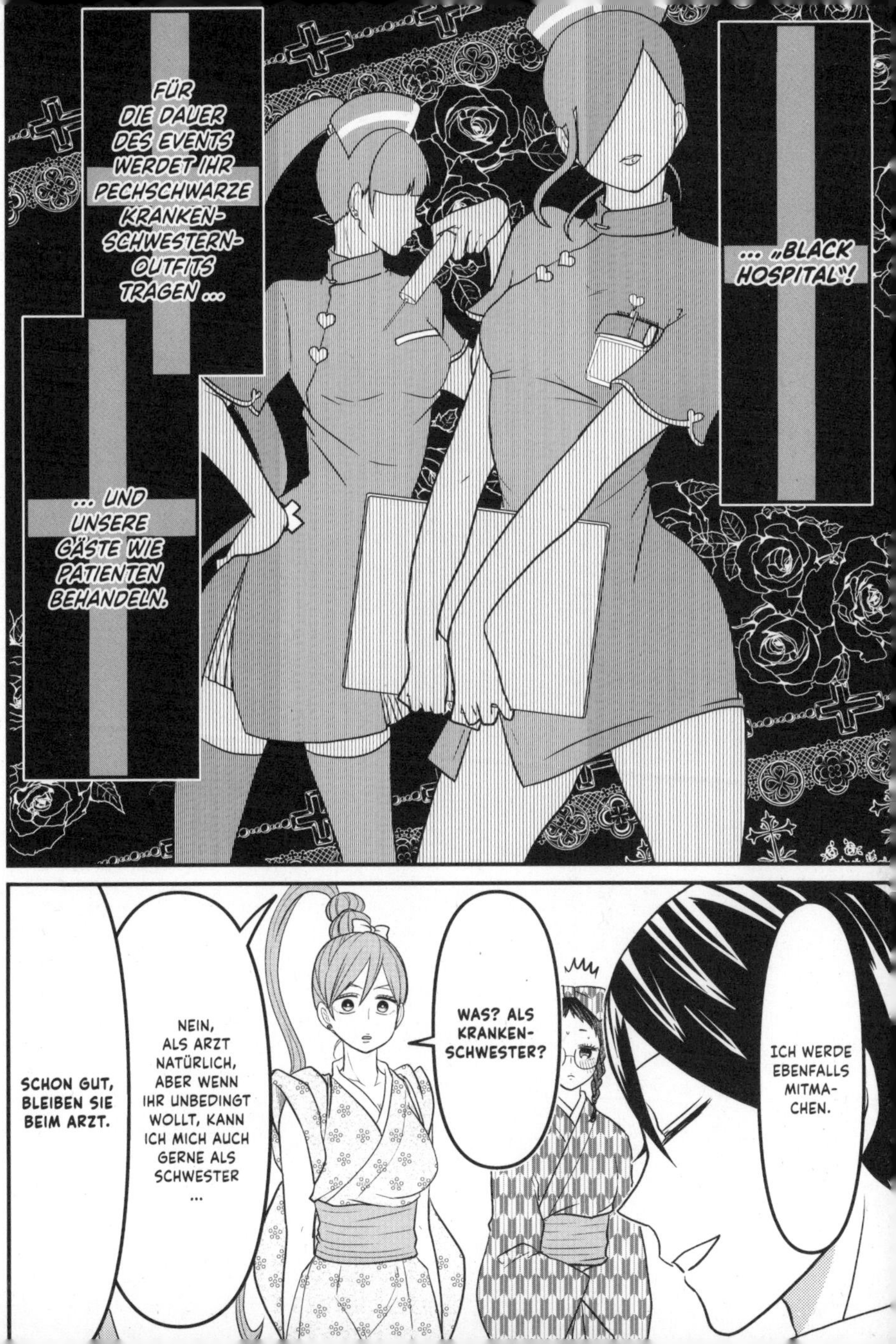
FÜR DIE DAUER DES EVENTS WERDET IHR PECHSCHWARZE KRANKEN-SCHWESTERN-OUTFITS TRAGEN ...
... „BLACK HOSPITAL"!
... UND UNSERE GÄSTE WIE PATIENTEN BEHANDELN.
ICH WERDE EBENFALLS MITMA-CHEN.
WAS? ALS KRANKEN-SCHWESTER?
NEIN, ALS ARZT NATÜRLICH, ABER WENN IHR UNBEDINGT WOLLT, KANN ICH MICH AUCH GERNE ALS SCHWESTER ...
SCHON GUT, BLEIBEN SIE BEIM ARZT.

BONUSKAPITEL 2: DAS ROMAN UND DIE KRANKENSCHWESTERN

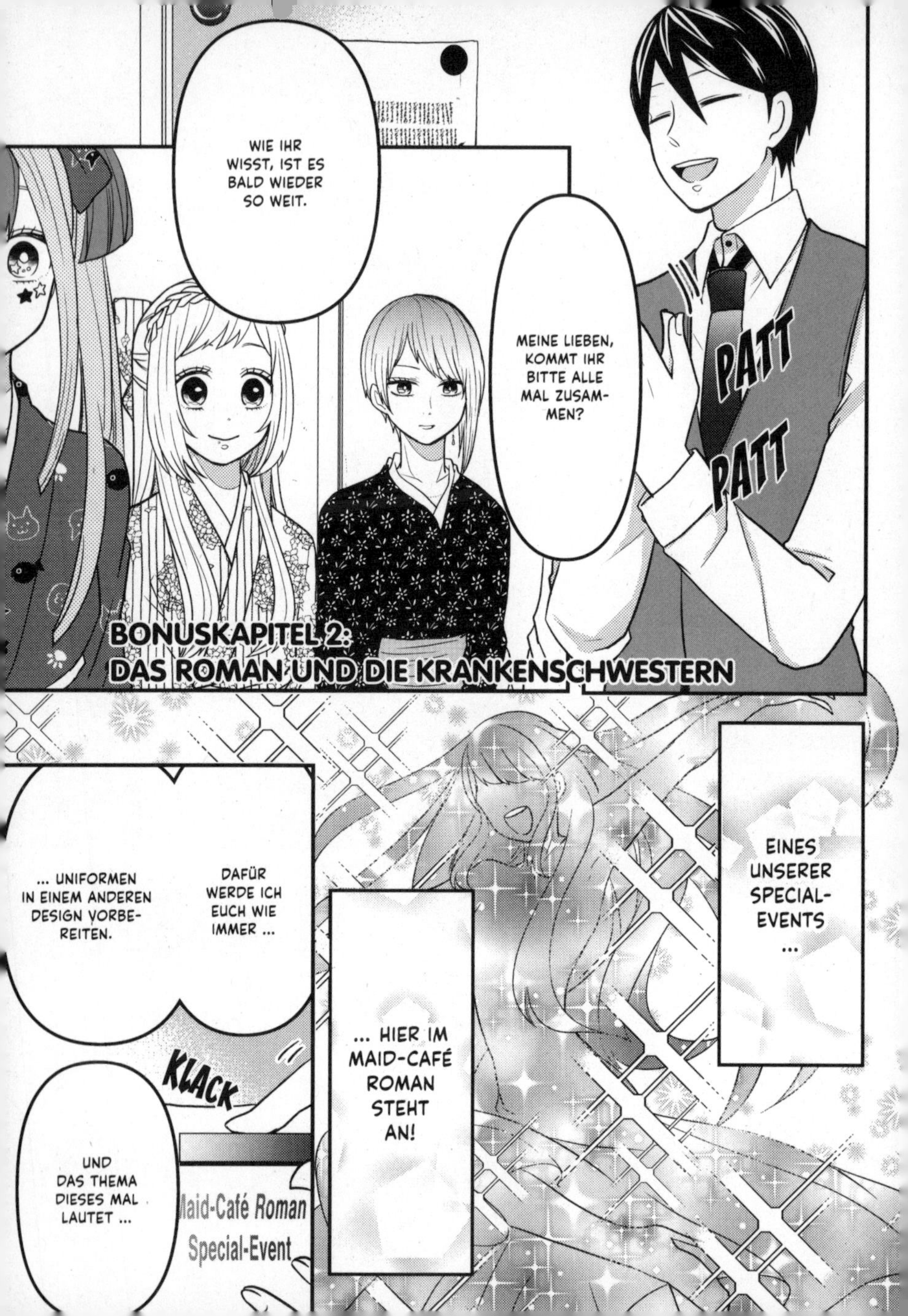

Anziehend anders

Anziehend anders

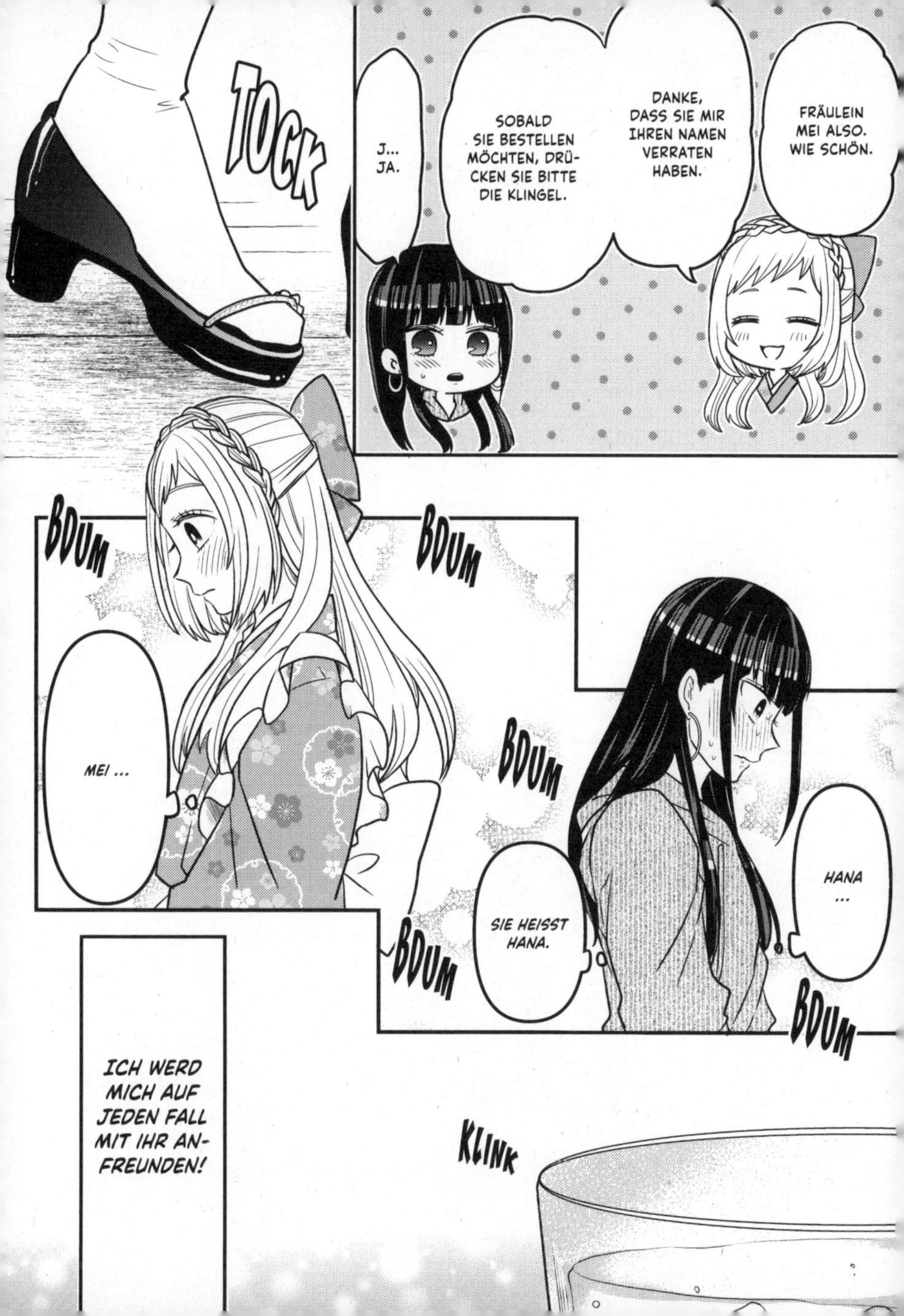
FRÄULEIN MEI ALSO. WIE SCHÖN.
DANKE, DASS SIE MIR IHREN NAMEN VERRATEN HABEN.
SOBALD SIE BESTELLEN MÖCHTEN, DRÜ-CKEN SIE BITTE DIE KLINGEL.
J... JA.
TOCK
BDUM
BDUM
BDUM
HANA ...
SIE HEISST HANA.
BDUM
BDUM
MEI ...
ICH WERD MICH AUF JEDEN FALL MIT IHR AN-FREUNDEN!
KLINK

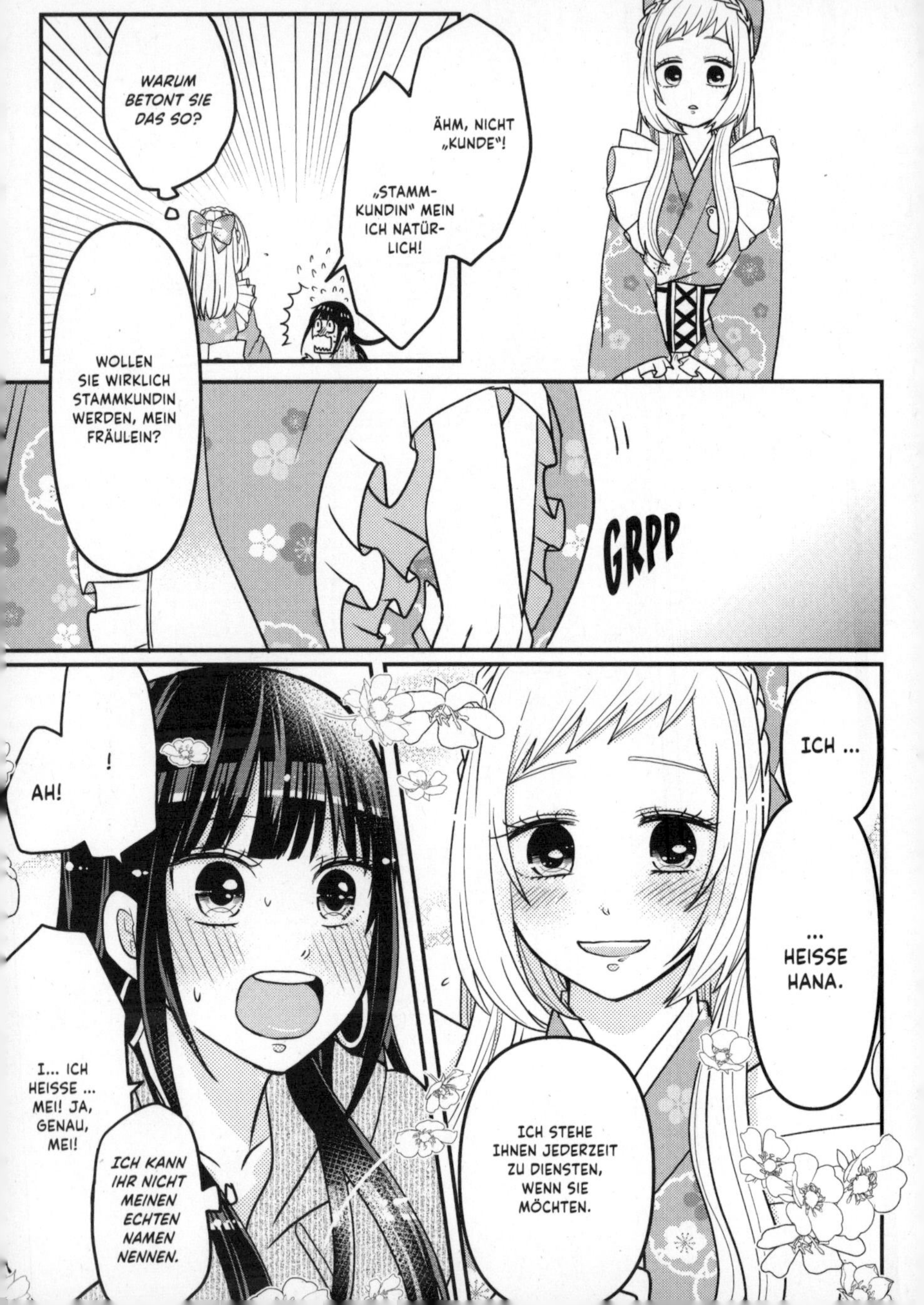
ÄHM, NICHT „KUNDE“!
„STAMM-KUNDIN“ MEIN ICH NATÜRLICH!
WARUM BETONT SIE DAS SO?
WOLLEN SIE WIRKLICH STAMMKUNDIN WERDEN, MEIN FRÄULEIN?
GRPP
ICH ...
... HEISSE HANA.
ICH STEHE IHNEN JEDERZEIT ZU DIENSTEN, WENN SIE MÖCHTEN.
!
AH!
I... ICH HEISSE ... MEI! JA, GENAU, MEI!
ICH KANN IHR NICHT MEINEN ECHTEN NAMEN NENNEN.

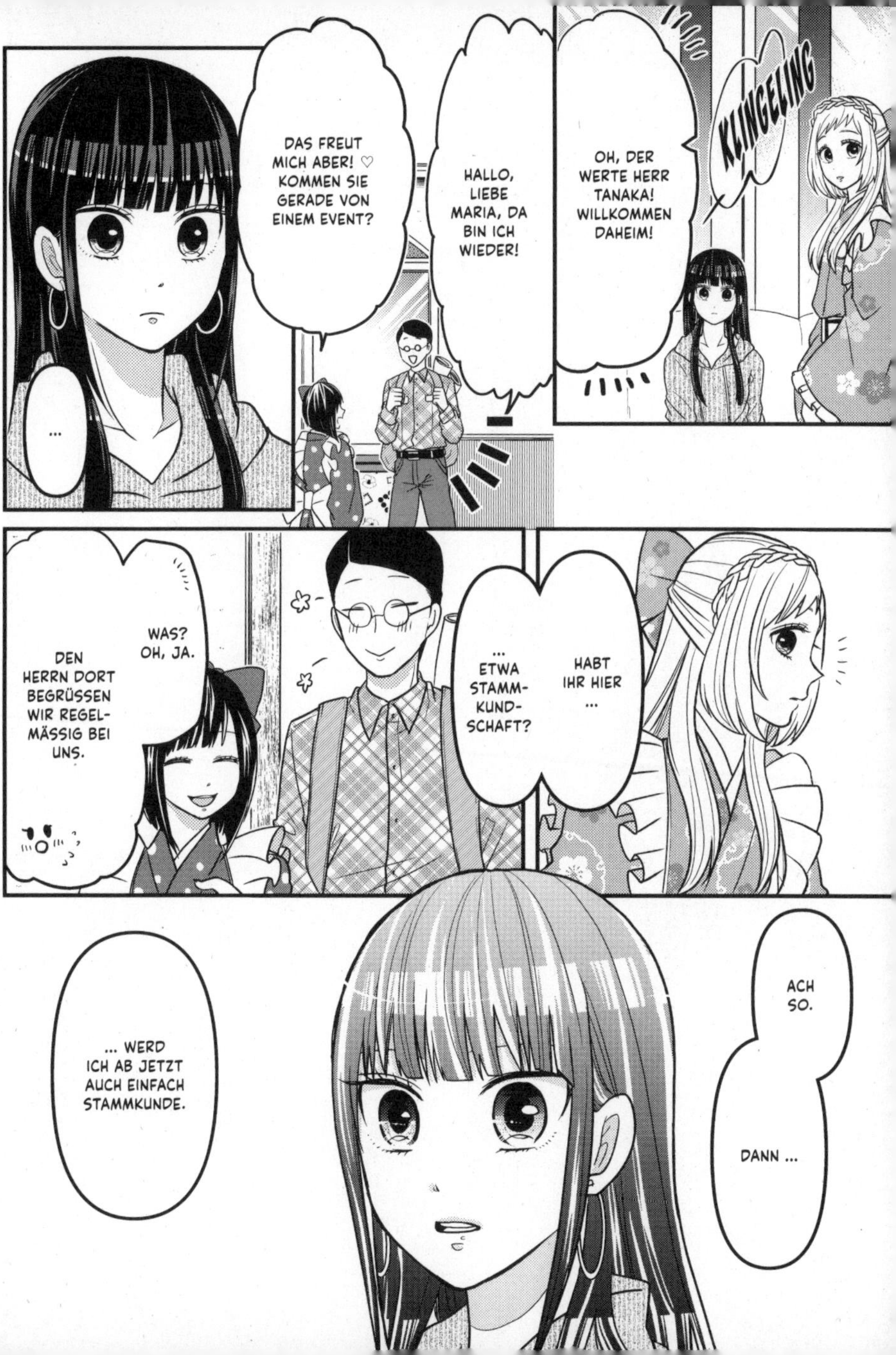
KLINGELING
OH, DER WERTE HERR TANAKA! WILLKOMMEN DAHEIM!
HALLO, LIEBE MARIA, DA BIN ICH WIEDER!
DAS FREUT MICH ABER! ♡ KOMMEN SIE GERADE VON EINEM EVENT?
...
HABT IHR HIER ...
... ETWA STAMM-KUND-SCHAFT?
WAS? OH, JA.
DEN HERRN DORT BEGRÜSSEN WIR REGEL-MÄSSIG BEI UNS.
ACH SO.
DANN ...
... WERD ICH AB JETZT AUCH EINFACH STAMMKUNDE.

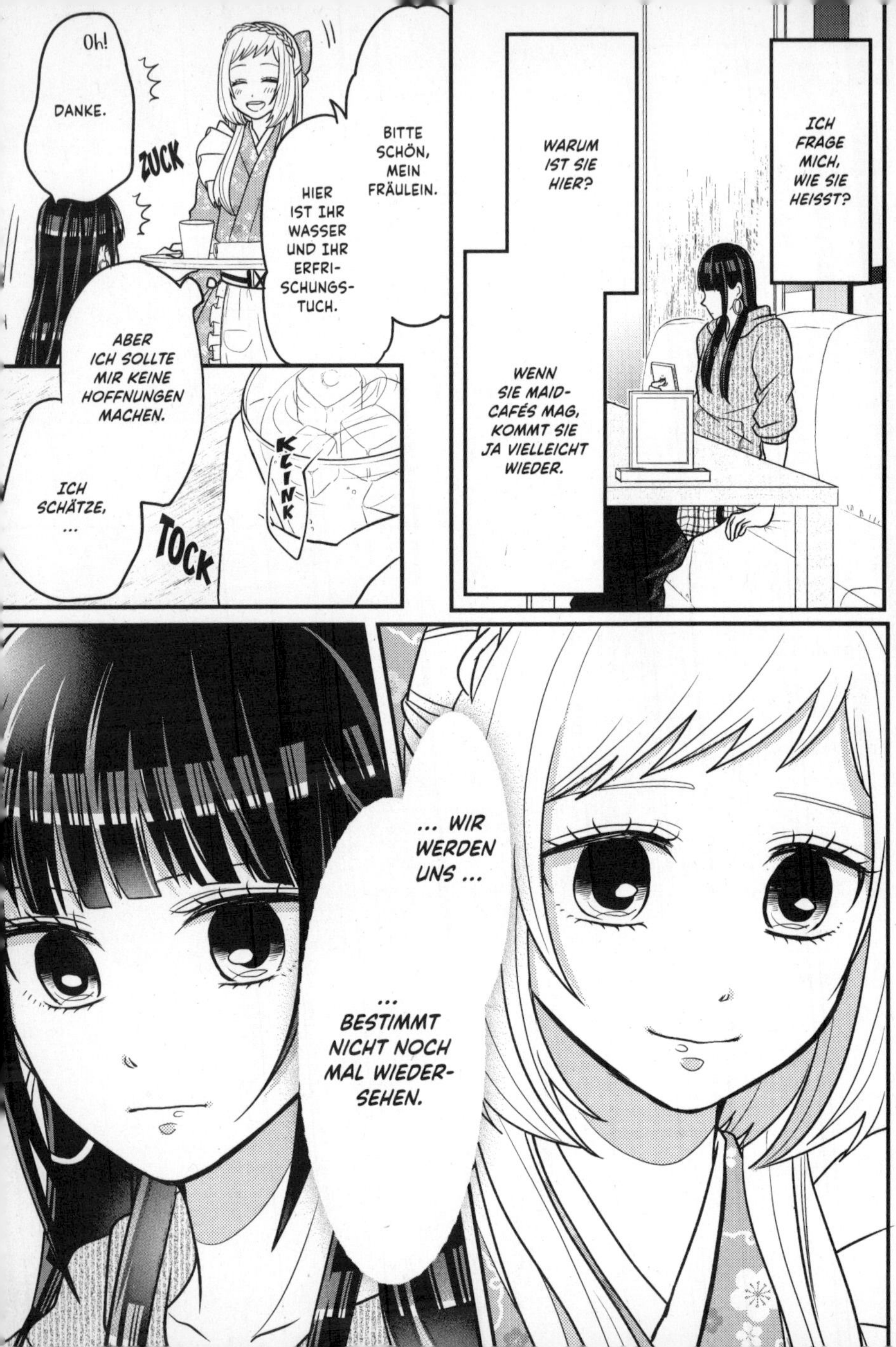
ICH FRAGE MICH, WIE SIE HEISST?
WARUM IST SIE HIER?
WENN SIE MAID-CAFÉS MAG, KOMMT SIE JA VIELLEICHT WIEDER.
BITTE SCHÖN, MEIN FRÄULEIN.
HIER IST IHR WASSER UND IHR ERFRI-SCHUNGS-TUCH.
ZUCK
Oh!
DANKE.
ABER ICH SOLLTE MIR KEINE HOFFNUNGEN MACHEN.
KLINK
TOCK
ICH SCHÄTZE, ...
... WIR WERDEN UNS ...
... BESTIMMT NICHT NOCH MAL WIEDER-SEHEN.

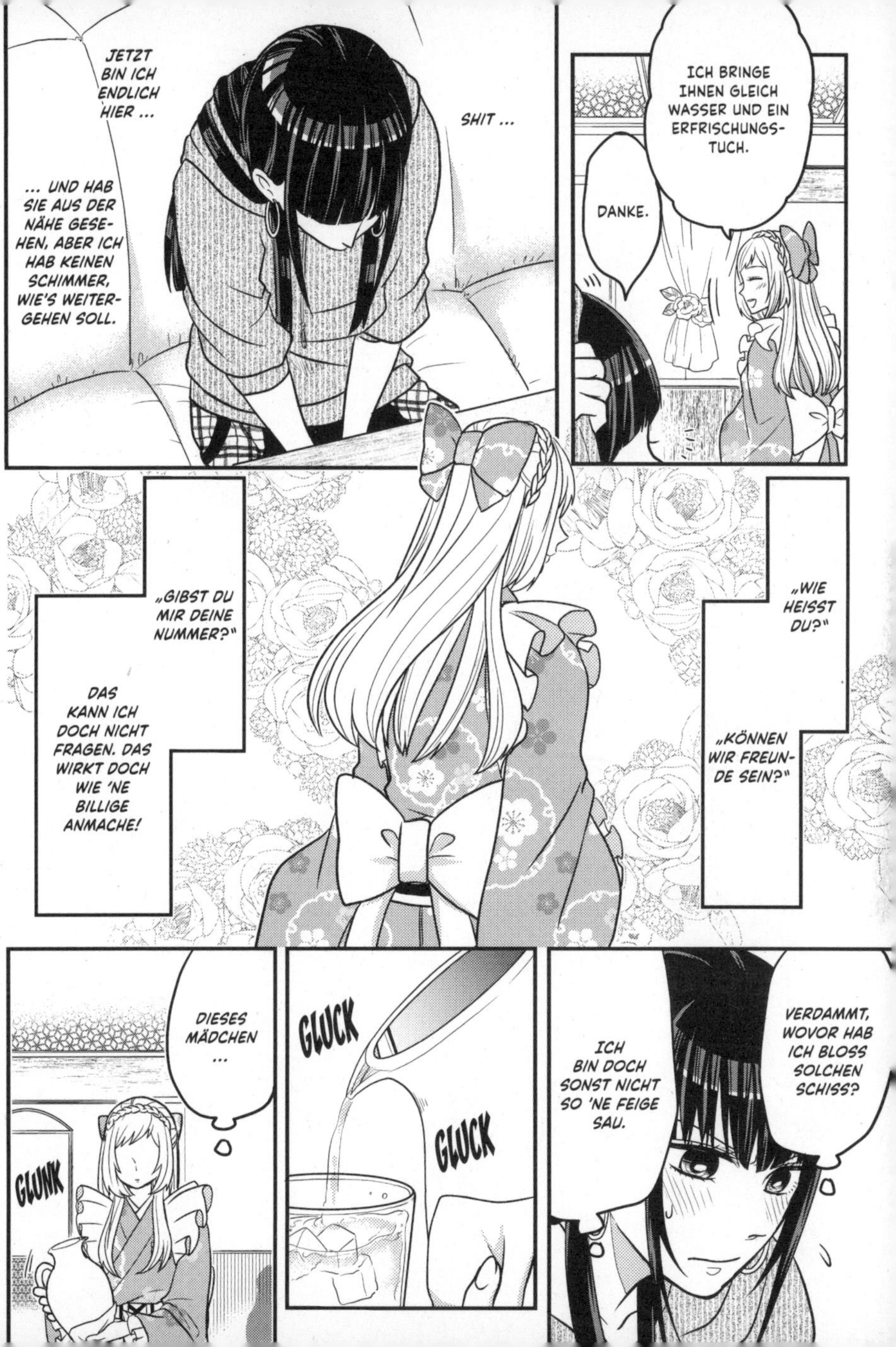
ICH BRINGE IHNEN GLEICH WASSER UND EIN ERFRISCHUNGS-TUCH.
DANKE.
JETZT BIN ICH ENDLICH HIER ...
SHIT ...
... UND HAB SIE AUS DER NÄHE GESE-HEN, ABER ICH HAB KEINEN SCHIMMER, WIE'S WEITER-GEHEN SOLL.
„WIE HEISST DU?"
„KÖNNEN WIR FREUN-DE SEIN?"
„GIBST DU MIR DEINE NUMMER?"
DAS KANN ICH DOCH NICHT FRAGEN. DAS WIRKT DOCH WIE 'NE BILLIGE ANMACHE!
VERDAMMT, WOVOR HAB ICH BLOSS SOLCHEN SCHISS?
ICH BIN DOCH SONST NICHT SO 'NE FEIGE SAU.
GLUCK
GLUCK
DIESES MÄDCHEN ...
GLUNK

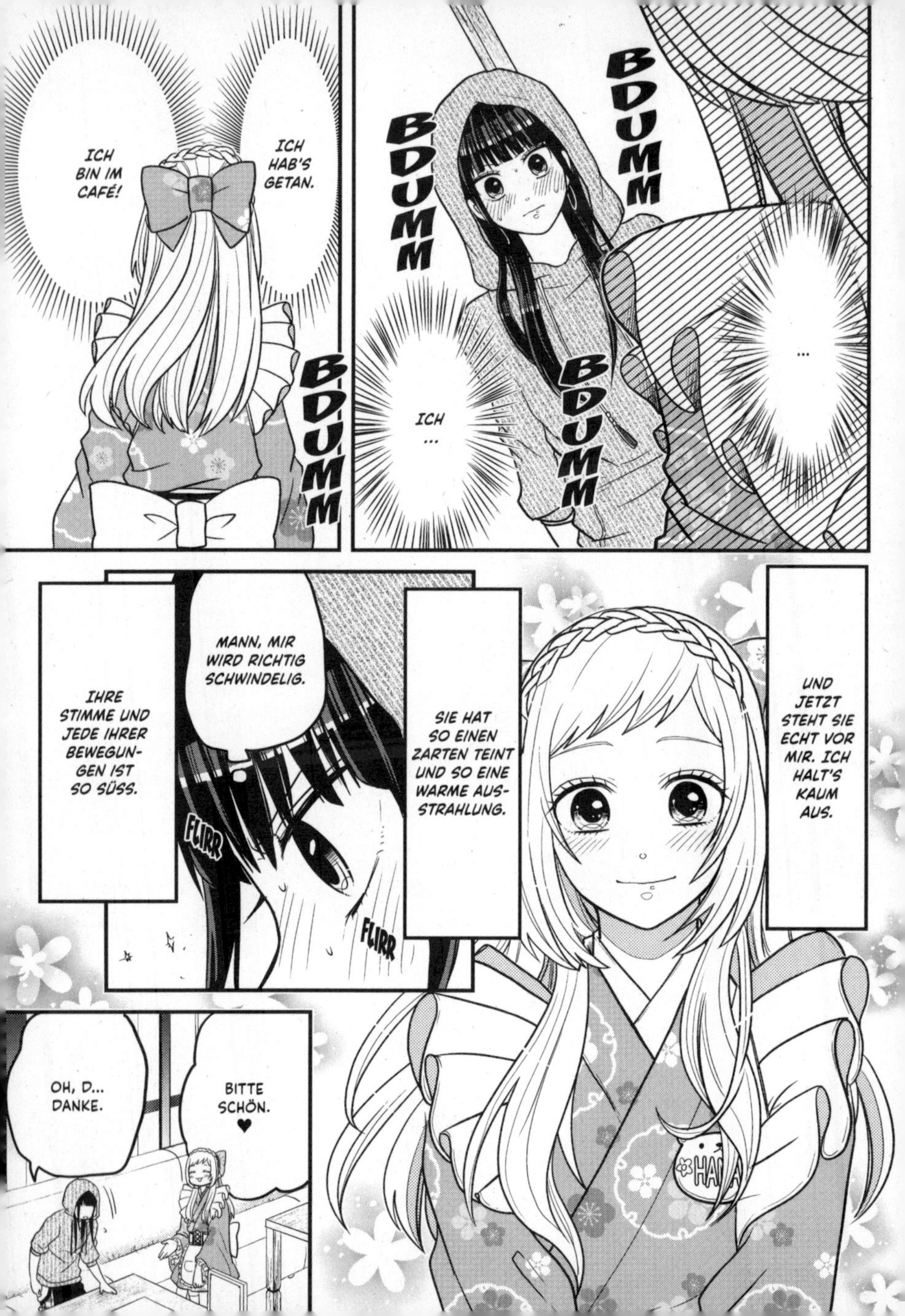
BDUMM
BDUMM
...
ICH ...
BDUMM
ICH HAB'S GETAN.
ICH BIN IM CAFÉ!
BDUMM
UND JETZT STEHT SIE ECHT VOR MIR. ICH HALT'S KAUM AUS.
SIE HAT SO EINEN ZARTEN TEINT UND SO EINE WARME AUS-STRAHLUNG.
MANN, MIR WIRD RICHTIG SCHWINDELIG.
FLIRR
FLIRR
IHRE STIMME UND JEDE IHRER BEWEGUN-GEN IST SO SÜSS.
BITTE SCHÖN. ♥
OH, D... DANKE.

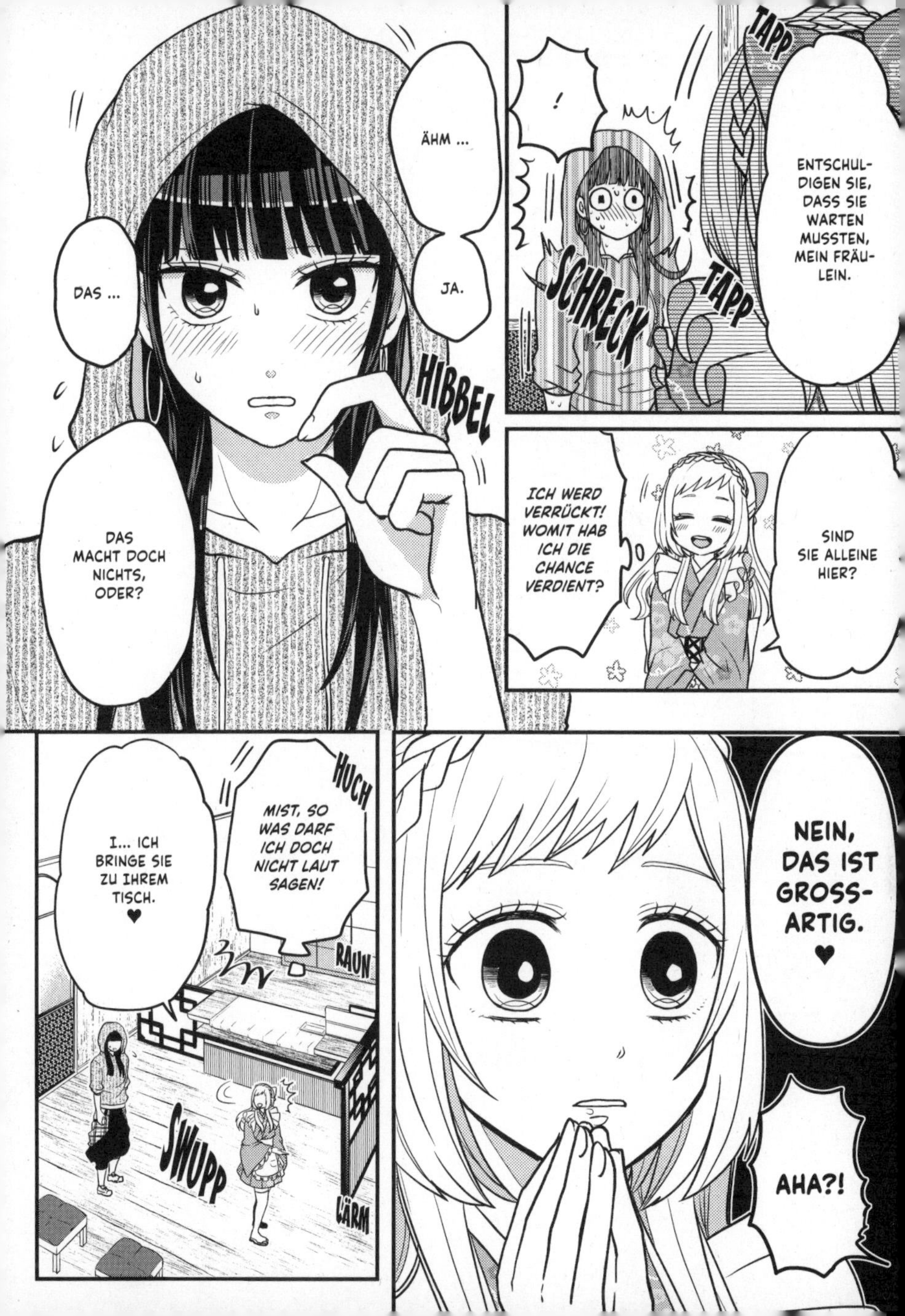
TAPP
ENTSCHUL-DIGEN SIE, DASS SIE WARTEN MUSSTEN, MEIN FRÄU-LEIN.
TAPP
!
SCHRECK
SIND SIE ALLEINE HIER?
ICH WERD VERRÜCKT! WOMIT HAB ICH DIE CHANCE VERDIENT?
ÄHM ...
JA.
DAS ...
HIBBEL
DAS MACHT DOCH NICHTS, ODER?
NEIN, DAS IST GROSS-ARTIG. ♥
AHA?!
HUCH
MIST, SO WAS DARF ICH DOCH NICHT LAUT SAGEN!
RAUN
I... ICH BRINGE SIE ZU IHREM TISCH. ♥
SWUPP
LÄRM

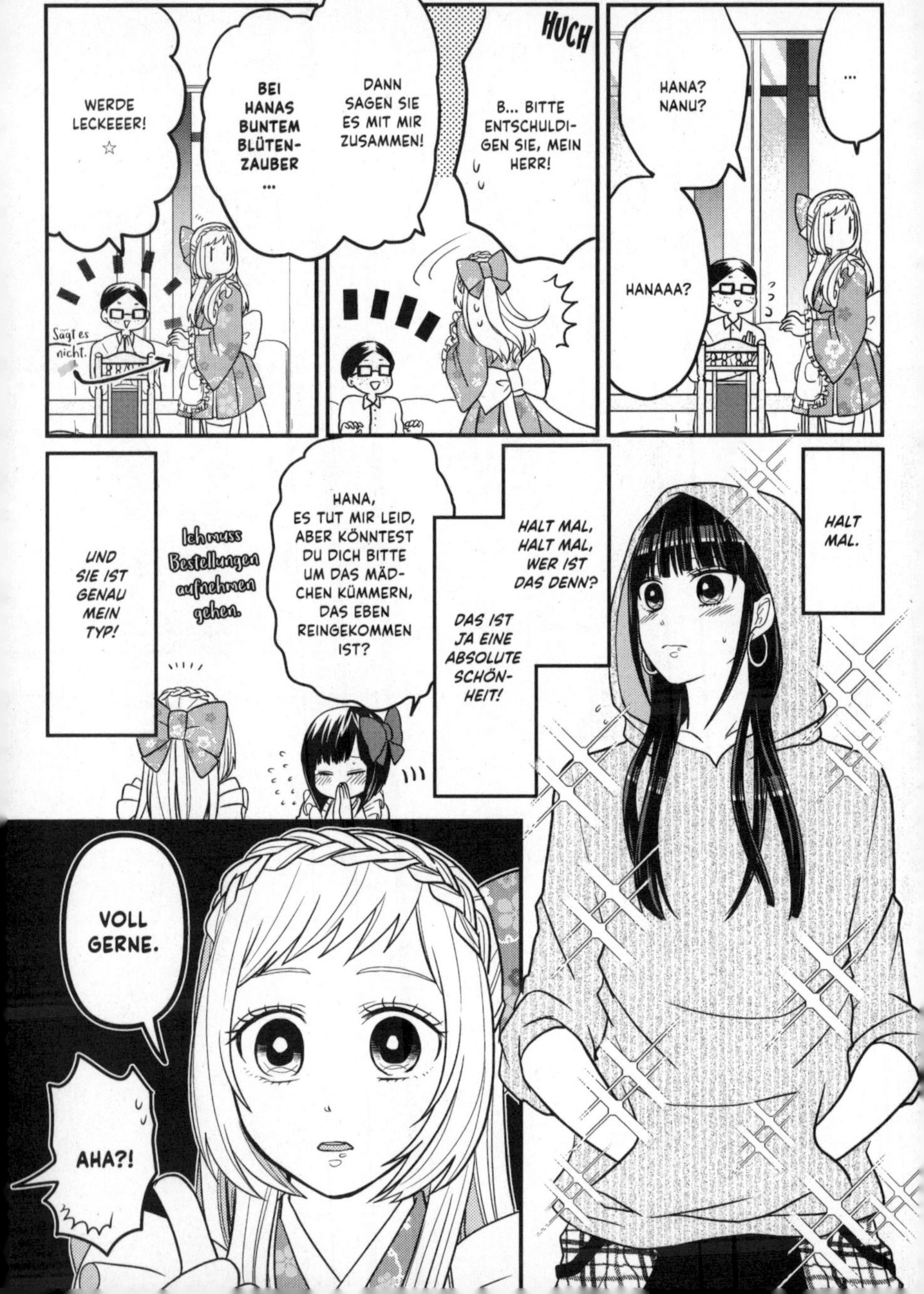
...
HANA? NANU?
HANAAA?
HUCH
B... BITTE ENTSCHULDIGEN SIE, MEIN HERR!
DANN SAGEN SIE ES MIT MIR ZUSAMMEN!
BEI HANAS BUNTEM BLÜTENZAUBER ...
WERDE LECKEEER! ☆
Sagt es nicht.
HALT MAL.
HALT MAL, HALT MAL, WER IST DAS DENN?
DAS IST JA EINE ABSOLUTE SCHÖNHEIT!
HANA, ES TUT MIR LEID, ABER KÖNNTEST DU DICH BITTE UM DAS MÄDCHEN KÜMMERN, DAS EBEN REINGEKOMMEN IST?
Ich muss Bestellungen aufnehmen gehen.
UND SIE IST GENAU MEIN TYP!
VOLL GERNE.
AHA?!

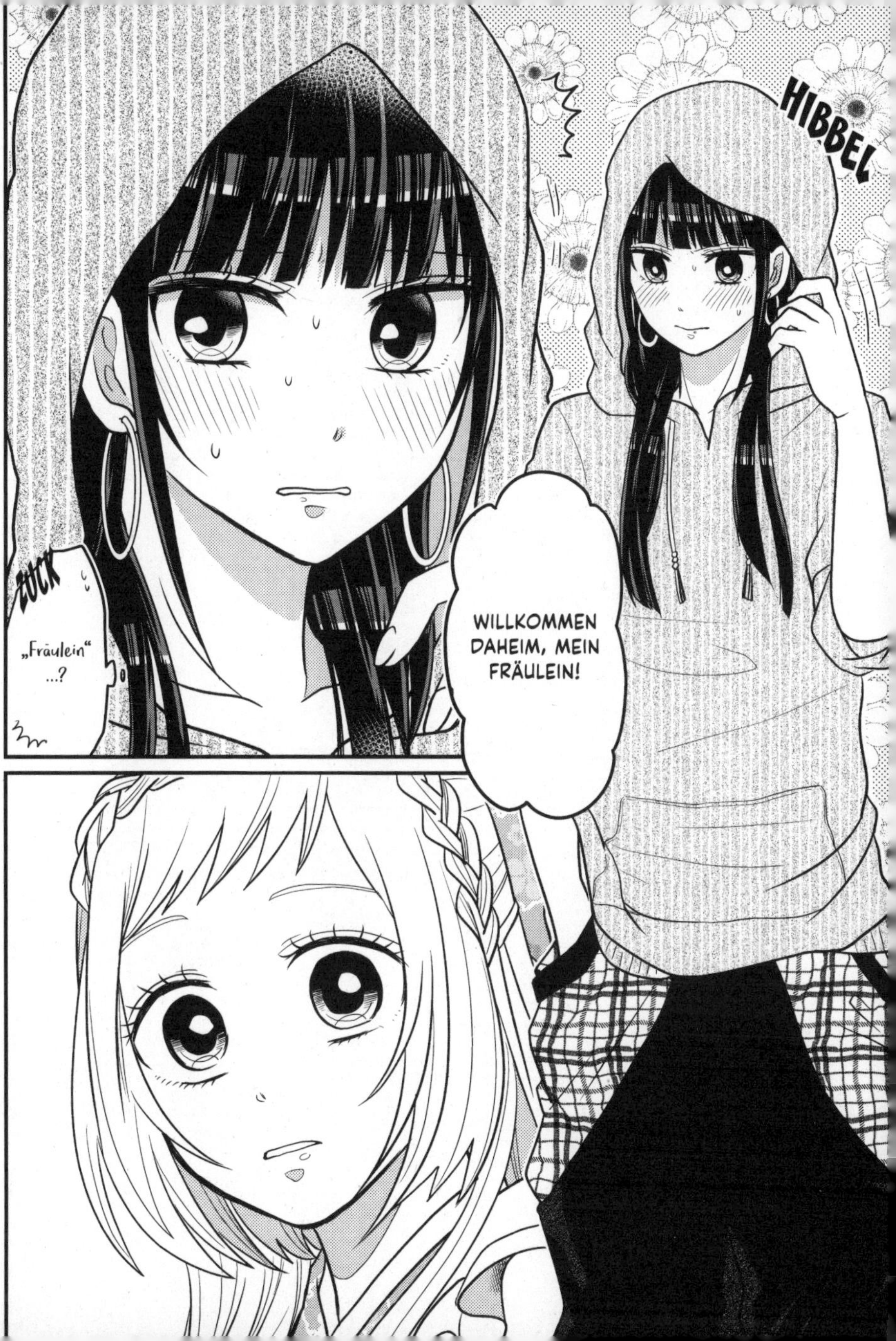
HIBBEL
WILLKOMMEN DAHEIM, MEIN FRÄULEIN!
ZUCK
„Fräulein“ ...?

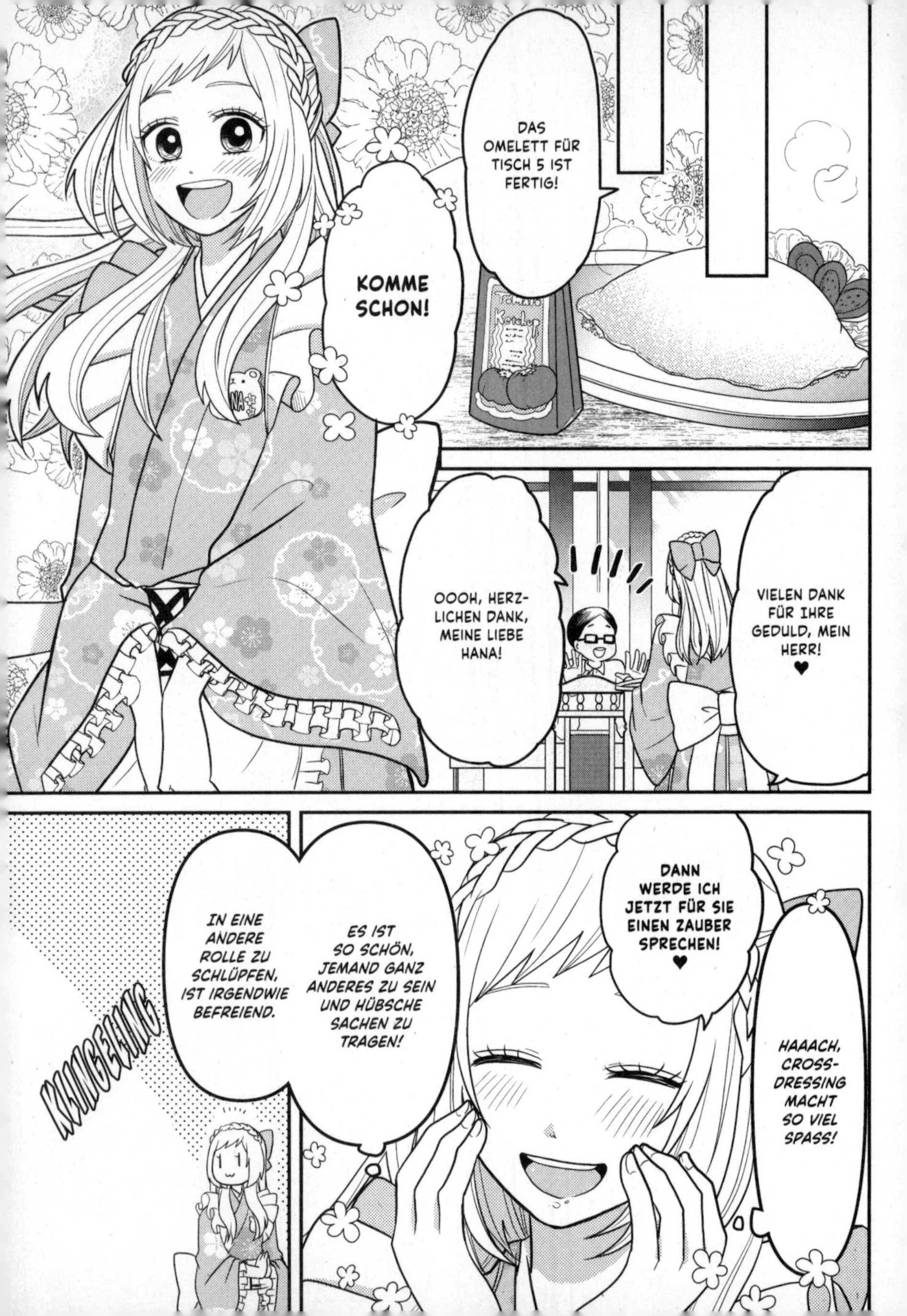
DAS OMELETT FÜR TISCH 5 IST FERTIG!
KOMME SCHON!
VIELEN DANK FÜR IHRE GEDULD, MEIN HERR! ♥
OOOH, HERZLICHEN DANK, MEINE LIEBE HANA!
DANN WERDE ICH JETZT FÜR SIE EINEN ZAUBER SPRECHEN! ♥
HAAACH, CROSS-DRESSING MACHT SO VIEL SPASS!
ES IST SO SCHÖN, JEMAND GANZ ANDERES ZU SEIN UND HÜBSCHE SACHEN ZU TRAGEN!
IN EINE ANDERE ROLLE ZU SCHLÜPFEN, IST IRGENDWIE BEFREIEND.
KLINGELING

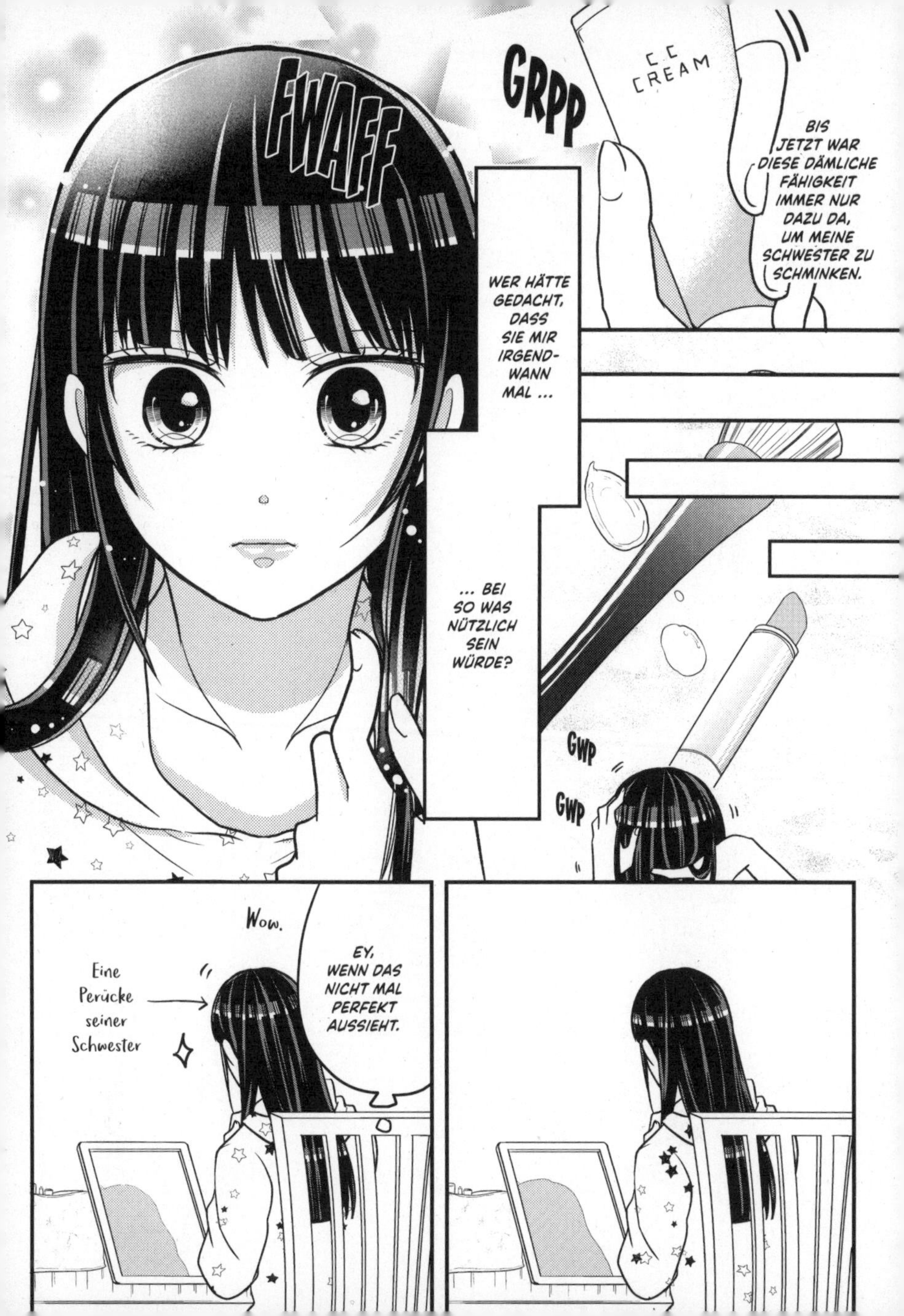
GRPP
C.C CREAM
BIS JETZT WAR DIESE DÄMLICHE FÄHIGKEIT IMMER NUR DAZU DA, UM MEINE SCHWESTER ZU SCHMINKEN.
FWAFF
WER HÄTTE GEDACHT, DASS SIE MIR IRGEND-WANN MAL ...
... BEI SO WAS NÜTZLICH SEIN WÜRDE?
GWP
GWP
EY, WENN DAS NICHT MAL PERFEKT AUSSIEHT.
Wow.
Eine Perücke seiner Schwester

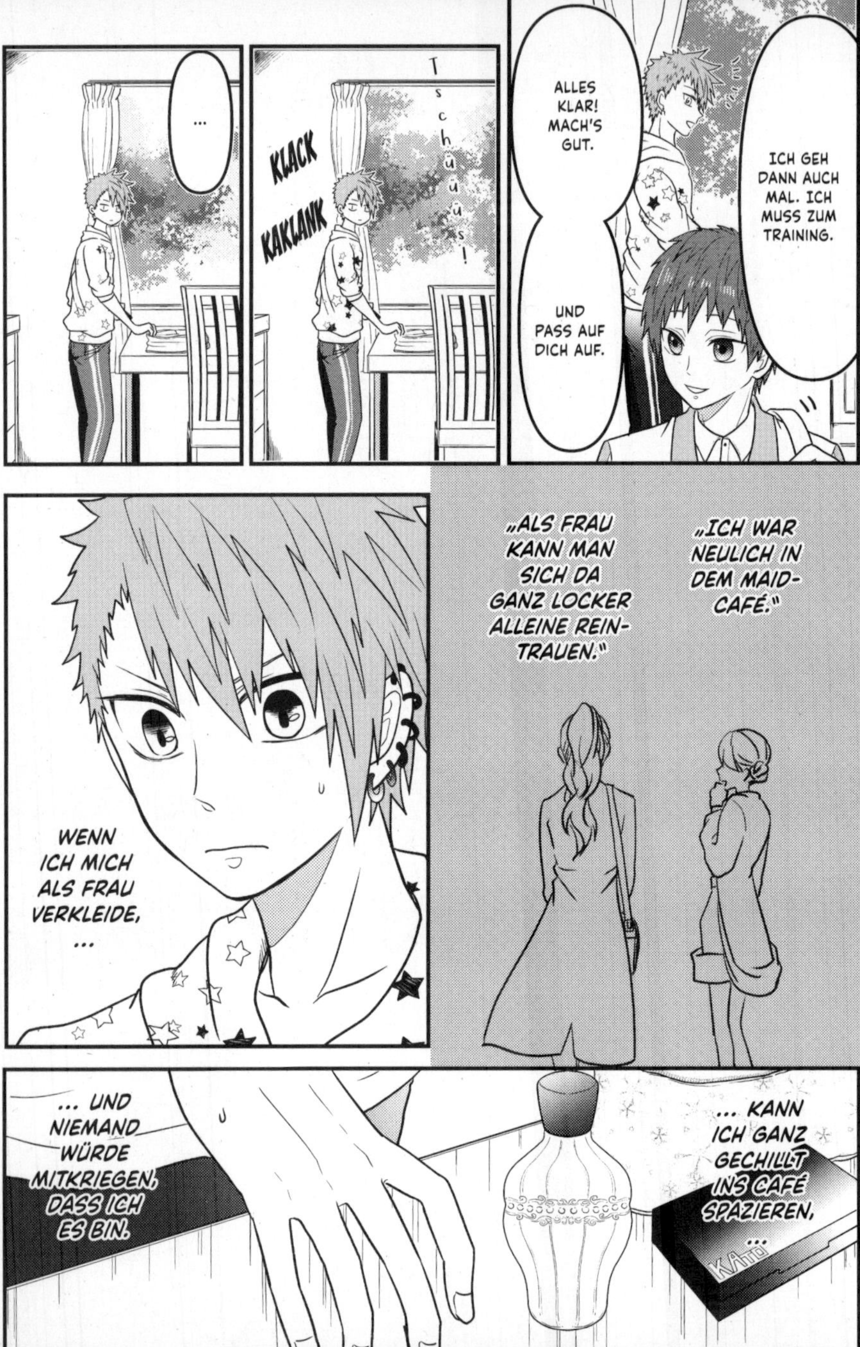
ICH GEH DANN AUCH MAL. ICH MUSS ZUM TRAINING.
ALLES KLAR! MACH'S GUT.
UND PASS AUF DICH AUF.
Tschüüüs!
KLACK
KAKLANK
...
„ICH WAR NEULICH IN DEM MAID-CAFÉ.“
„ALS FRAU KANN MAN SICH DA GANZ LOCKER ALLEINE REIN-TRAUEN.“
WENN ICH MICH ALS FRAU VERKLEIDE, ...
... KANN ICH GANZ GECHILLT INS CAFÉ SPAZIEREN, ...
... UND NIEMAND WÜRDE MITKRIEGEN, DASS ICH ES BIN.

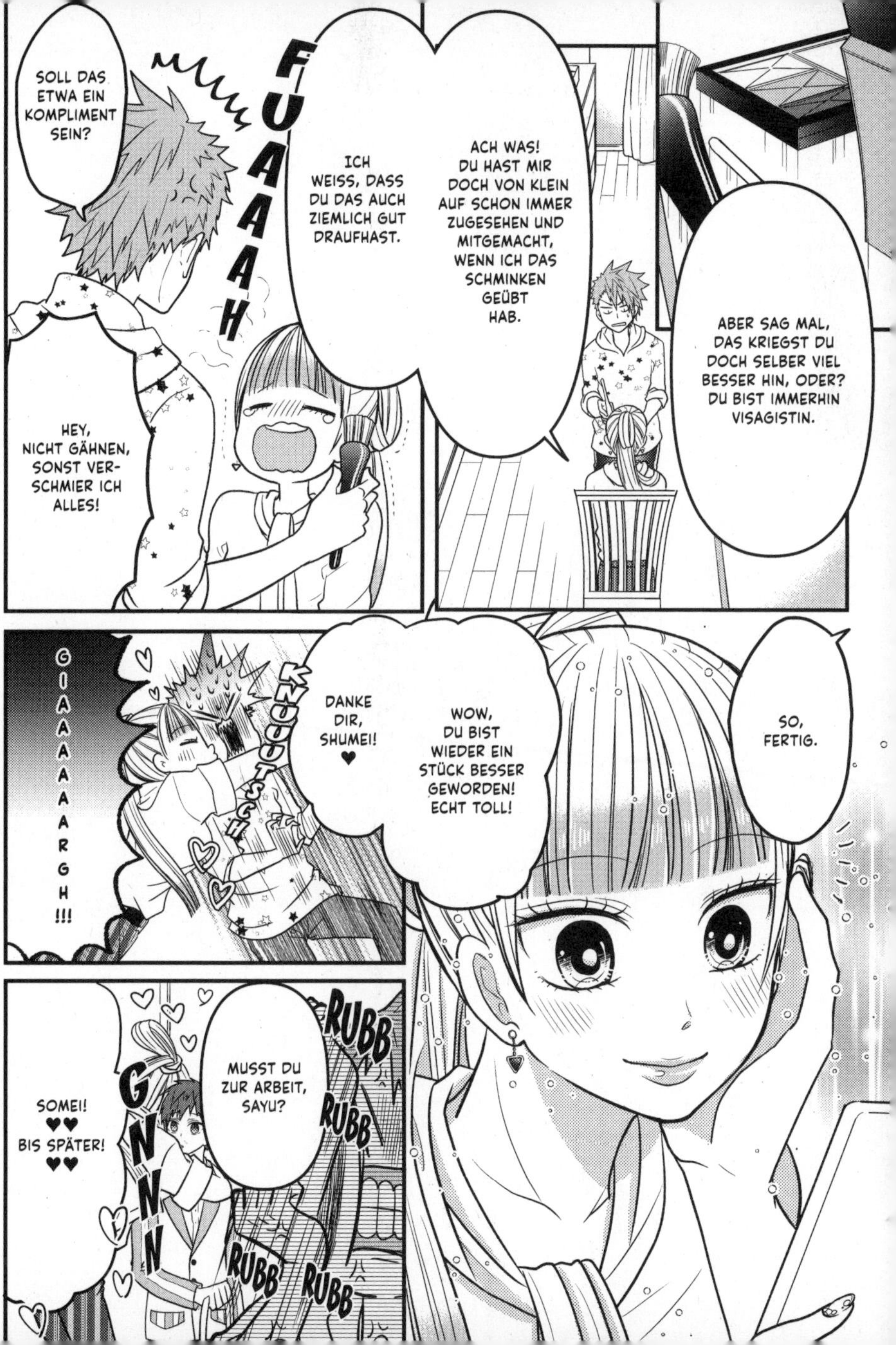
ABER SAG MAL, DAS KRIEGST DU DOCH SELBER VIEL BESSER HIN, ODER? DU BIST IMMERHIN VISAGISTIN.
ACH WAS! DU HAST MIR DOCH VON KLEIN AUF SCHON IMMER ZUGESEHEN UND MITGEMACHT, WENN ICH DAS SCHMINKEN GEÜBT HAB.
ICH WEISS, DASS DU DAS AUCH ZIEMLICH GUT DRAUFHAST.
FUAAAAH
SOLL DAS ETWA EIN KOMPLIMENT SEIN?
HEY, NICHT GÄHNEN, SONST VER-SCHMIER ICH ALLES!
SO, FERTIG.
WOW, DU BIST WIEDER EIN STÜCK BESSER GEWORDEN! ECHT TOLL!
DANKE DIR, SHUMEI! ♥
KNUUUTSCH
GIAAAAAAAARGH!!!
MUSST DU ZUR ARBEIT, SAYU?
RUBB
RUBB
RUBB
RUBB
GNNN
SOMEI! ♥♥ BIS SPÄTER! ♥♥

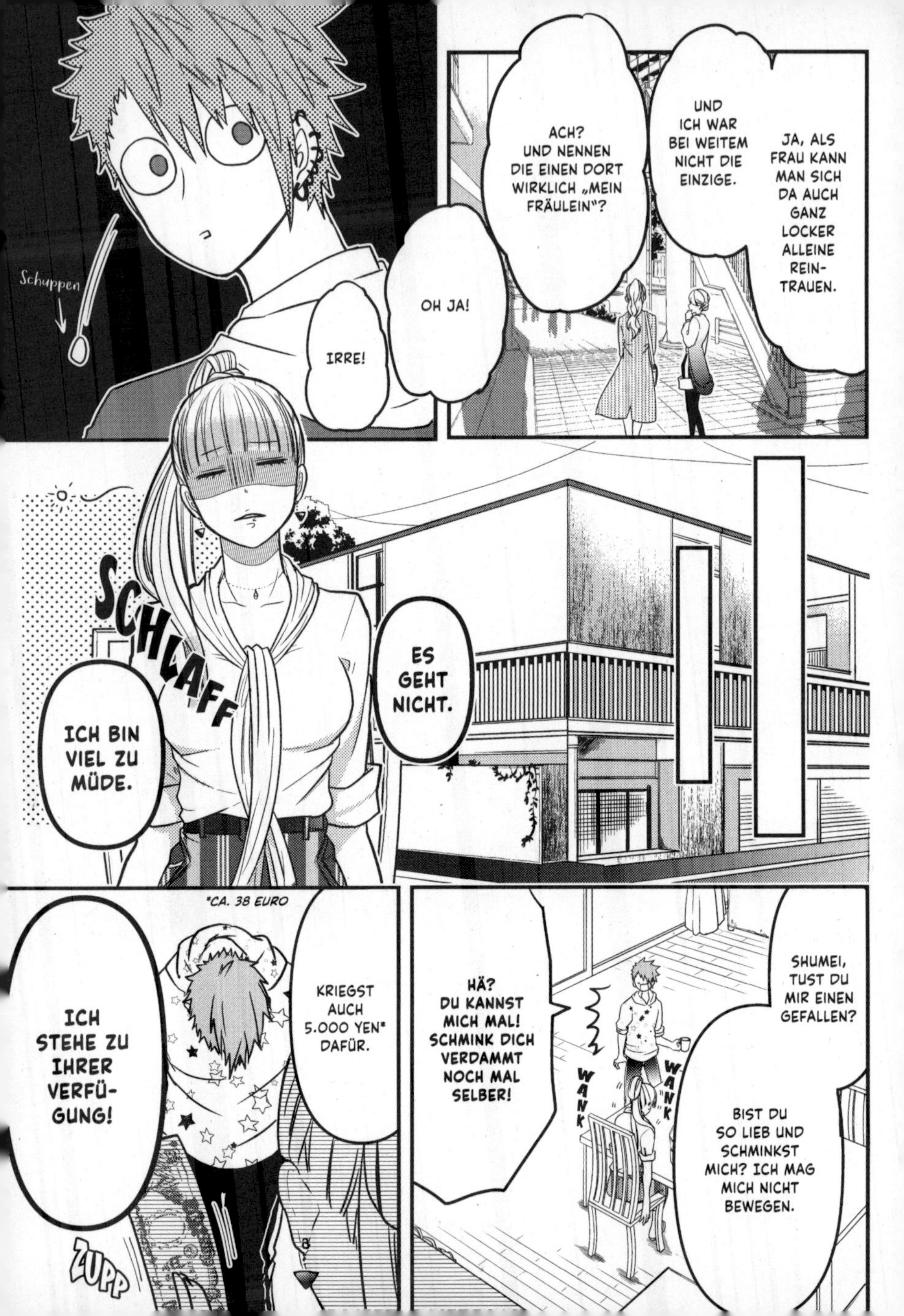
JA, ALS FRAU KANN MAN SICH DA AUCH GANZ LOCKER ALLEINE REIN-TRAUEN.
UND ICH WAR BEI WEITEM NICHT DIE EINZIGE.
ACH? UND NENNEN DIE EINEN DORT WIRKLICH „MEIN FRÄULEIN"?
OH JA!
IRRE!
Schuppen
ES GEHT NICHT.
SCHLAFF
ICH BIN VIEL ZU MÜDE.
SHUMEI, TUST DU MIR EINEN GEFALLEN?
BIST DU SO LIEB UND SCHMINKST MICH? ICH MAG MICH NICHT BEWEGEN.
WANK
WANK
HÄ? DU KANNST MICH MAL! SCHMINK DICH VERDAMMT NOCH MAL SELBER!
KRIEGST AUCH 5.000 YEN* DAFÜR.
ICH STEHE ZU IHRER VERFÜGUNG!
ZUPP
*CA. 38 EURO

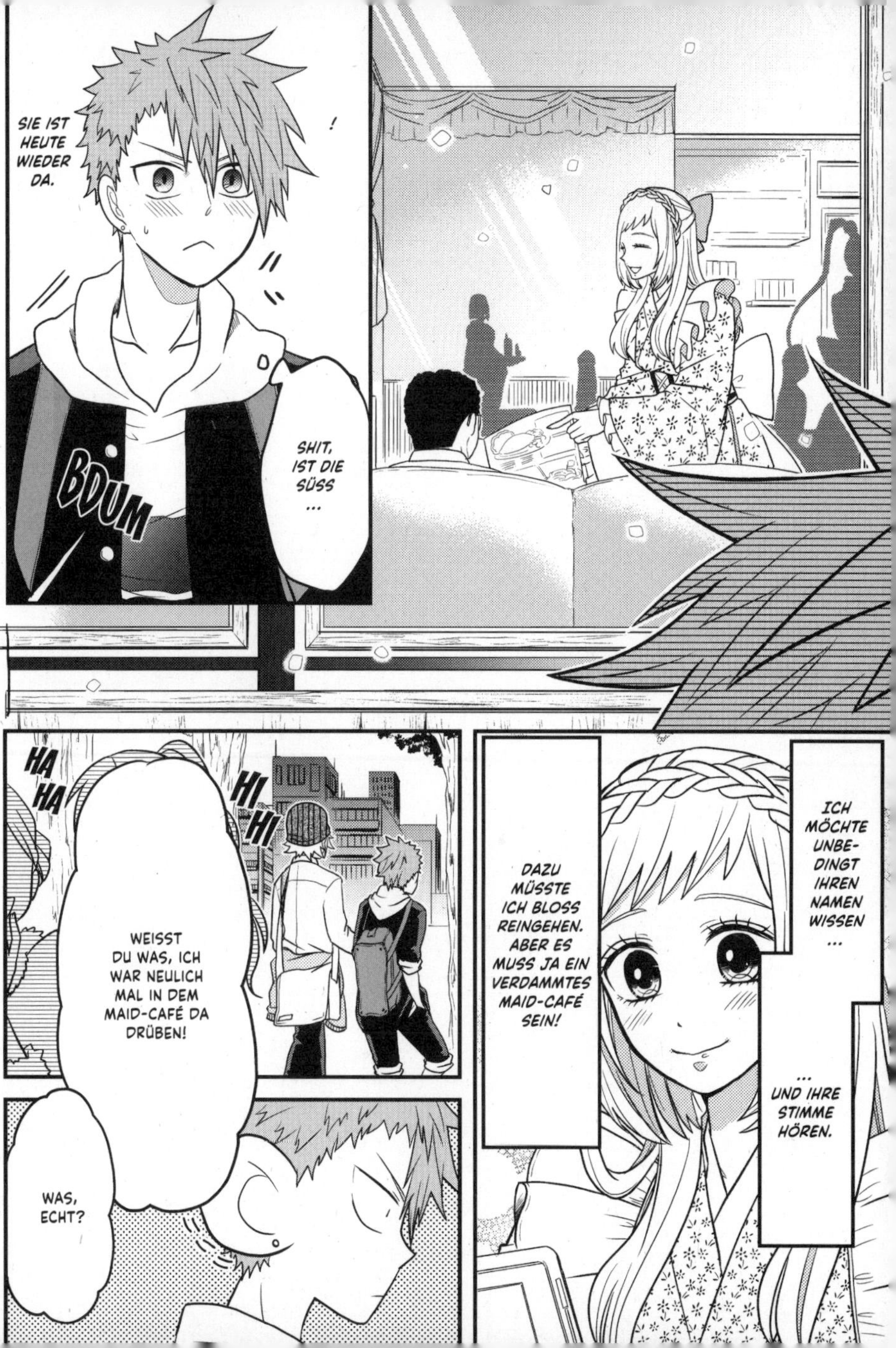
!
SIE IST HEUTE WIEDER DA.
SHIT, IST DIE SÜSS ...
BDUM
ICH MÖCHTE UNBE-DINGT IHREN NAMEN WISSEN ...
... UND IHRE STIMME HÖREN.
DAZU MÜSSTE ICH BLOSS REINGEHEN. ABER ES MUSS JA EIN VERDAMMTES MAID-CAFÉ SEIN!
HI HI
HA HA
WEISST DU WAS, ICH WAR NEULICH MAL IN DEM MAID-CAFÉ DA DRÜBEN!
WAS, ECHT?

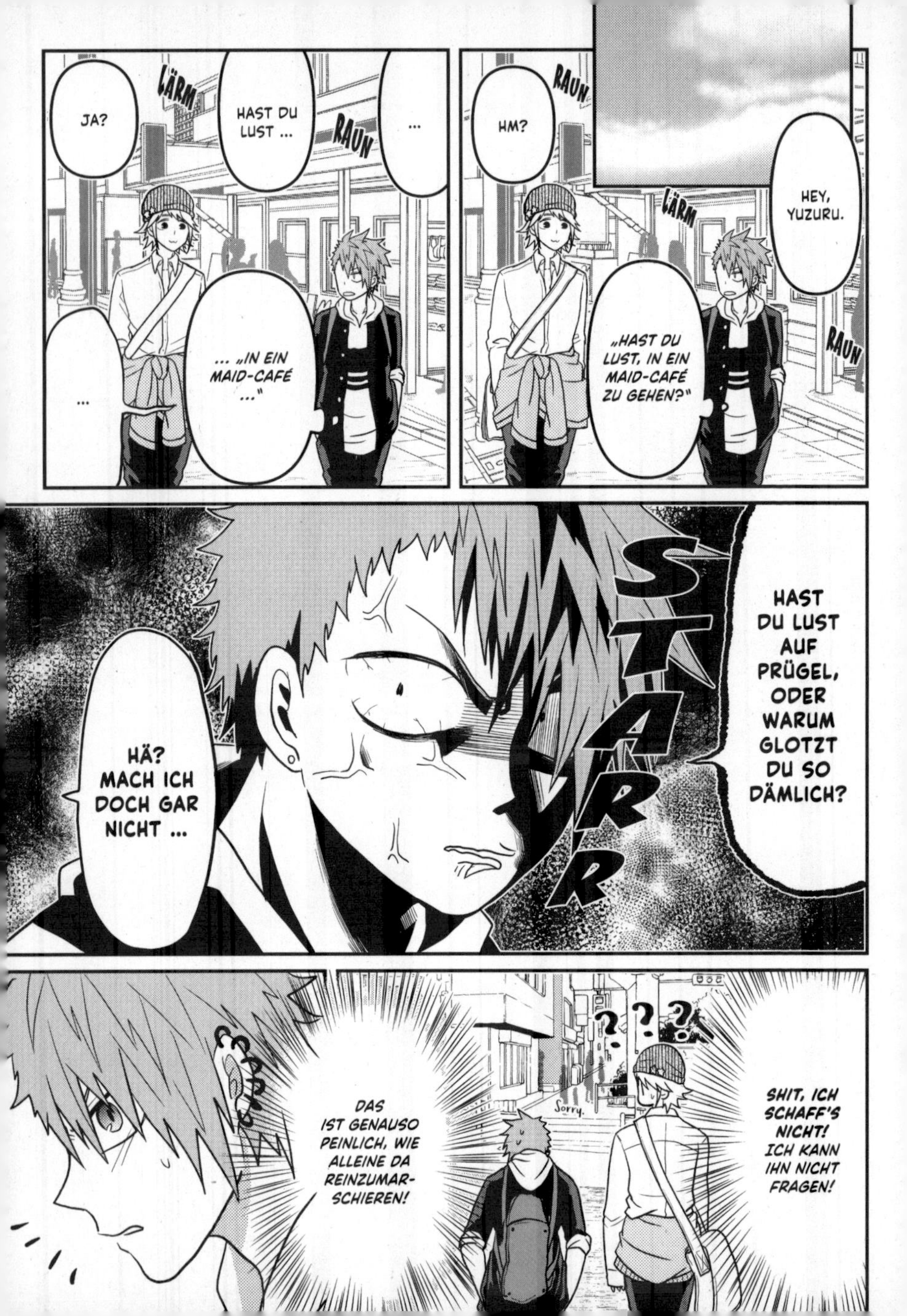
HEY, YUZURU.
RAUN
LÄRM
HM?
RAUN
„HAST DU LUST, IN EIN MAID-CAFÉ ZU GEHEN?“
...
RAUN
HAST DU LUST ...
LÄRM
JA?
... „IN EIN MAID-CAFÉ ...“
...
HAST DU LUST AUF PRÜGEL, ODER WARUM GLOTZT DU SO DÄMLICH?
STARR
HÄ? MACH ICH DOCH GAR NICHT ...
SHIT, ICH SCHAFF'S NICHT! ICH KANN IHN NICHT FRAGEN!
Sorry.
DAS IST GENAUSO PEINLICH, WIE ALLEINE DA REINZUMAR-SCHIEREN!

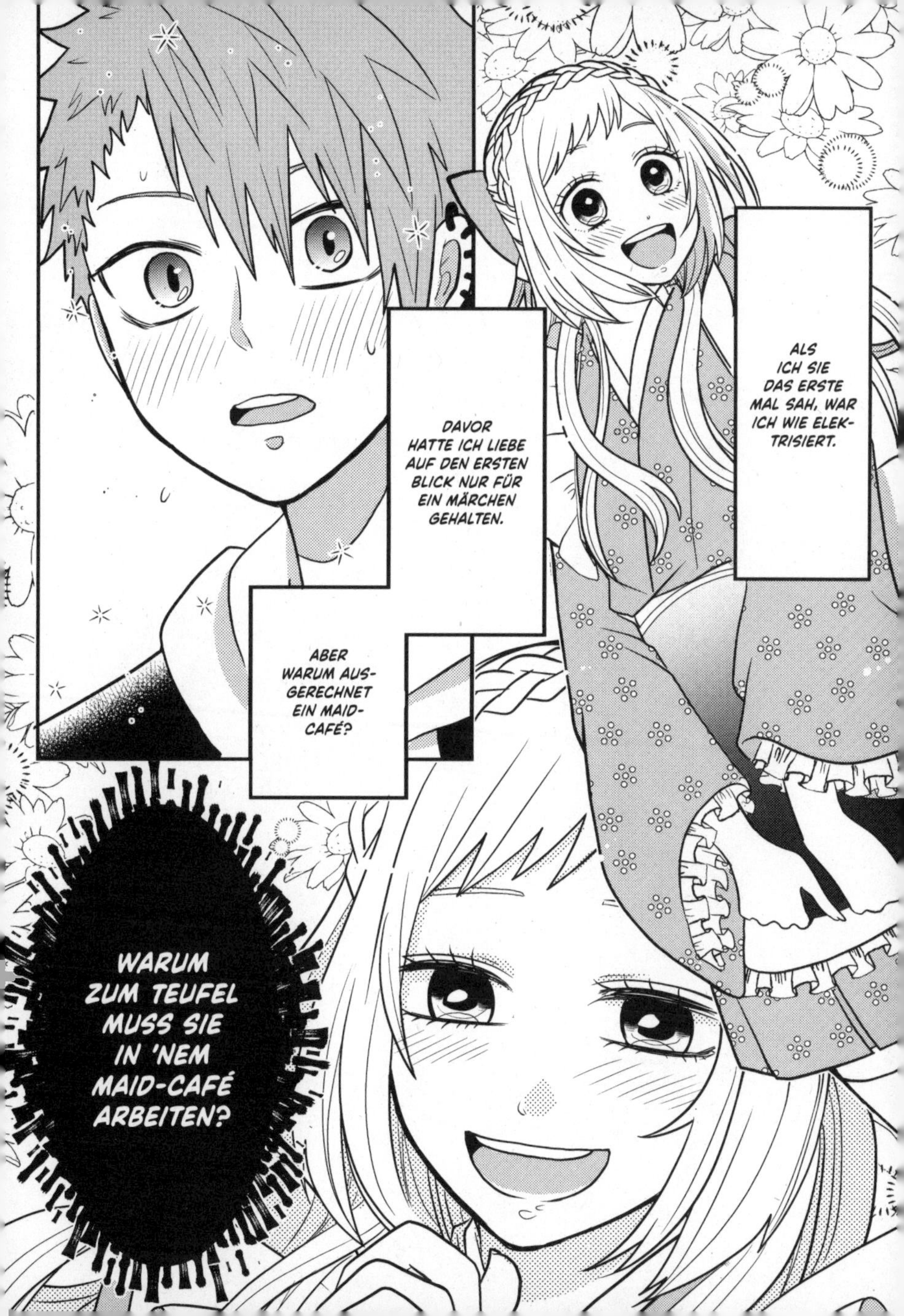
ALS ICH SIE DAS ERSTE MAL SAH, WAR ICH WIE ELEKTRISIERT.
DAVOR HATTE ICH LIEBE AUF DEN ERSTEN BLICK NUR FÜR EIN MÄRCHEN GEHALTEN.
ABER WARUM AUSGERECHNET EIN MAID-CAFÉ?
WARUM ZUM TEUFEL MUSS SIE IN 'NEM MAID-CAFÉ ARBEITEN?

BONUSKAPITEL 1: FIRST CONTACT

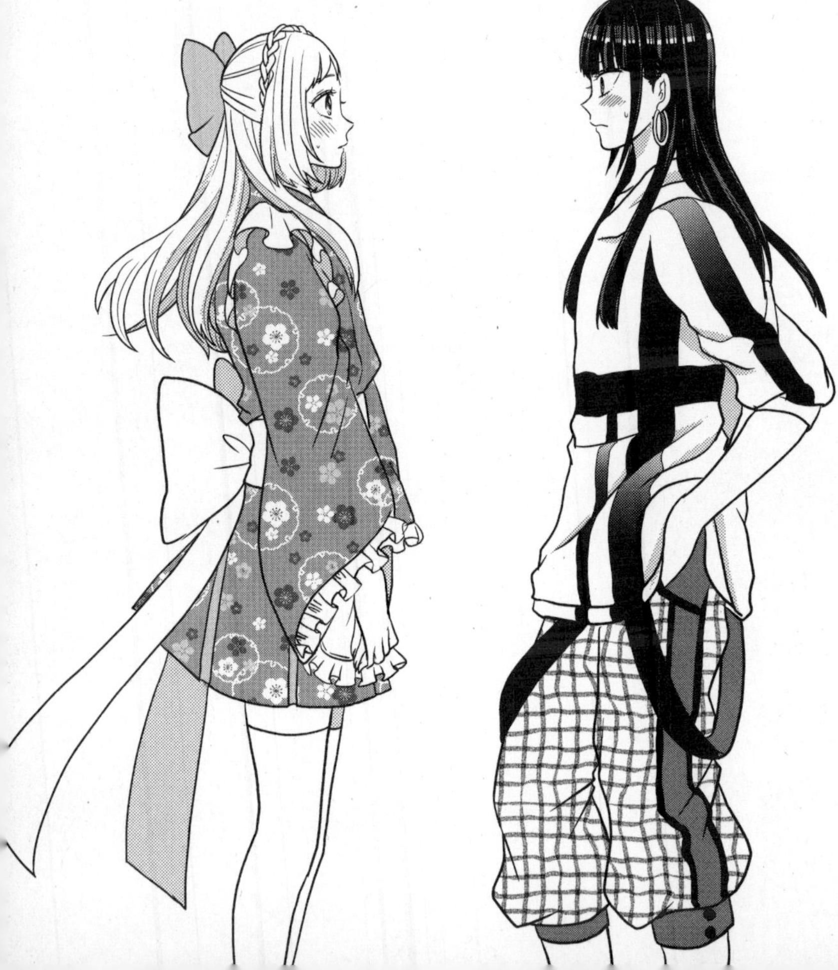

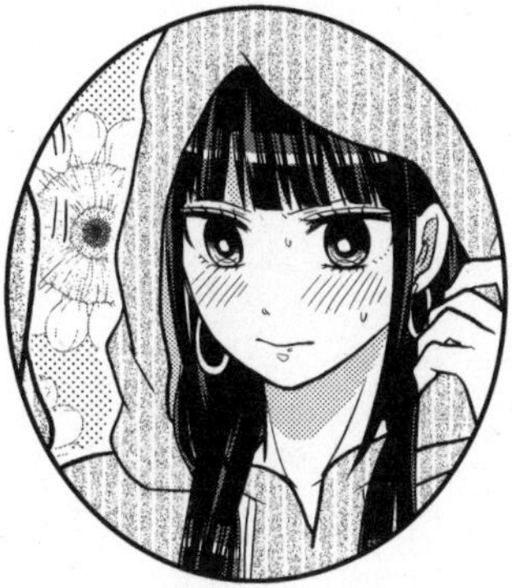

Auf den nächsten Seiten folgen zwei Bonuskapitel, die ich exklusiv für die Taschenbuchausgabe gezeichnet habe. Viel Spaß damit! ✿ ✿

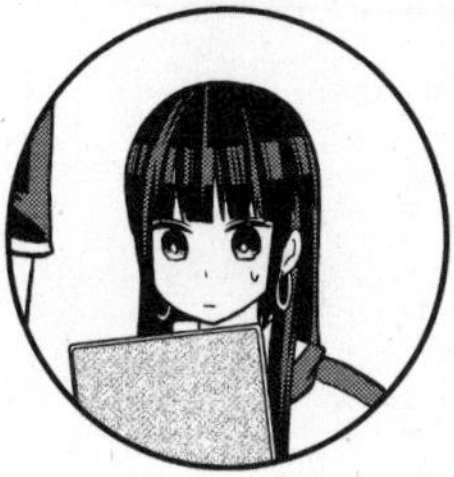

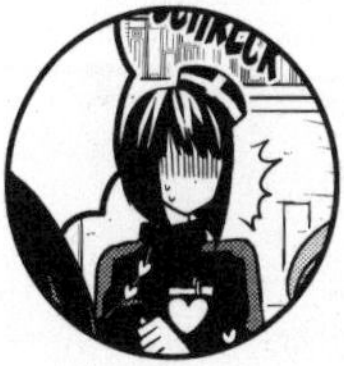

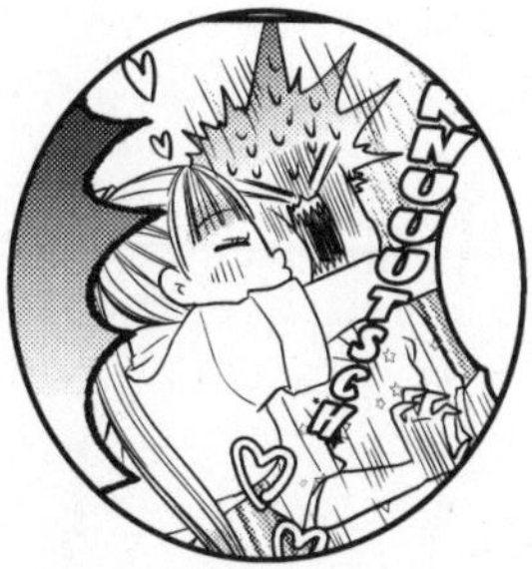

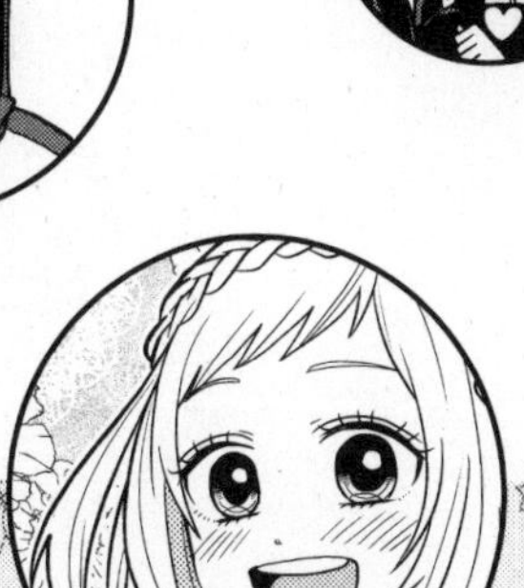

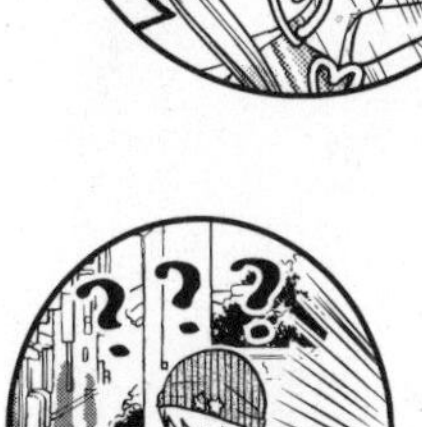

Vielen Dank, dass ihr Band 1 von „Anziehend anders“ gekauft habt!

Seit ich klein war, habe ich immer davon geträumt, einmal Mangas zu zeichnen und ein Taschenbuch rauszubringen. Dieser Traum ist jetzt in Erfüllung gegangen, und das habe ich all den Leuten zu verdanken, die meinen Web-Manga gelesen und mich angefeuert haben. Vielen, vielen Dank an euch alle!
Ich hoffe, ihr habt viel Spaß beim Lesen!

Lasst mich unbedingt wissen, wie es euch gefällt.

Ich würde mich sehr freuen, wenn ihr Mei und Hanas Geschichte weiterhin verfolgt.

Twitter @taka_sum1

Folgt mir, wenn ihr mögt.

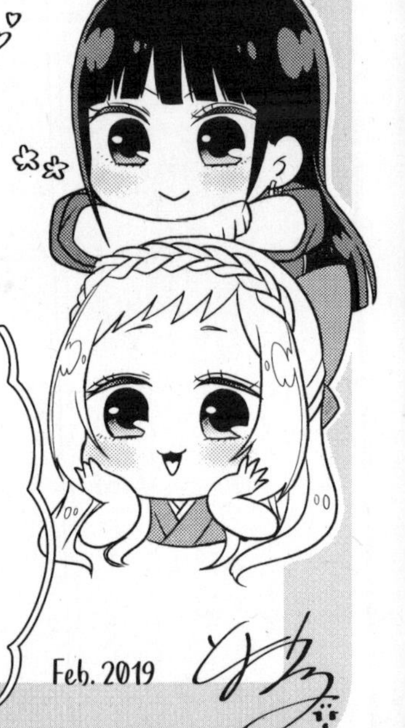

SPECIAL THANKS!!

- An meine Familie
- An die Wahnsinnskerle, die für mich gekocht haben
- An meinen Redaktionsmenschen Hirano, der mich schon zweimal aufgegabelt hat.
- Und an alle, die zu diesem Manga gegriffen haben!
- An K. & T.
- An Rinko A.
- An Ruka H.
- An I-e
- An N-ko

Feb. 2019

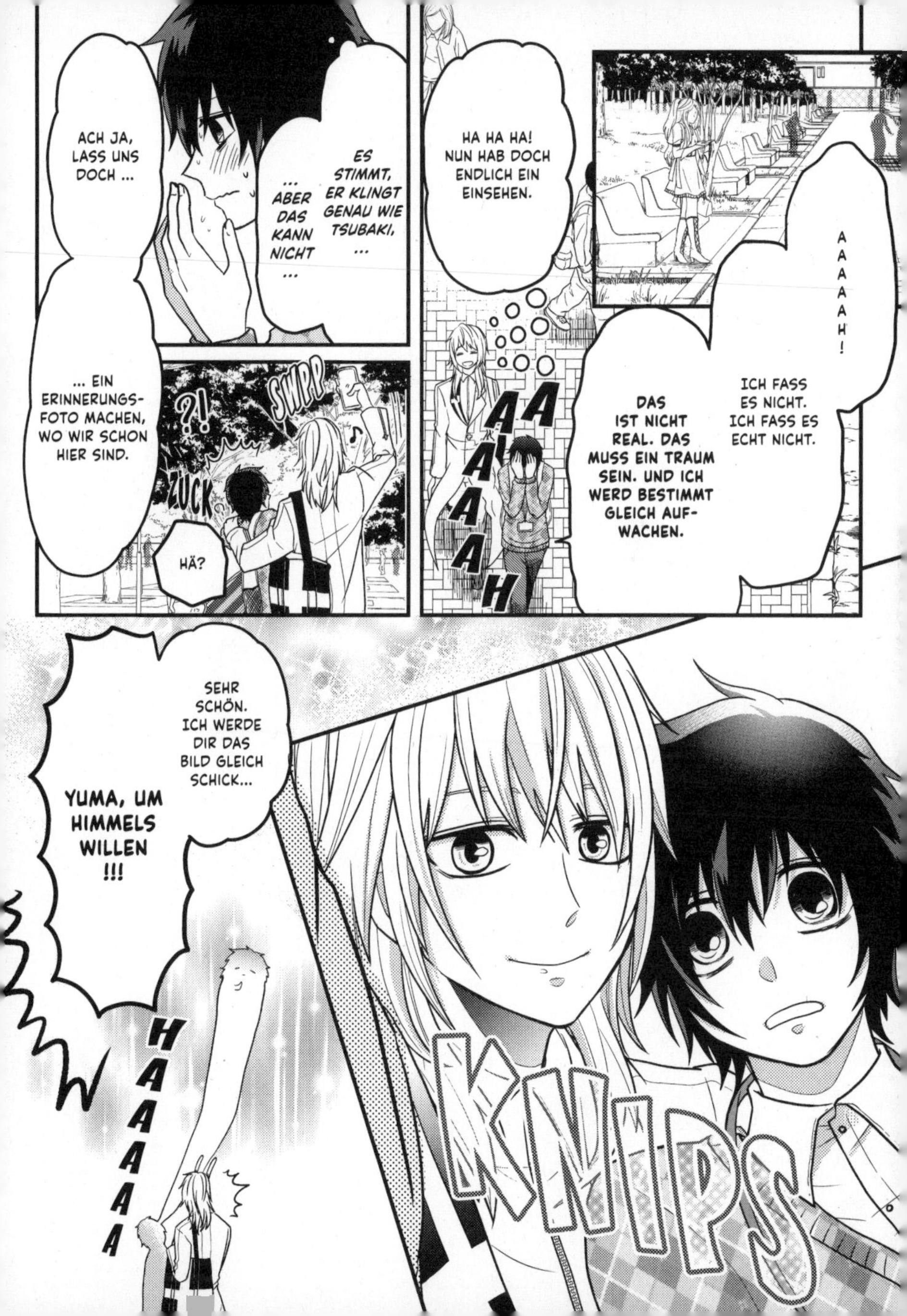

AAAAAAH!
HA HA HA! NUN HAB DOCH ENDLICH EIN EINSEHEN.
ICH FASS ES NICHT. ICH FASS ES ECHT NICHT.
DAS IST NICHT REAL. DAS MUSS EIN TRAUM SEIN. UND ICH WERD BESTIMMT GLEICH AUFWACHEN.
AAAAAAAH
ES STIMMT, ER KLINGT GENAU WIE TSUBAKI, ...
... ABER DAS KANN NICHT ...
ACH JA, LASS UNS DOCH ...
... EIN ERINNERUNGSFOTO MACHEN, WO WIR SCHON HIER SIND.
SWPP
?!
ZUCK
HÄ?
SEHR SCHÖN. ICH WERDE DIR DAS BILD GLEICH SCHICK...
YUMA, UM HIMMELS WILLEN !!!
HAAAAAAA
KNIPS

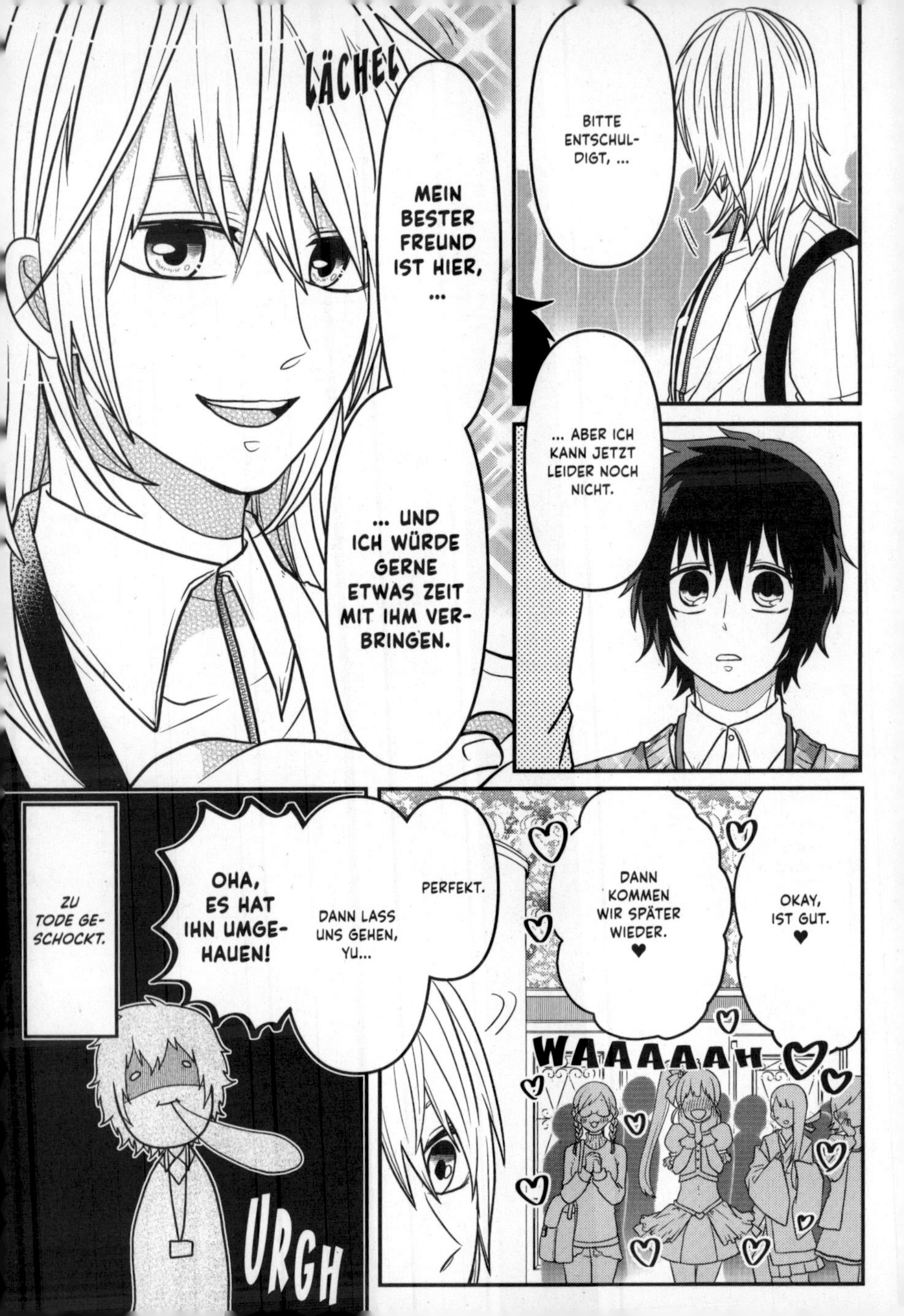
BITTE ENTSCHULDIGT, ...
... ABER ICH KANN JETZT LEIDER NOCH NICHT.
LÄCHEL
MEIN BESTER FREUND IST HIER, ...
... UND ICH WÜRDE GERNE ETWAS ZEIT MIT IHM VERBRINGEN.
OKAY, IST GUT. ♥
DANN KOMMEN WIR SPÄTER WIEDER. ♥
WAAAAAAH
PERFEKT.
DANN LASS UNS GEHEN, YU...
OHA, ES HAT IHN UMGEHAUEN!
ZU TODE GESCHOCKT.
URGH

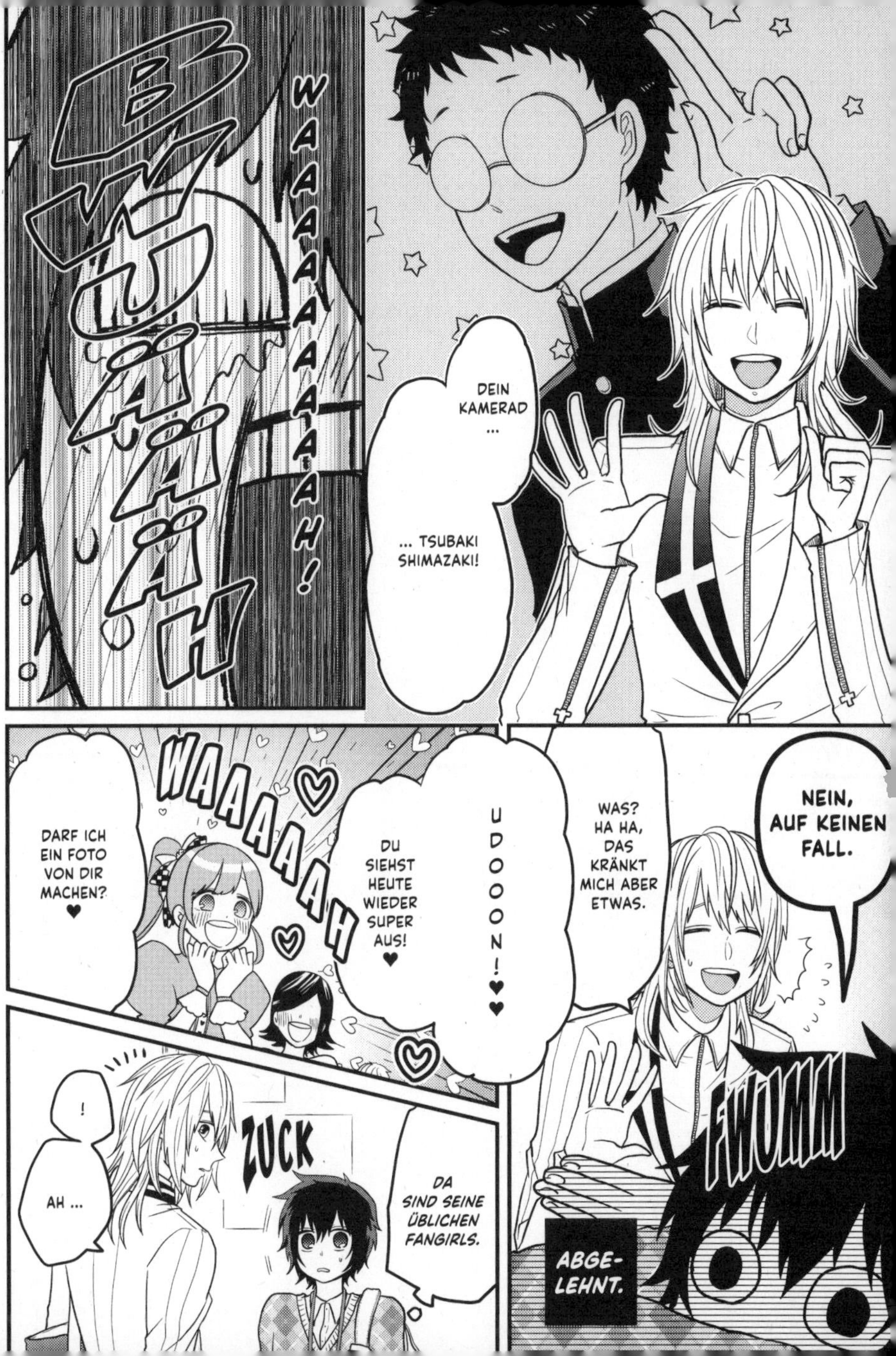
DEIN KAMERAD ...
... TSUBAKI SHIMAZAKI!
WAAAAAAAAAAAAAH!
BUÄÄÄH
NEIN, AUF KEINEN FALL.
WAS? HA HA, DAS KRÄNKT MICH ABER ETWAS.
UDOOOON!♥♥
DU SIEHST HEUTE WIEDER SUPER AUS! ♥
WAAAAAAAH
DARF ICH EIN FOTO VON DIR MACHEN? ♥
FWUMM
ABGE-LEHNT.
DA SIND SEINE ÜBLICHEN FANGIRLS.
ZUCK
!
AH ...

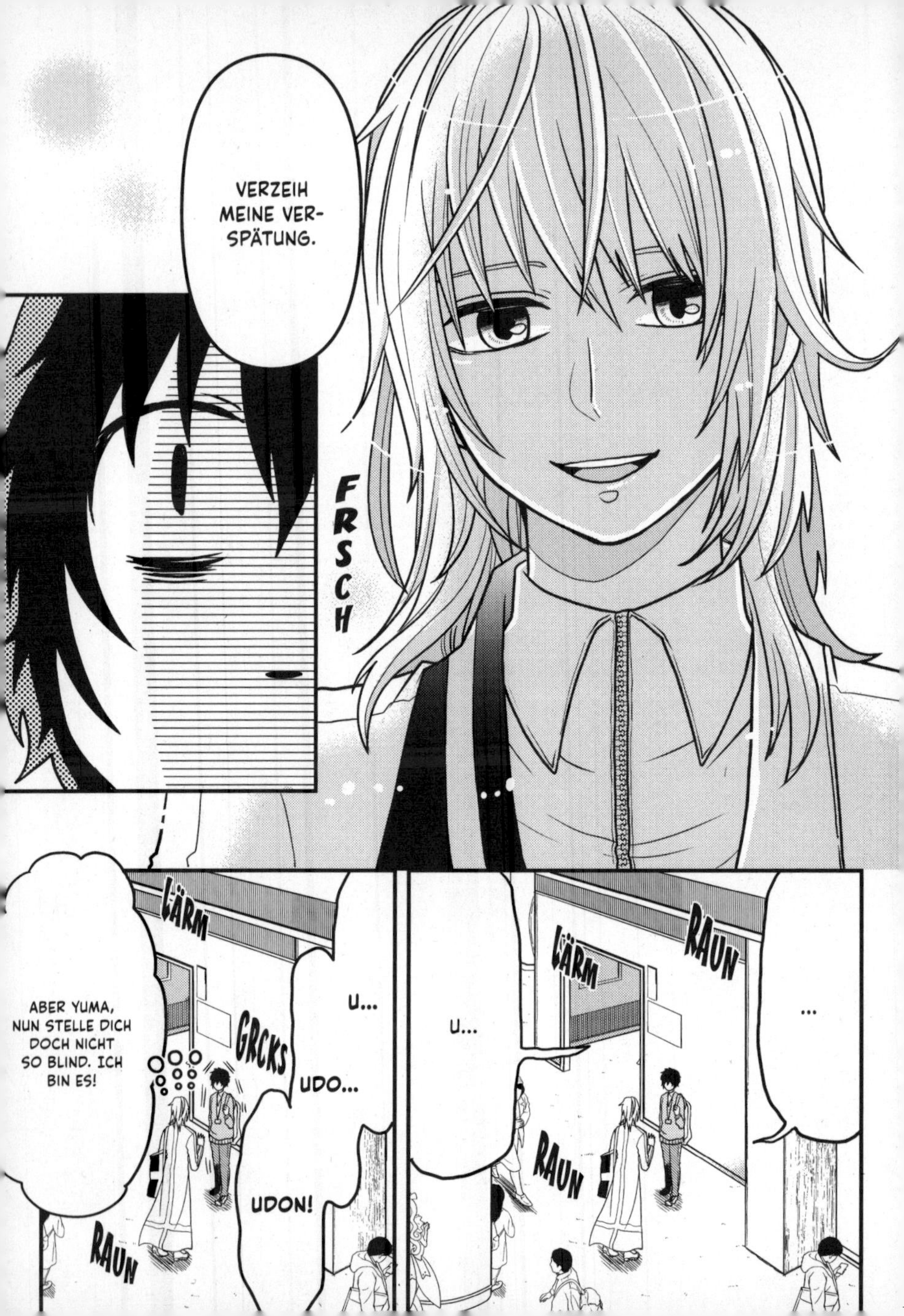

VERZEIH MEINE VER-SPÄTUNG.
FRSCH
...
RAUN
LÄRM
U...
RAUN
U...
UDO...
UDON!
GRCKS
LÄRM
ABER YUMA, NUN STELLE DICH DOCH NICHT SO BLIND. ICH BIN ES!
RAUN

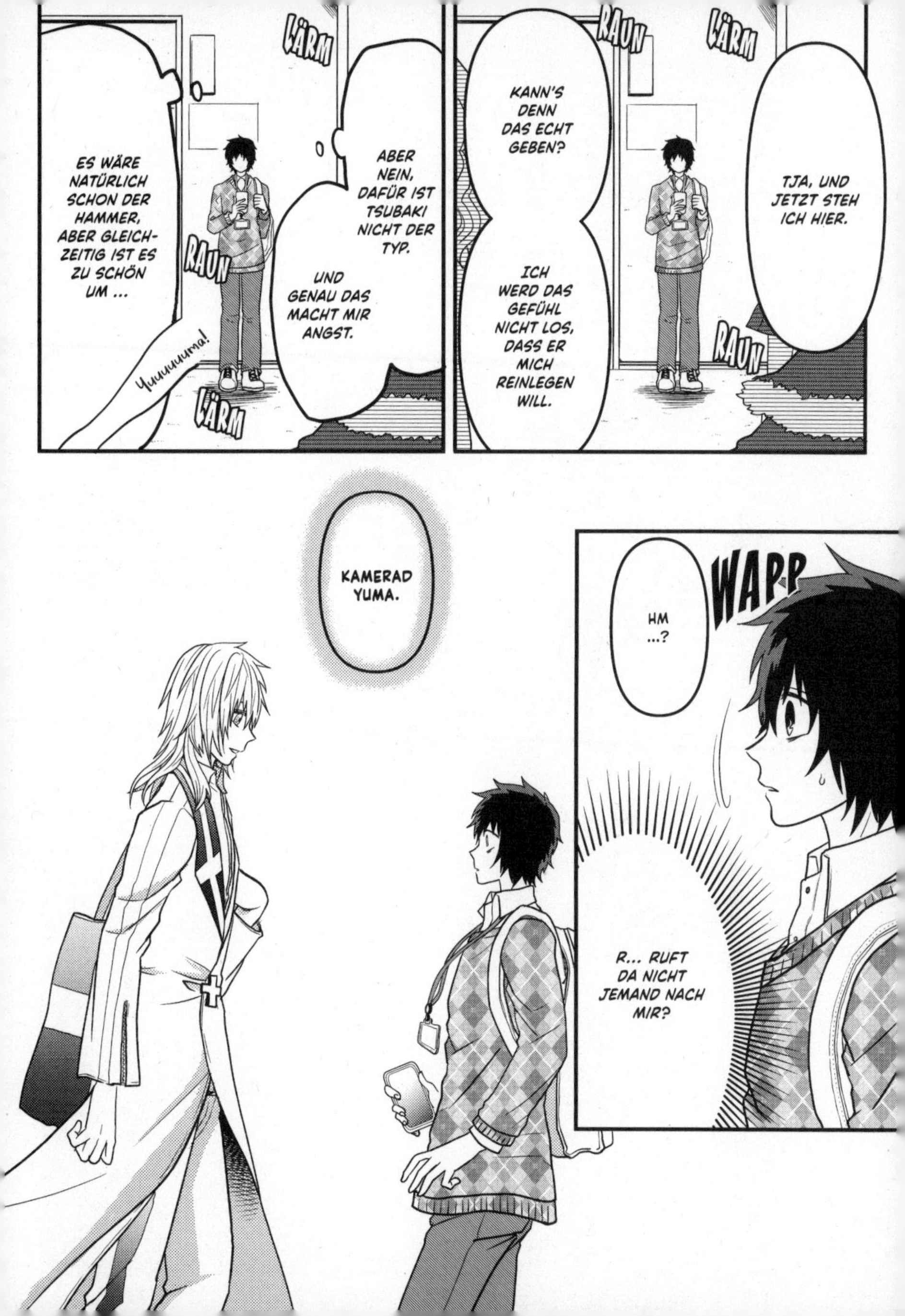

LÄRM
RAUN
TJA, UND JETZT STEH ICH HIER.
RAUN
KANN'S DENN DAS ECHT GEBEN?
ICH WERD DAS GEFÜHL NICHT LOS, DASS ER MICH REINLEGEN WILL.
LÄRM
ABER NEIN, DAFÜR IST TSUBAKI NICHT DER TYP.
UND GENAU DAS MACHT MIR ANGST.
RAUN
ES WÄRE NATÜRLICH SCHON DER HAMMER, ABER GLEICH-ZEITIG IST ES ZU SCHÖN UM ...
Yuuuuuuma!
LÄRM
WAPP
HM ...?
R... RUFT DA NICHT JEMAND NACH MIR?
KAMERAD YUMA.

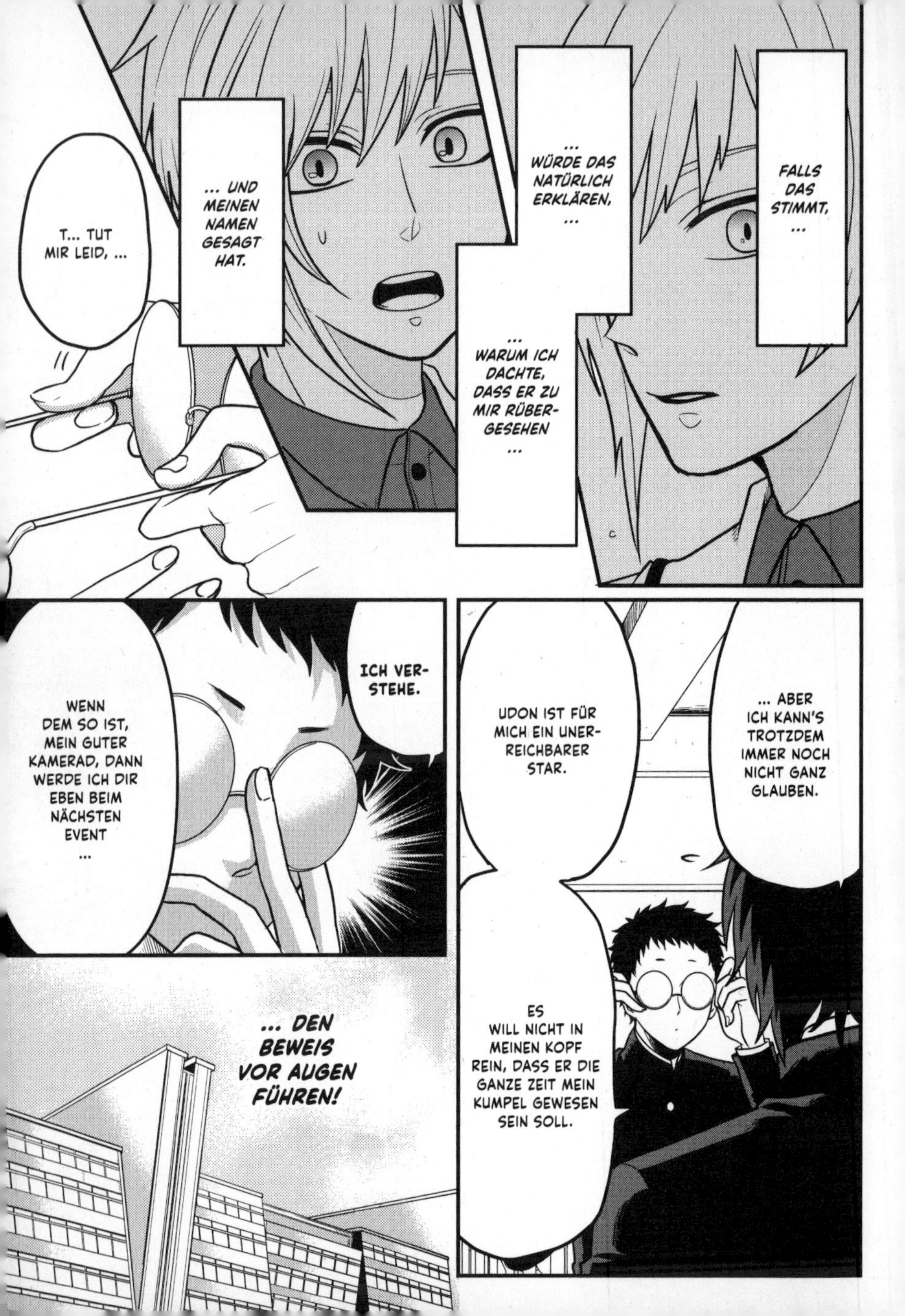
FALLS DAS STIMMT, ...
... WÜRDE DAS NATÜRLICH ERKLÄREN, ...
... WARUM ICH DACHTE, DASS ER ZU MIR RÜBERGESEHEN ...
... UND MEINEN NAMEN GESAGT HAT.
T... TUT MIR LEID, ...
... ABER ICH KANN'S TROTZDEM IMMER NOCH NICHT GANZ GLAUBEN.
UDON IST FÜR MICH EIN UNERREICHBARER STAR.
ES WILL NICHT IN MEINEN KOPF REIN, DASS ER DIE GANZE ZEIT MEIN KUMPEL GEWESEN SEIN SOLL.
ICH VERSTEHE.
WENN DEM SO IST, MEIN GUTER KAMERAD, DANN WERDE ICH DIR EBEN BEIM NÄCHSTEN EVENT ...
... DEN BEWEIS VOR AUGEN FÜHREN!

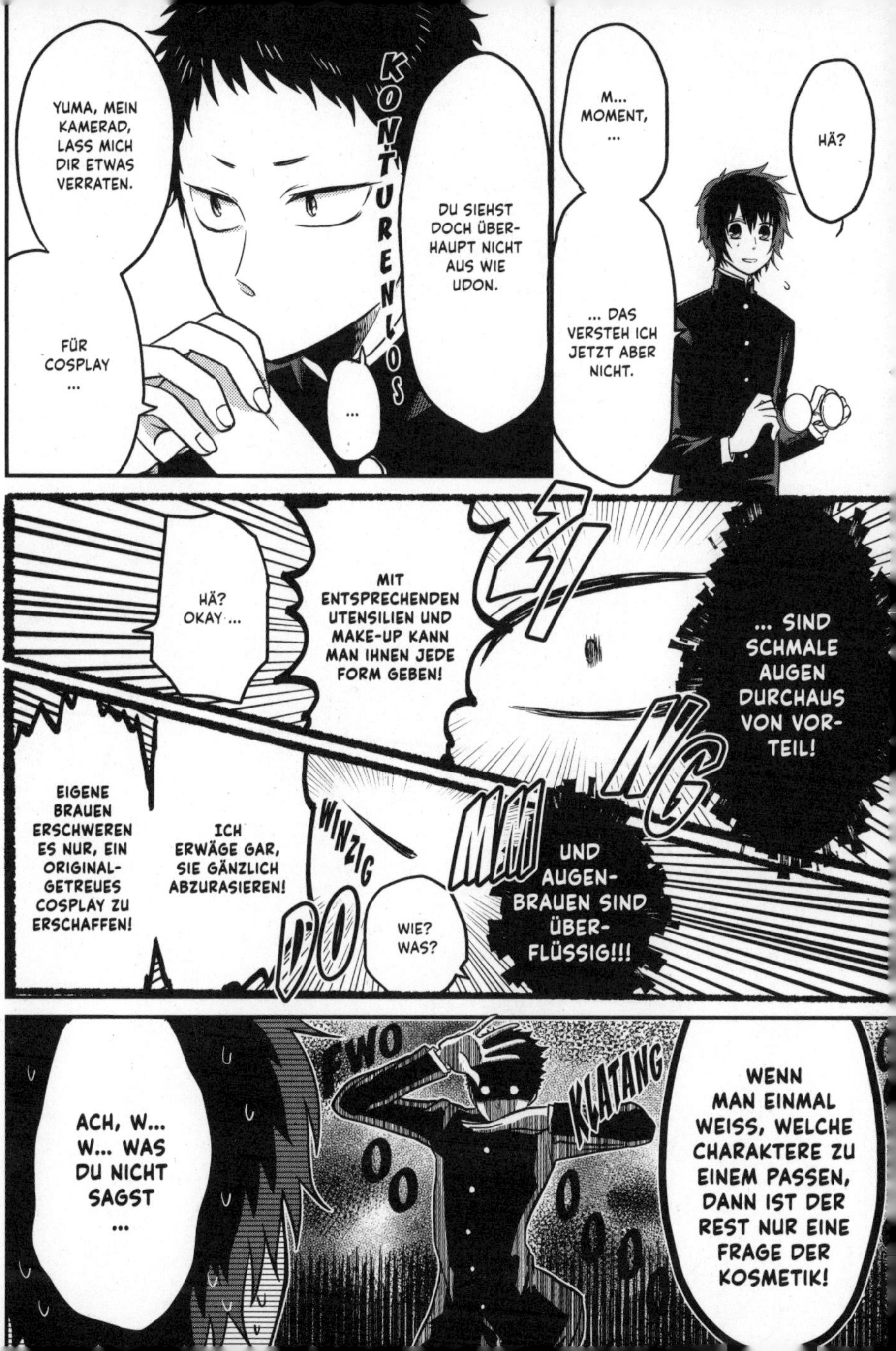
HÄ?
M... MOMENT, ...
... DAS VERSTEH ICH JETZT ABER NICHT.
KONTURENLOS
DU SIEHST DOCH ÜBERHAUPT NICHT AUS WIE UDON.
...
YUMA, MEIN KAMERAD, LASS MICH DIR ETWAS VERRATEN.
FÜR COSPLAY ...
ZING
... SIND SCHMALE AUGEN DURCHAUS VON VORTEIL!
MIT ENTSPRECHENDEN UTENSILIEN UND MAKE-UP KANN MAN IHNEN JEDE FORM GEBEN!
HÄ? OKAY ...
MMMNG
UND AUGENBRAUEN SIND ÜBERFLÜSSIG!!!
WINZIG
DO
WIE? WAS?
ICH ERWÄGE GAR, SIE GÄNZLICH ABZURASIEREN!
EIGENE BRAUEN ERSCHWEREN ES NUR, EIN ORIGINALGETREUES COSPLAY ZU ERSCHAFFEN!
WENN MAN EINMAL WEISS, WELCHE CHARAKTERE ZU EINEM PASSEN, DANN IST DER REST NUR EINE FRAGE DER KOSMETIK!
KLATANG
FWO
ACH, W... W... WAS DU NICHT SAGST ...

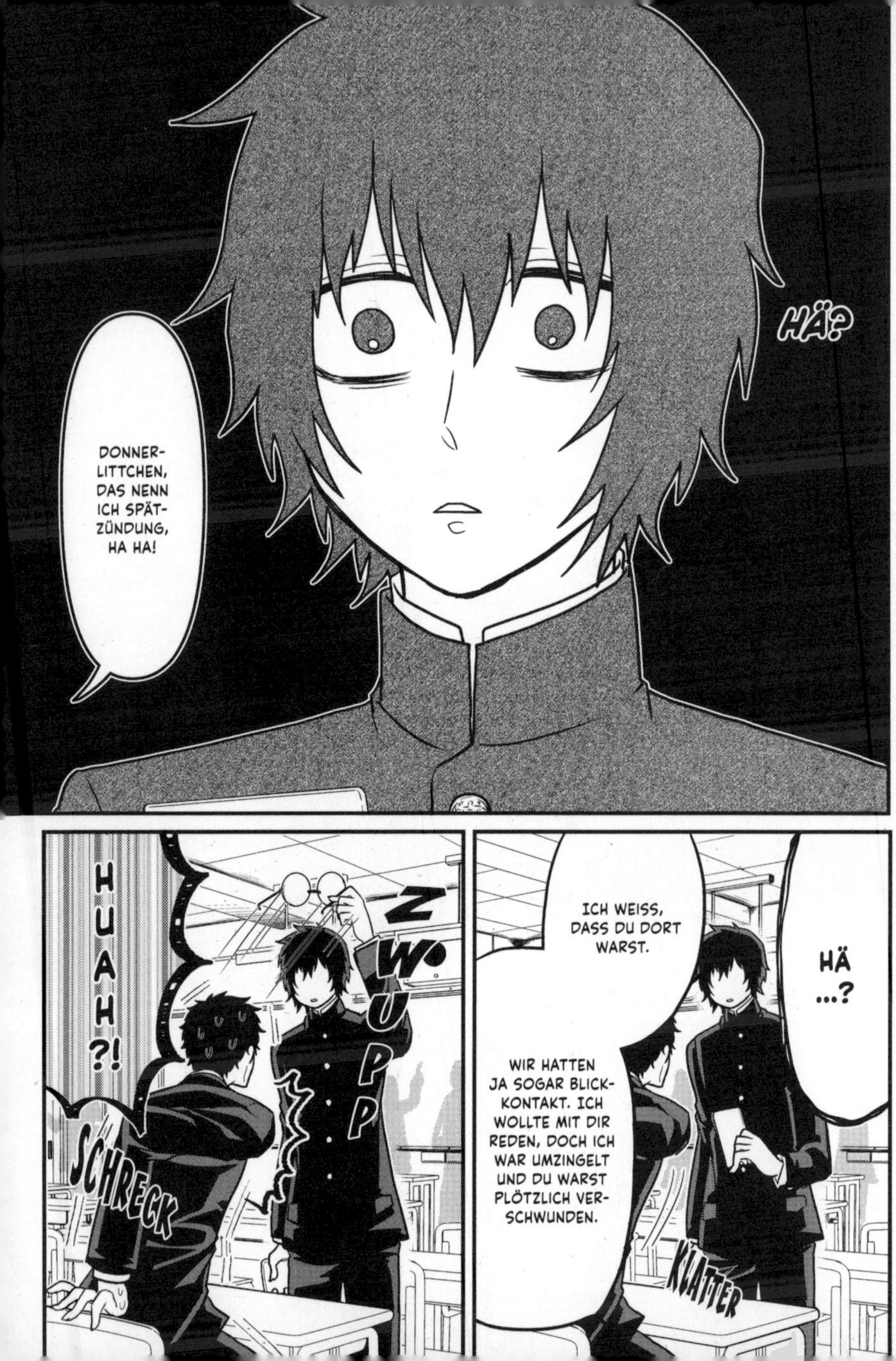
HÄ?
DONNER-LITTCHEN, DAS NENN ICH SPÄT-ZÜNDUNG, HA HA!
HÄ ...?
ICH WEISS, DASS DU DORT WARST.
WIR HATTEN JA SOGAR BLICK-KONTAKT. ICH WOLLTE MIT DIR REDEN, DOCH ICH WAR UMZINGELT UND DU WARST PLÖTZLICH VER-SCHWUNDEN.
KLATTER
ZWUPP
HUAH?!
SCHRECK

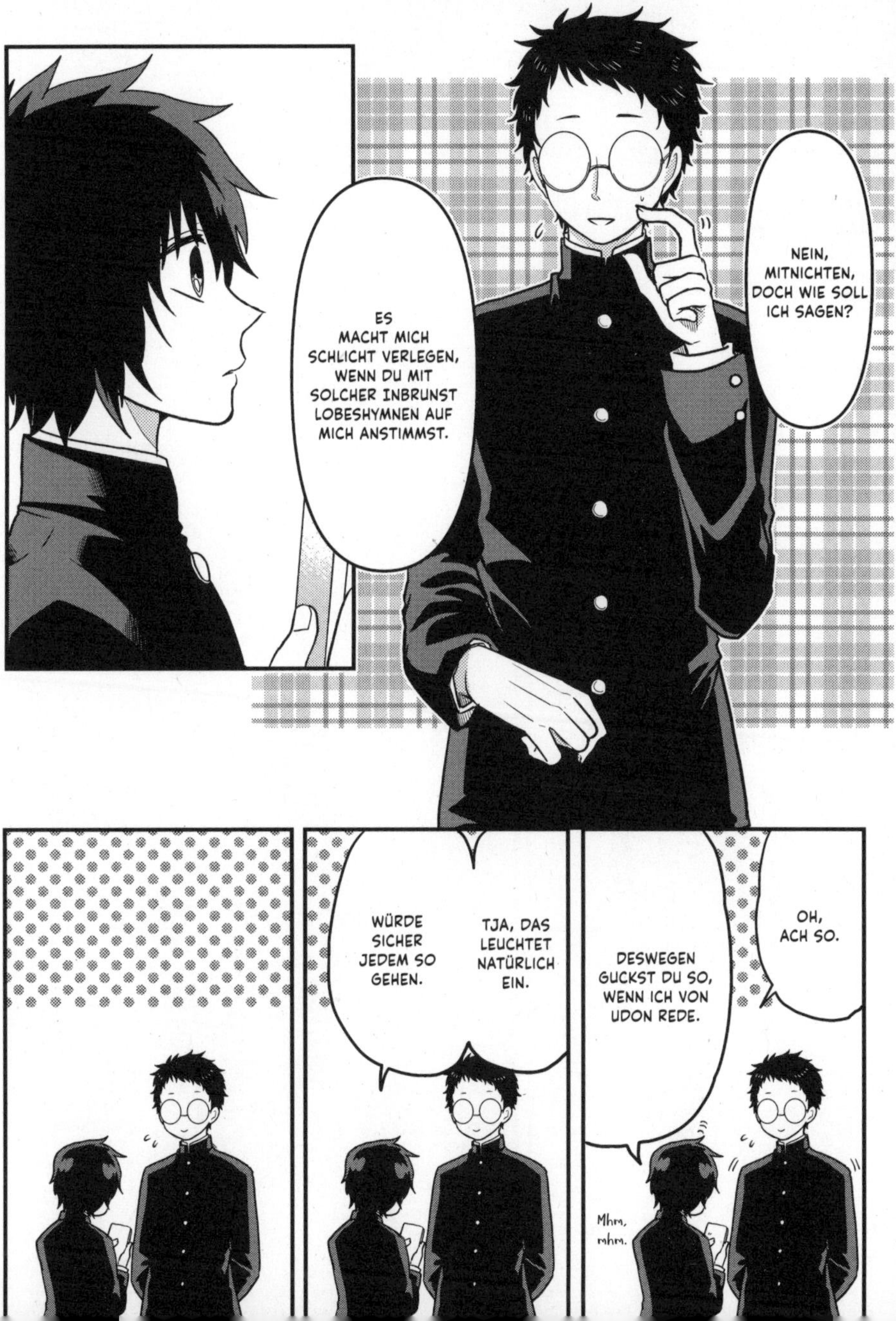
NEIN, MITNICHTEN, DOCH WIE SOLL ICH SAGEN?
ES MACHT MICH SCHLICHT VERLEGEN, WENN DU MIT SOLCHER INBRUNST LOBESHYMNEN AUF MICH ANSTIMMST.
OH, ACH SO.
DESWEGEN GUCKST DU SO, WENN ICH VON UDON REDE.
Mhm, mhm.
TJA, DAS LEUCHTET NATÜRLICH EIN.
WÜRDE SICHER JEDEM SO GEHEN.

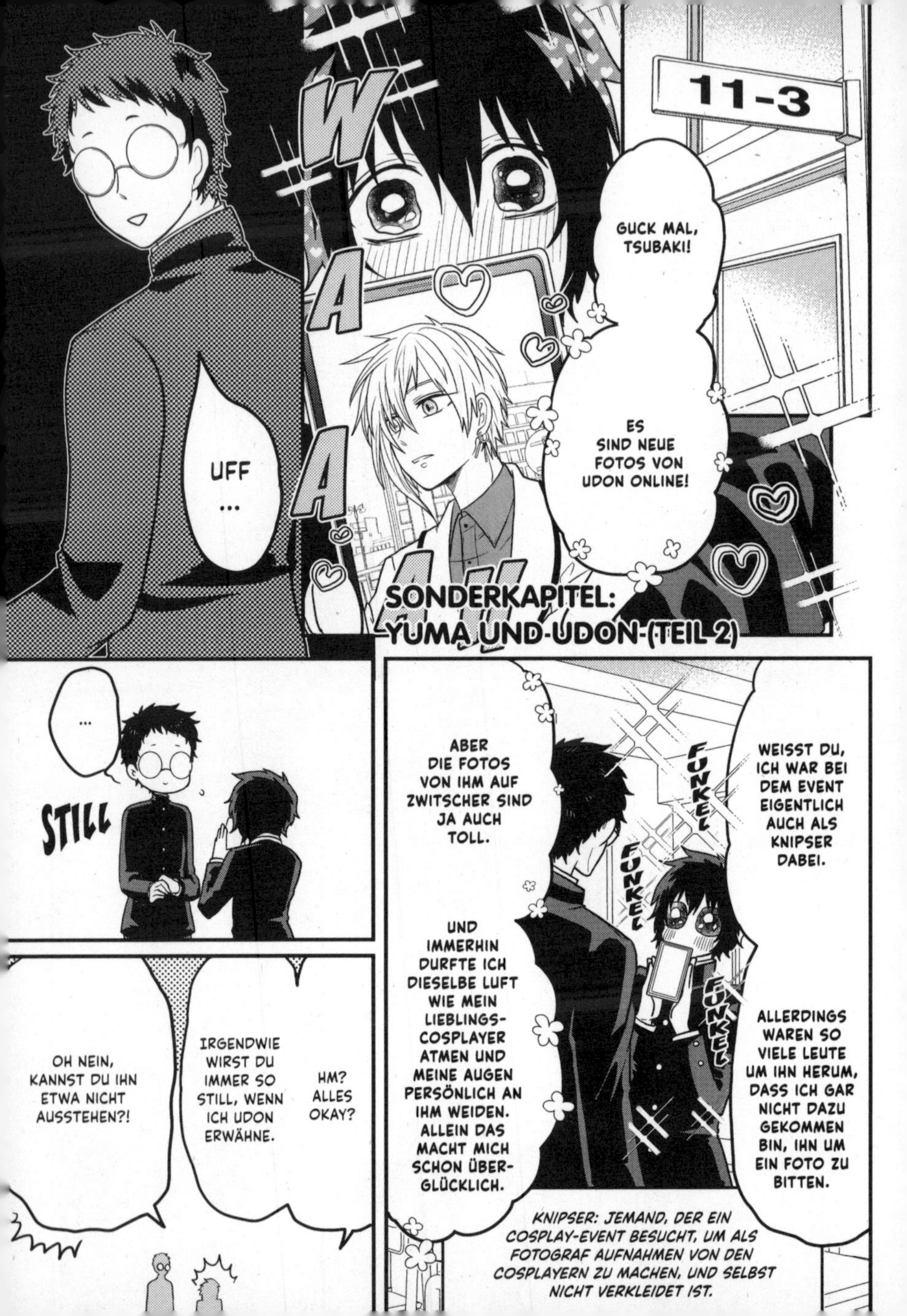

11-3
GUCK MAL, TSUBAKI!
ES SIND NEUE FOTOS VON UDON ONLINE!
WAAAH
UFF ...
SONDERKAPITEL: YUMA UND UDON (TEIL 2)
WEISST DU, ICH WAR BEI DEM EVENT EIGENTLICH AUCH ALS KNIPSER DABEI.
FUNKEL
FUNKEL
FUNKEL
ABER DIE FOTOS VON IHM AUF ZWITSCHER SIND JA AUCH TOLL.
ALLERDINGS WAREN SO VIELE LEUTE UM IHN HERUM, DASS ICH GAR NICHT DAZU GEKOMMEN BIN, IHN UM EIN FOTO ZU BITTEN.
UND IMMERHIN DURFTE ICH DIESELBE LUFT WIE MEIN LIEBLINGS-COSPLAYER ATMEN UND MEINE AUGEN PERSÖNLICH AN IHM WEIDEN. ALLEIN DAS MACHT MICH SCHON ÜBERGLÜCKLICH.
KNIPSER: JEMAND, DER EIN COSPLAY-EVENT BESUCHT, UM ALS FOTOGRAF AUFNAHMEN VON DEN COSPLAYERN ZU MACHEN, UND SELBST NICHT VERKLEIDET IST.
...
STILL
HM? ALLES OKAY?
IRGENDWIE WIRST DU IMMER SO STILL, WENN ICH UDON ERWÄHNE.
OH NEIN, KANNST DU IHN ETWA NICHT AUSSTEHEN?!

Anziehend anders

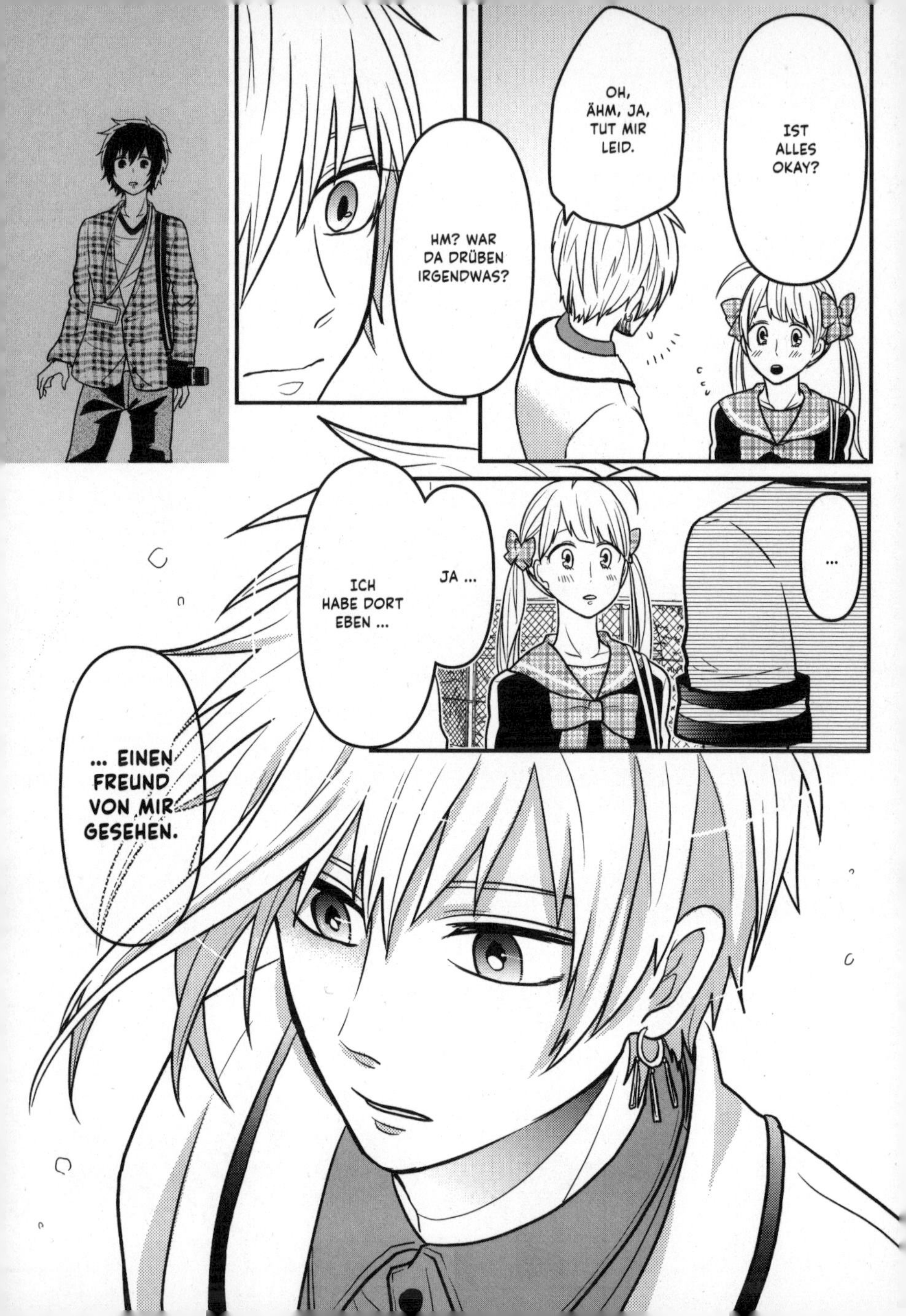
IST ALLES OKAY?
OH, ÄHM, JA, TUT MIR LEID.
HM? WAR DA DRÜBEN IRGENDWAS?
...
JA ...
ICH HABE DORT EBEN ...
... EINEN FREUND VON MIR GESEHEN.

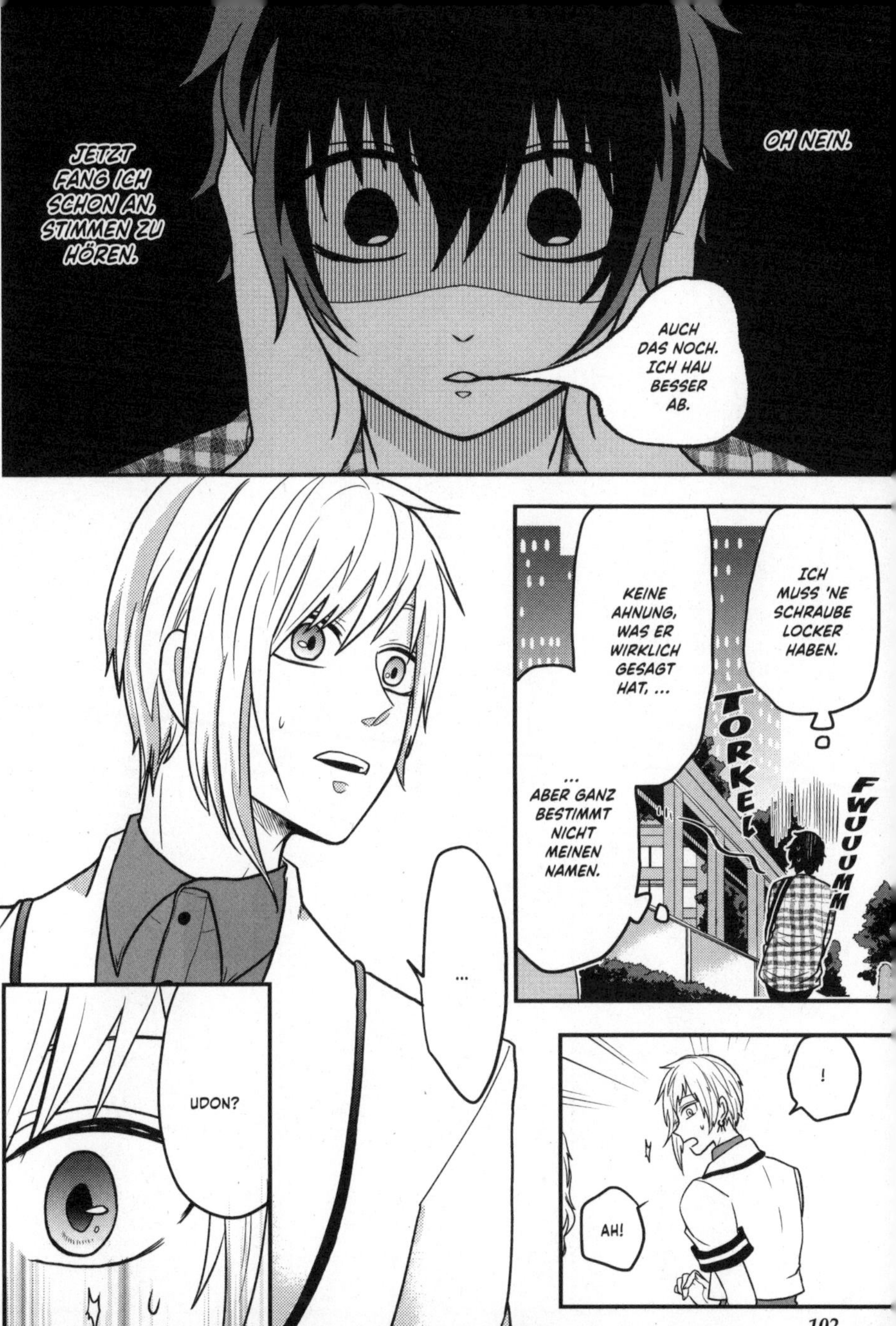
OH NEIN.
JETZT FANG ICH SCHON AN, STIMMEN ZU HÖREN.
AUCH DAS NOCH. ICH HAU BESSER AB.
ICH MUSS 'NE SCHRAUBE LOCKER HABEN.
TORKEL
FWUUUUMM
KEINE AHNUNG, WAS ER WIRKLICH GESAGT HAT, ...
... ABER GANZ BESTIMMT NICHT MEINEN NAMEN.
...
!
AH!
UDON?

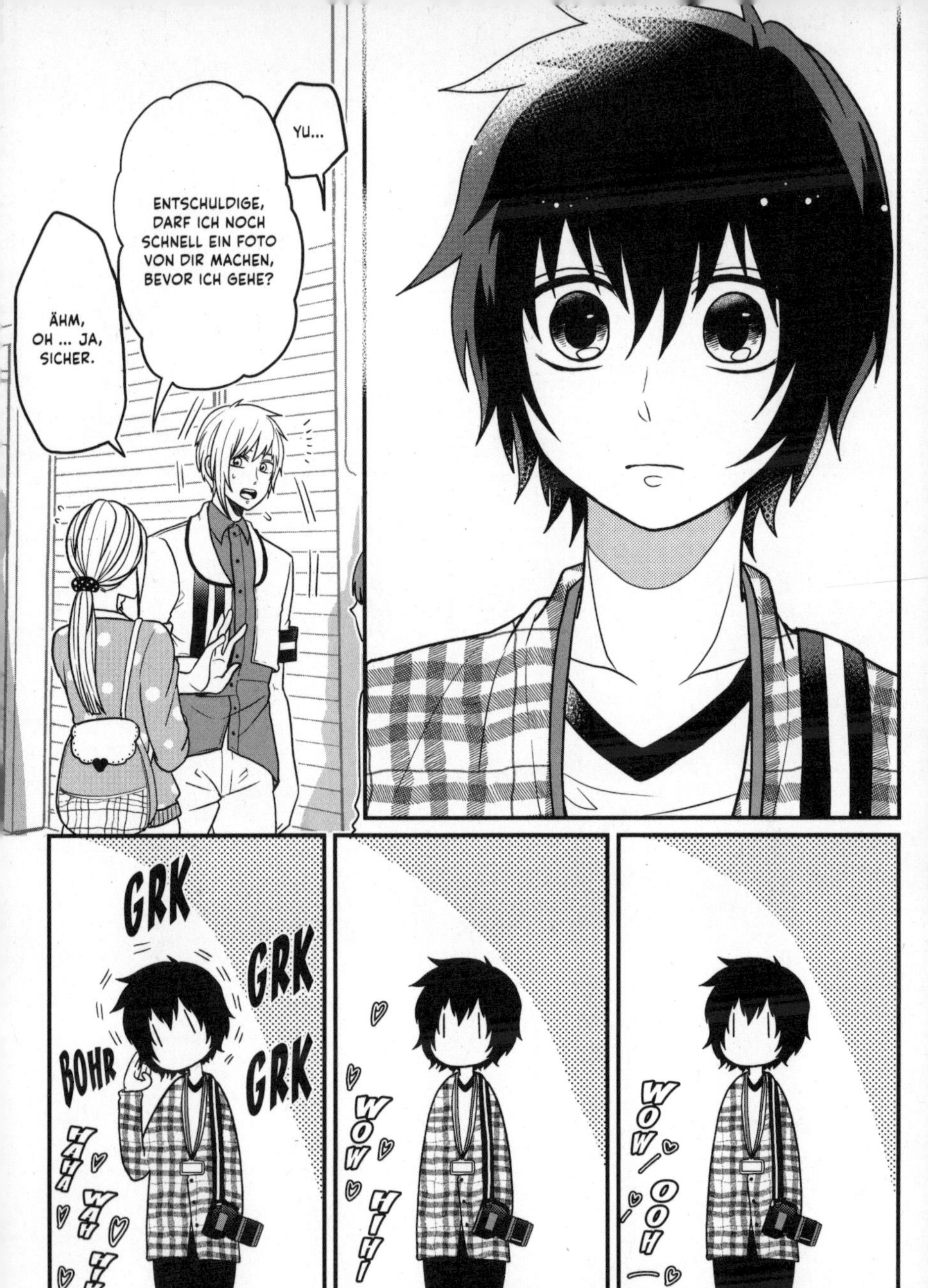
YU...
ENTSCHULDIGE, DARF ICH NOCH SCHNELL EIN FOTO VON DIR MACHEN, BEVOR ICH GEHE?
ÄHM, OH ... JA, SICHER.
WOW—
OOH—
WOW
HIHI
GRK
GRK
GRK
BOHR
HAHA
WAH
HIHI

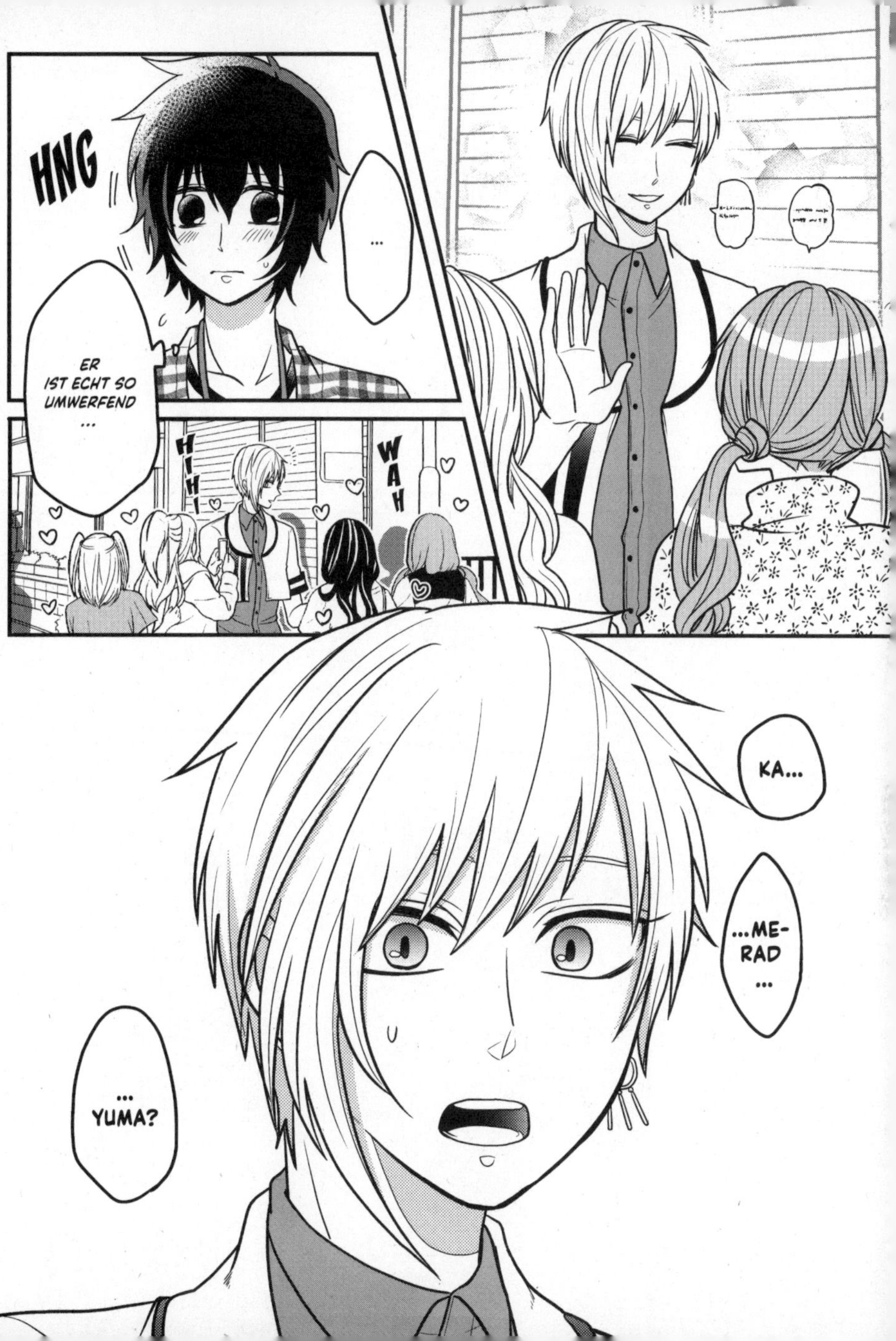
HNG
...
ER IST ECHT SO UMWERFEND ...
HIHI
WAH
KA...
...ME-RAD ...
... YUMA?

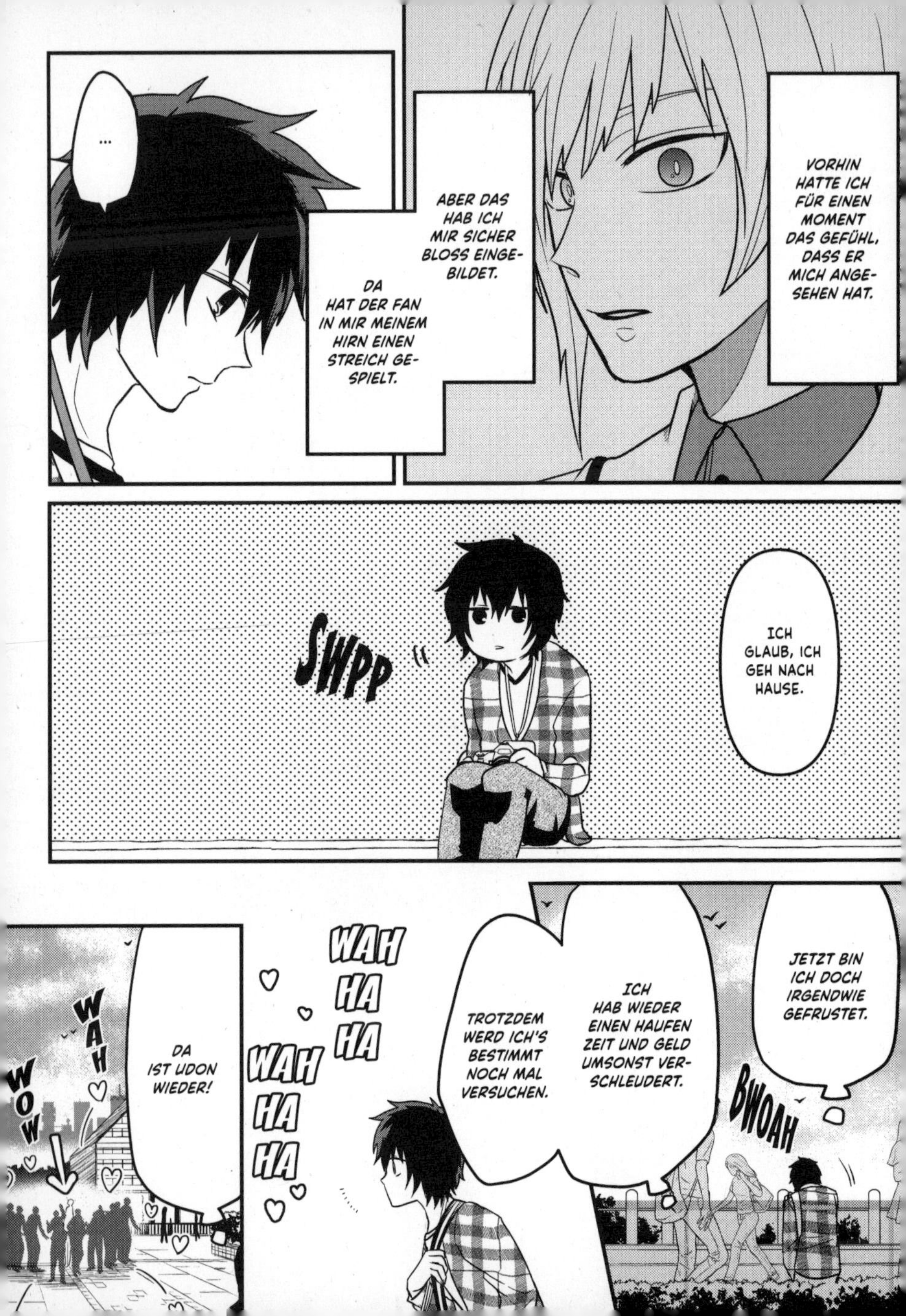

VORHIN HATTE ICH FÜR EINEN MOMENT DAS GEFÜHL, DASS ER MICH ANGESEHEN HAT.
ABER DAS HAB ICH MIR SICHER BLOSS EINGEBILDET.
DA HAT DER FAN IN MIR MEINEM HIRN EINEN STREICH GESPIELT.
...
ICH GLAUB, ICH GEH NACH HAUSE.
SWPP
JETZT BIN ICH DOCH IRGENDWIE GEFRUSTET.
BWOAH
ICH HAB WIEDER EINEN HAUFEN ZEIT UND GELD UMSONST VERSCHLEUDERT.
TROTZDEM WERD ICH'S BESTIMMT NOCH MAL VERSUCHEN.
WAH HA HA
WAH HA HA
DA IST UDON WIEDER!
WAH
WOW

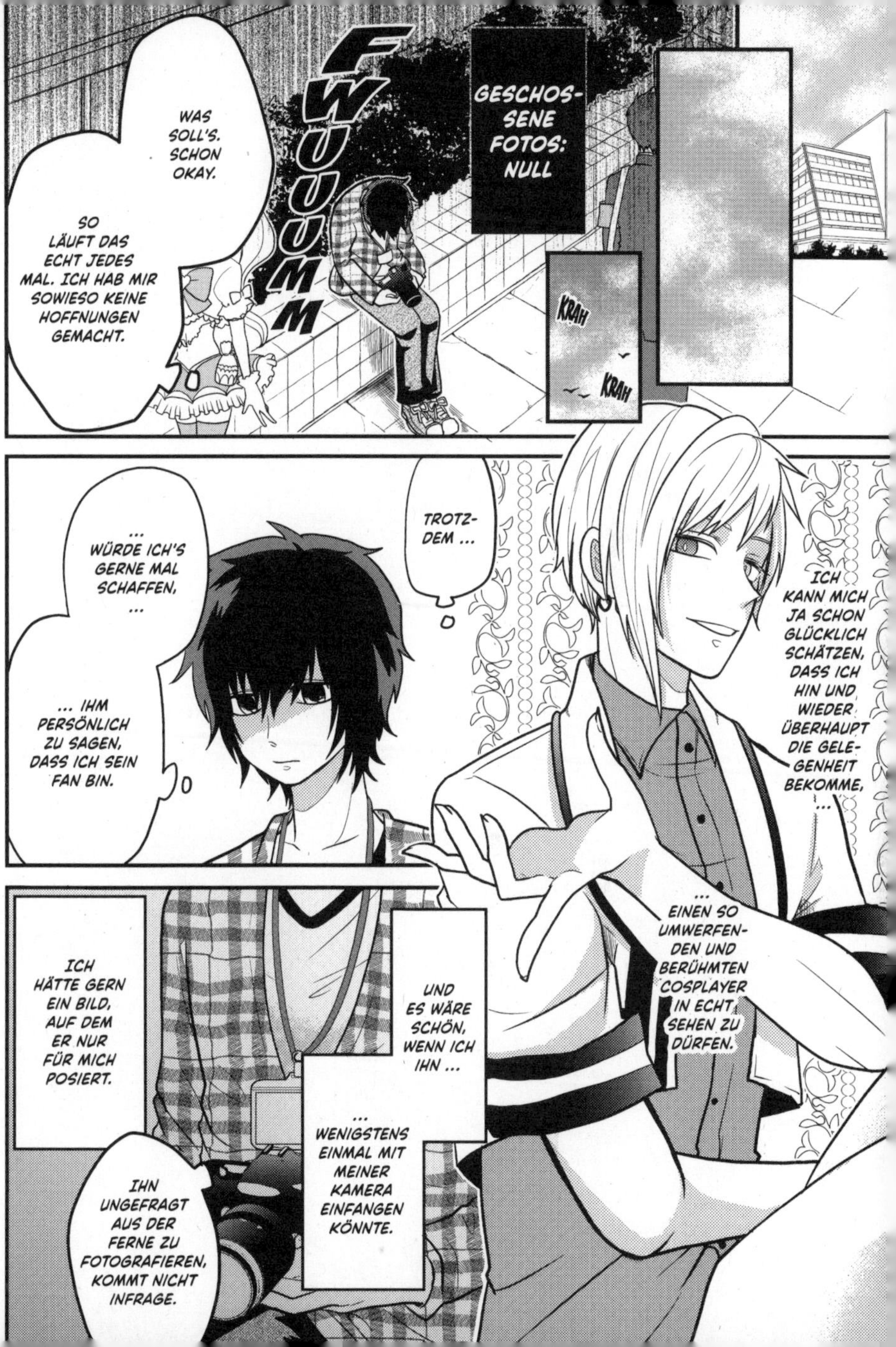

KRAH
KRAH
GESCHOSSENE FOTOS: NULL
FWUUUMM
WAS SOLL'S. SCHON OKAY.
SO LÄUFT DAS ECHT JEDES MAL. ICH HAB MIR SOWIESO KEINE HOFFNUNGEN GEMACHT.
ICH KANN MICH JA SCHON GLÜCKLICH SCHÄTZEN, DASS ICH HIN UND WIEDER ÜBERHAUPT DIE GELEGENHEIT BEKOMME, ...
... EINEN SO UMWERFENDEN UND BERÜHMTEN COSPLAYER IN ECHT SEHEN ZU DÜRFEN.
TROTZDEM ...
... WÜRDE ICH'S GERNE MAL SCHAFFEN, ...
... IHM PERSÖNLICH ZU SAGEN, DASS ICH SEIN FAN BIN.
UND ES WÄRE SCHÖN, WENN ICH IHN ...
... WENIGSTENS EINMAL MIT MEINER KAMERA EINFANGEN KÖNNTE.
ICH HÄTTE GERN EIN BILD, AUF DEM ER NUR FÜR MICH POSIERT.
IHN UNGEFRAGT AUS DER FERNE ZU FOTOGRAFIEREN, KOMMT NICHT INFRAGE.

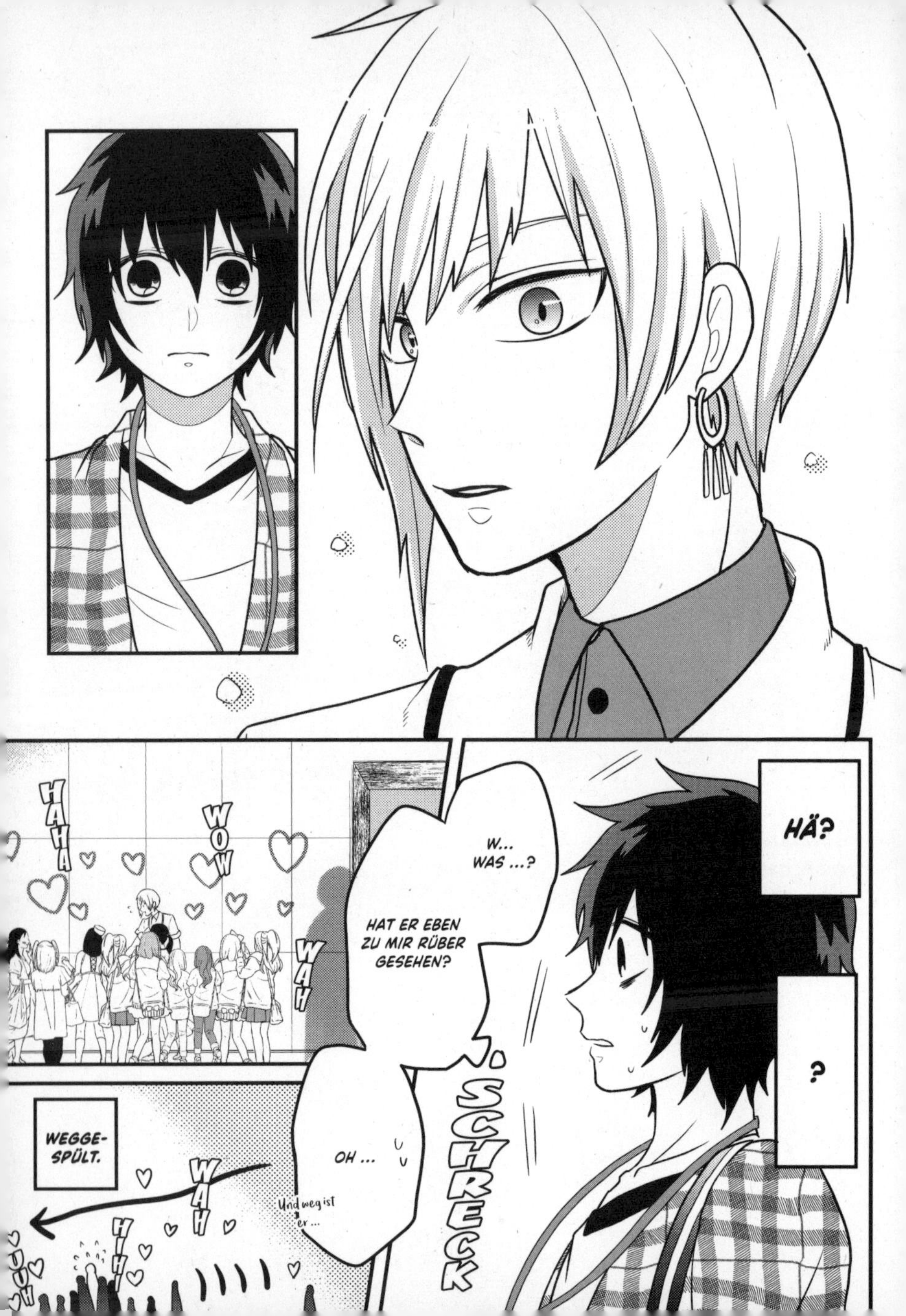
HÄ?
W... WAS ...?
HAT ER EBEN ZU MIR RÜBER GESEHEN?
?
SCHRECK
OH ...
Und weg ist er ...
HAHA
WOW
WAH
WEGGE-SPÜLT.
WAH
HIHI

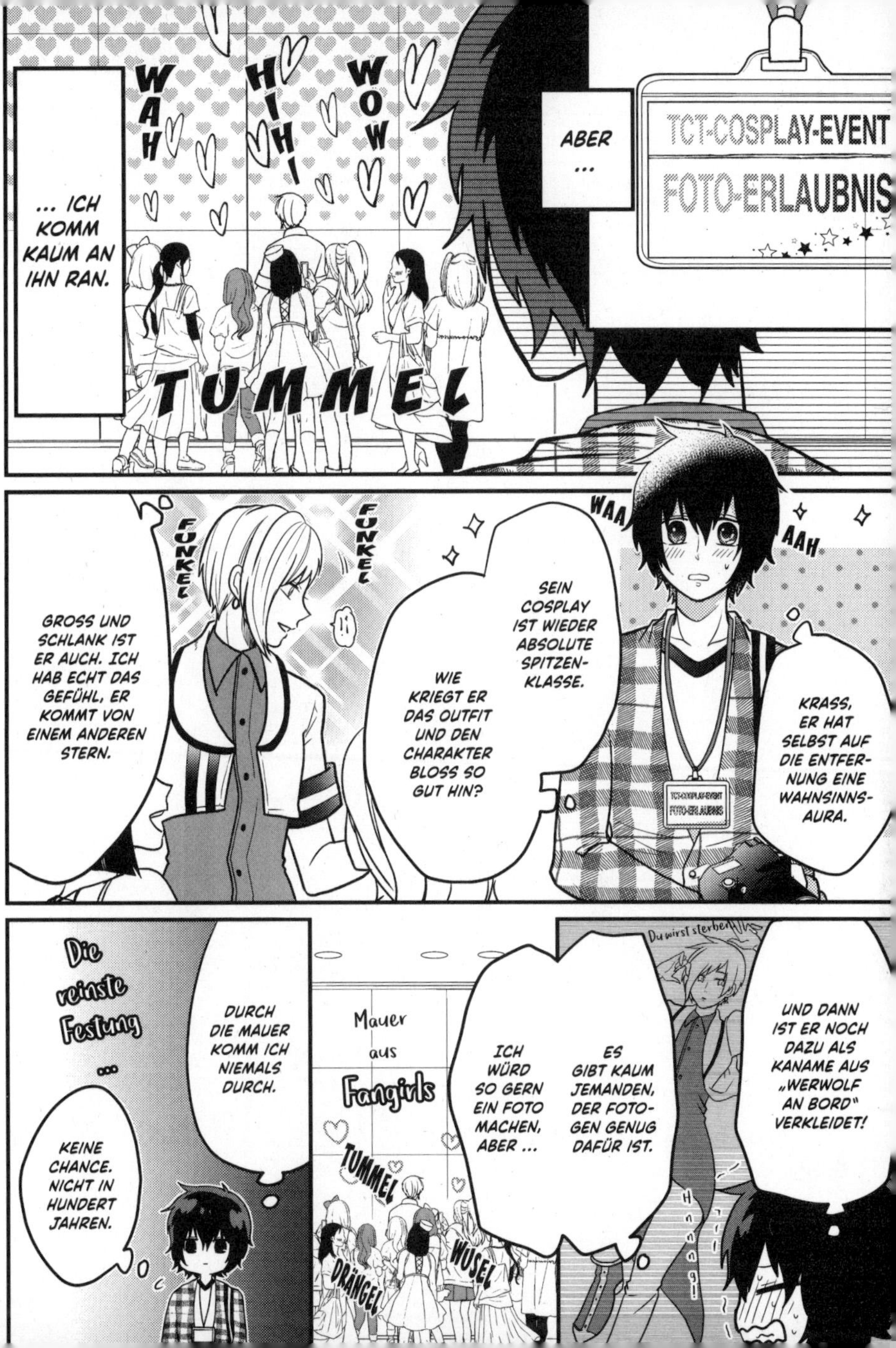

TCT-COSPLAY-EVENT
FOTO-ERLAUBNIS
ABER ...
WOW
HIHI
WAH
... ICH KOMM KAUM AN IHN RAN.
TUMMEL
WAA AAH
KRASS, ER HAT SELBST AUF DIE ENTFERNUNG EINE WAHNSINNSAURA.
SEIN COSPLAY IST WIEDER ABSOLUTE SPITZENKLASSE.
WIE KRIEGT ER DAS OUTFIT UND DEN CHARAKTER BLOSS SO GUT HIN?
FUNKEL
FUNKEL
GROSS UND SCHLANK IST ER AUCH. ICH HAB ECHT DAS GEFÜHL, ER KOMMT VON EINEM ANDEREN STERN.
UND DANN IST ER NOCH DAZU ALS KANAME AUS „WERWOLF AN BORD“ VERKLEIDET!
Du wirst sterben
ES GIBT KAUM JEMANDEN, DER FOTOGEN GENUG DAFÜR IST.
ICH WÜRD SO GERN EIN FOTO MACHEN, ABER ...
DURCH DIE MAUER KOMM ICH NIEMALS DURCH.
Mauer aus Fangirls
TUMMEL
WUSEL
DRÄNGEL
Die reinste Festung ...
KEINE CHANCE. NICHT IN HUNDERT JAHREN.

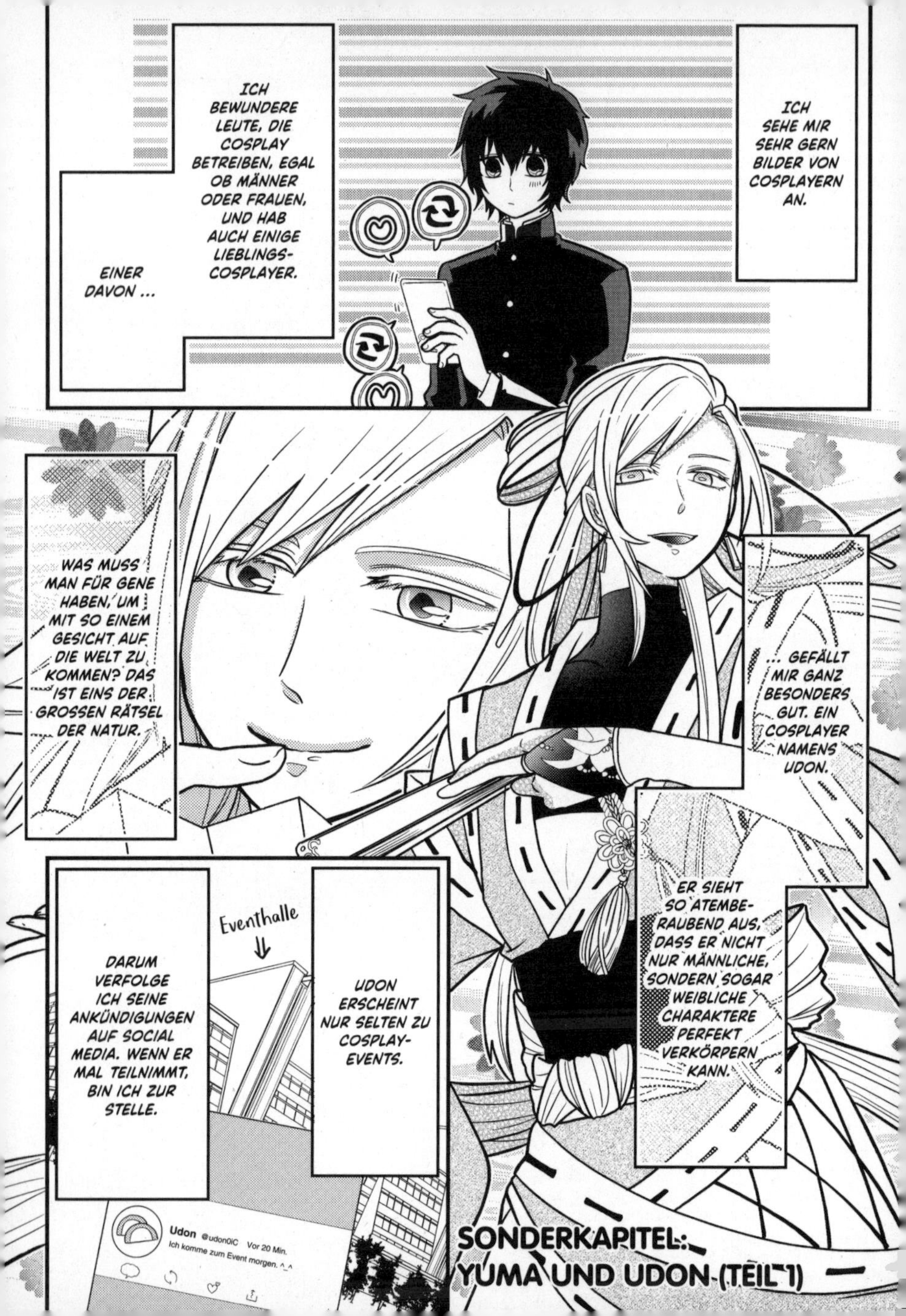
ICH SEHE MIR SEHR GERN BILDER VON COSPLAYERN AN.
ICH BEWUNDERE LEUTE, DIE COSPLAY BETREIBEN, EGAL OB MÄNNER ODER FRAUEN, UND HAB AUCH EINIGE LIEBLINGS-COSPLAYER.
EINER DAVON ...
... GEFÄLLT MIR GANZ BESONDERS GUT. EIN COSPLAYER NAMENS UDON.
ER SIEHT SO ATEMBERAUBEND AUS, DASS ER NICHT NUR MÄNNLICHE, SONDERN SOGAR WEIBLICHE CHARAKTERE PERFEKT VERKÖRPERN KANN.
WAS MUSS MAN FÜR GENE HABEN, UM MIT SO EINEM GESICHT AUF DIE WELT ZU KOMMEN? DAS IST EINS DER GROSSEN RÄTSEL DER NATUR.
UDON ERSCHEINT NUR SELTEN ZU COSPLAY-EVENTS.
DARUM VERFOLGE ICH SEINE ANKÜNDIGUNGEN AUF SOCIAL MEDIA. WENN ER MAL TEILNIMMT, BIN ICH ZUR STELLE.
Eventhalle
Udon @udon0iC Vor 20 Min.
Ich komme zum Event morgen. ^_^
SONDERKAPITEL:
YUMA UND UDON (TEIL 1)

SONDERKAPITEL

Eine Geschichte aus der Zeit,
als Yuma und Tsubaki noch in der 10. Klasse waren.

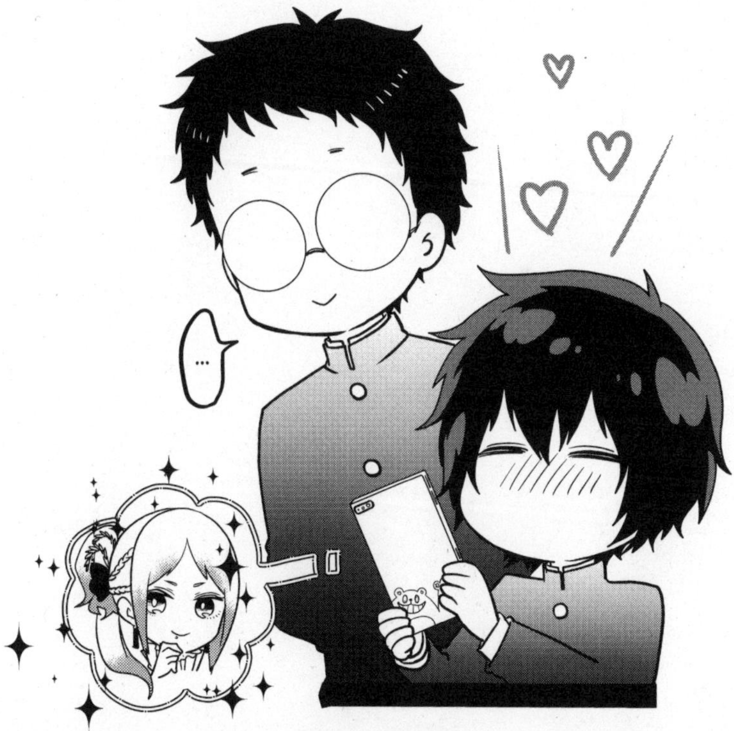

Anziehend anders

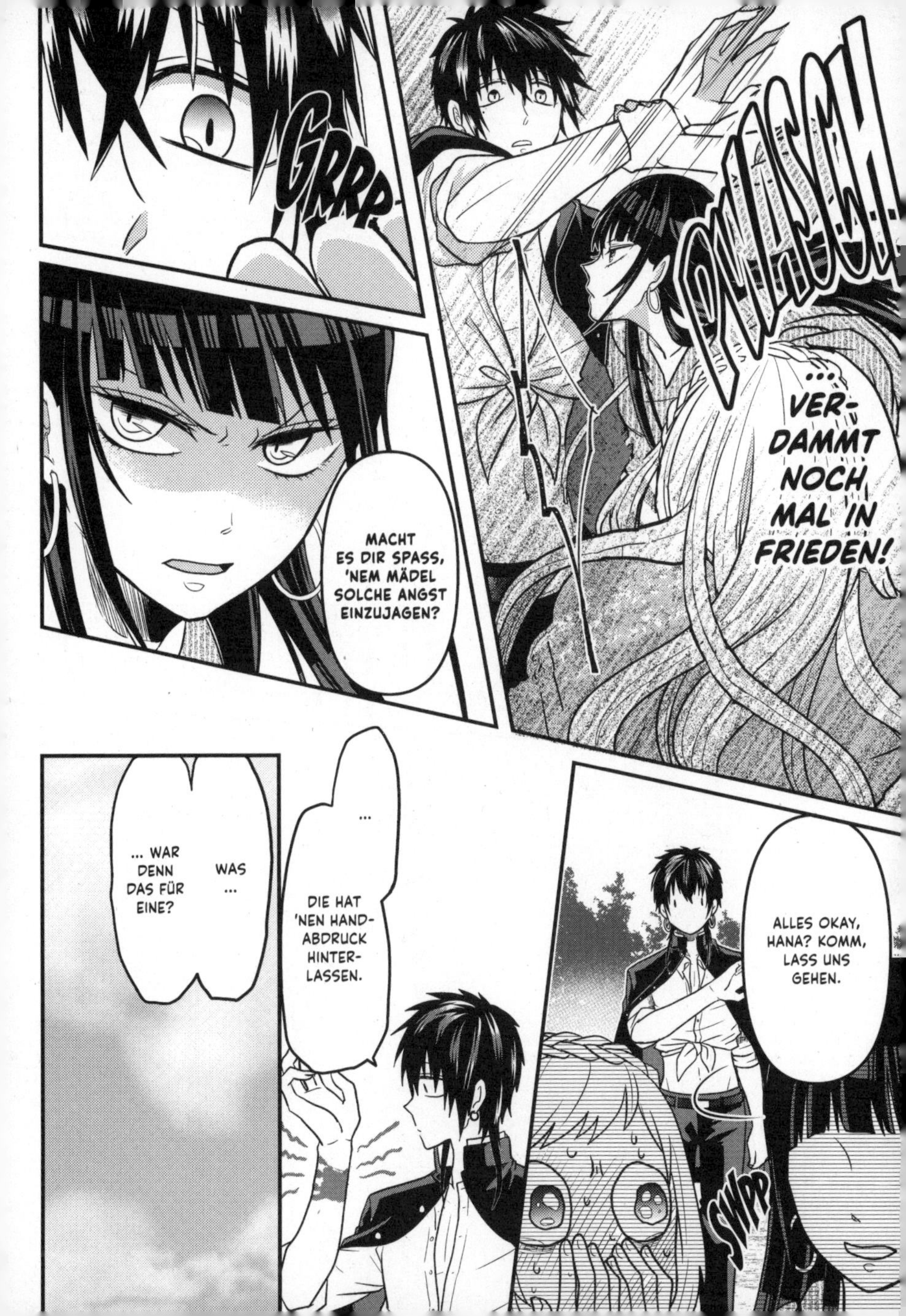
... VER-
DAMMT
NOCH
MAL IN
FRIEDEN!
GRRR
MACHT
ES DIR SPASS,
'NEM MÄDEL
SOLCHE ANGST
EINZUJAGEN?
ALLES OKAY,
HANA? KOMM,
LASS UNS
GEHEN.
...
DIE HAT
'NEN HAND-
ABDRUCK
HINTER-
LASSEN.
WAS
...
... WAR
DENN
DAS FÜR
EINE?

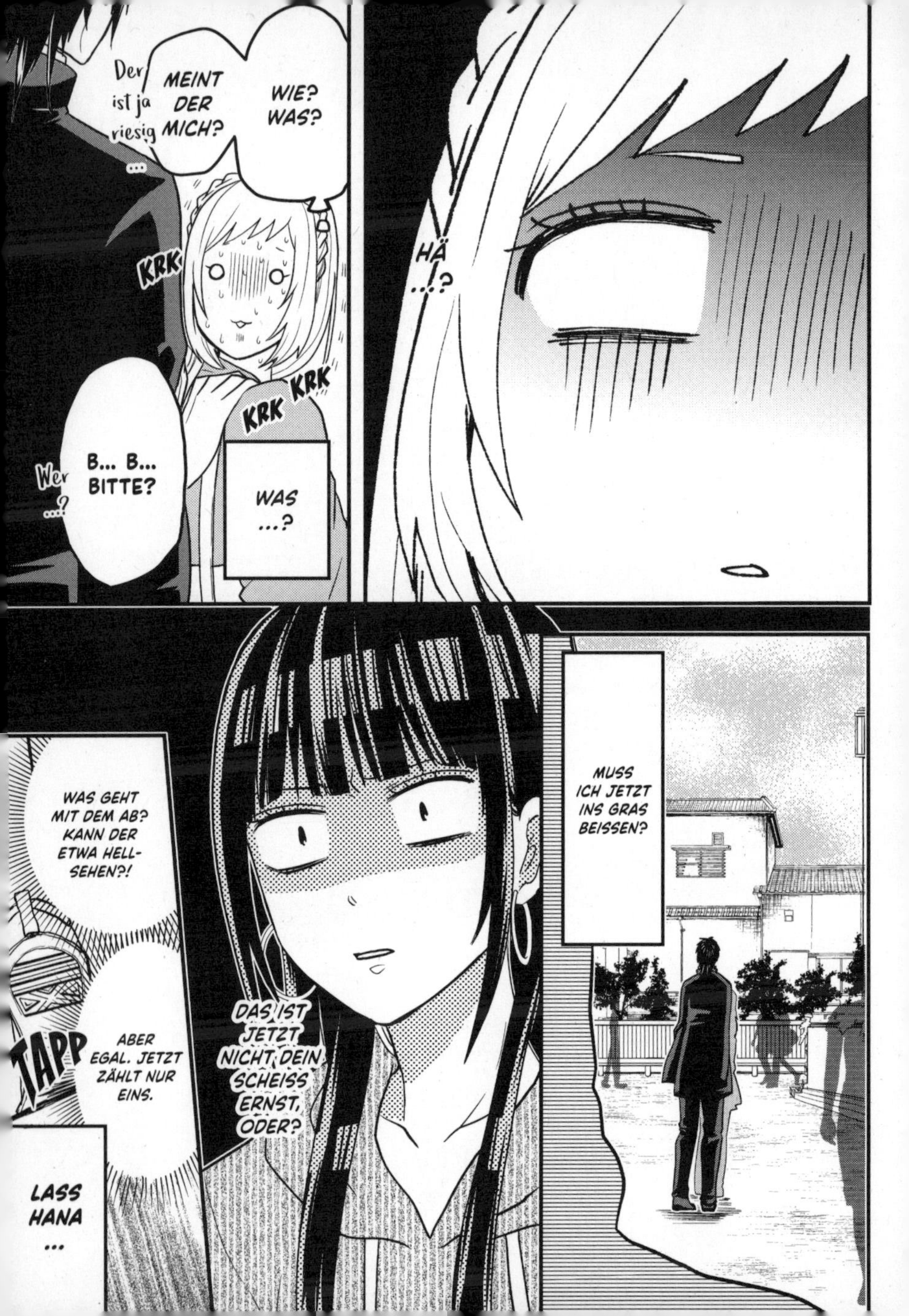
HÄ …?
WIE? WAS?
MEINT DER MICH?
Der ist ja riesig …
KRK
KRK KRK
KRK
WAS …?
B… B… BITTE?
Wer …?
MUSS ICH JETZT INS GRAS BEISSEN?
DAS IST JETZT NICHT DEIN SCHEISS ERNST, ODER?
WAS GEHT MIT DEM AB? KANN DER ETWA HELL-SEHEN?!
ABER EGAL. JETZT ZÄHLT NUR EINS.
TAPP
LASS HANA …

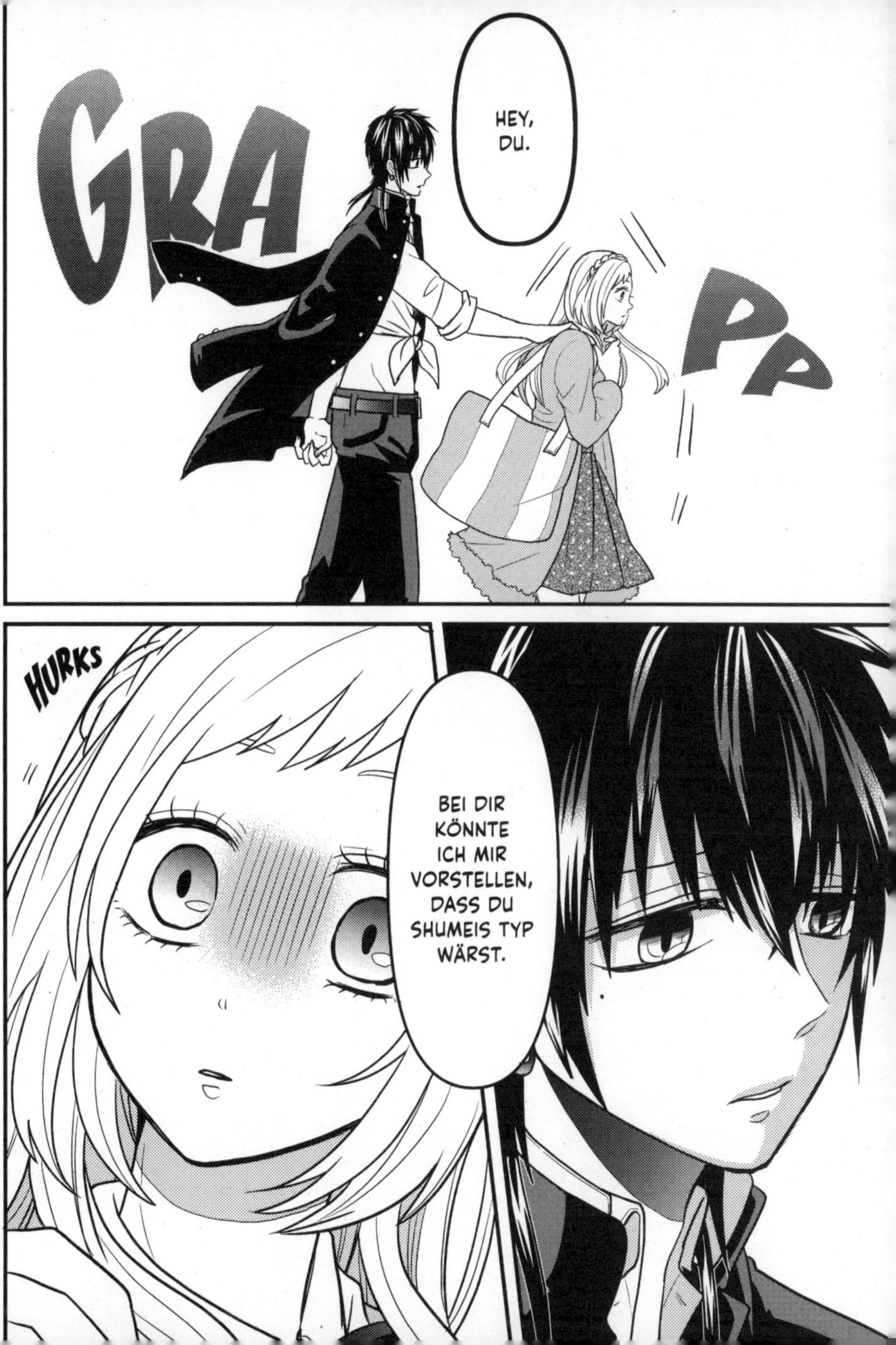
HEY, DU.
GRA
PP
HURKS
BEI DIR KÖNNTE ICH MIR VORSTELLEN, DASS DU SHUMEIS TYP WÄRST.

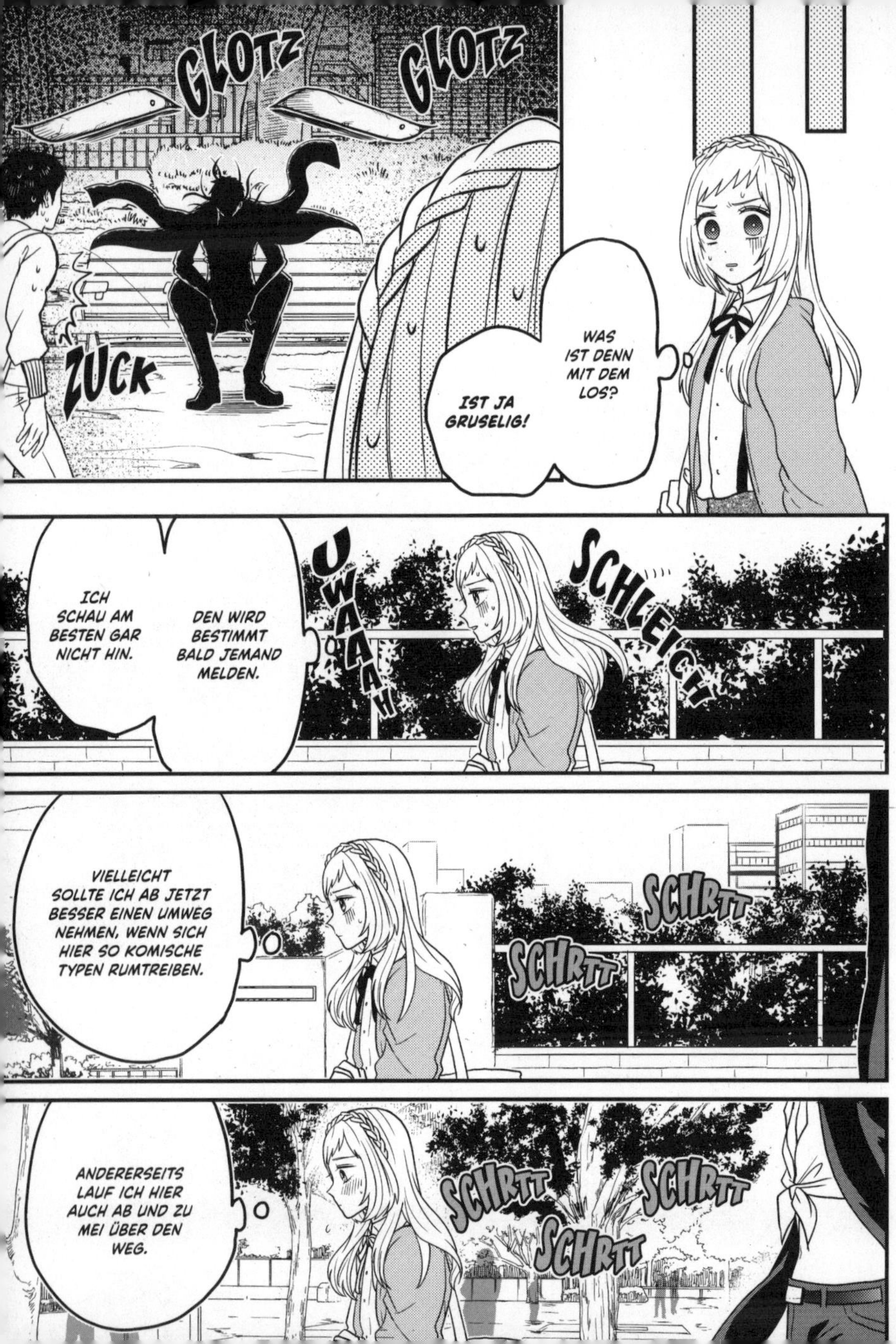
GLOTZ
GLOTZ
ZUCK
WAS IST DENN MIT DEM LOS?
IST JA GRUSELIG!
SCHLEICH
UWAAAAAH
DEN WIRD BESTIMMT BALD JEMAND MELDEN.
ICH SCHAU AM BESTEN GAR NICHT HIN.
SCHRTT
SCHRTT
VIELLEICHT SOLLTE ICH AB JETZT BESSER EINEN UMWEG NEHMEN, WENN SICH HIER SO KOMISCHE TYPEN RUMTREIBEN.
SCHRTT
SCHRTT
SCHRTT
ANDERERSEITS LAUF ICH HIER AUCH AB UND ZU MEI ÜBER DEN WEG.

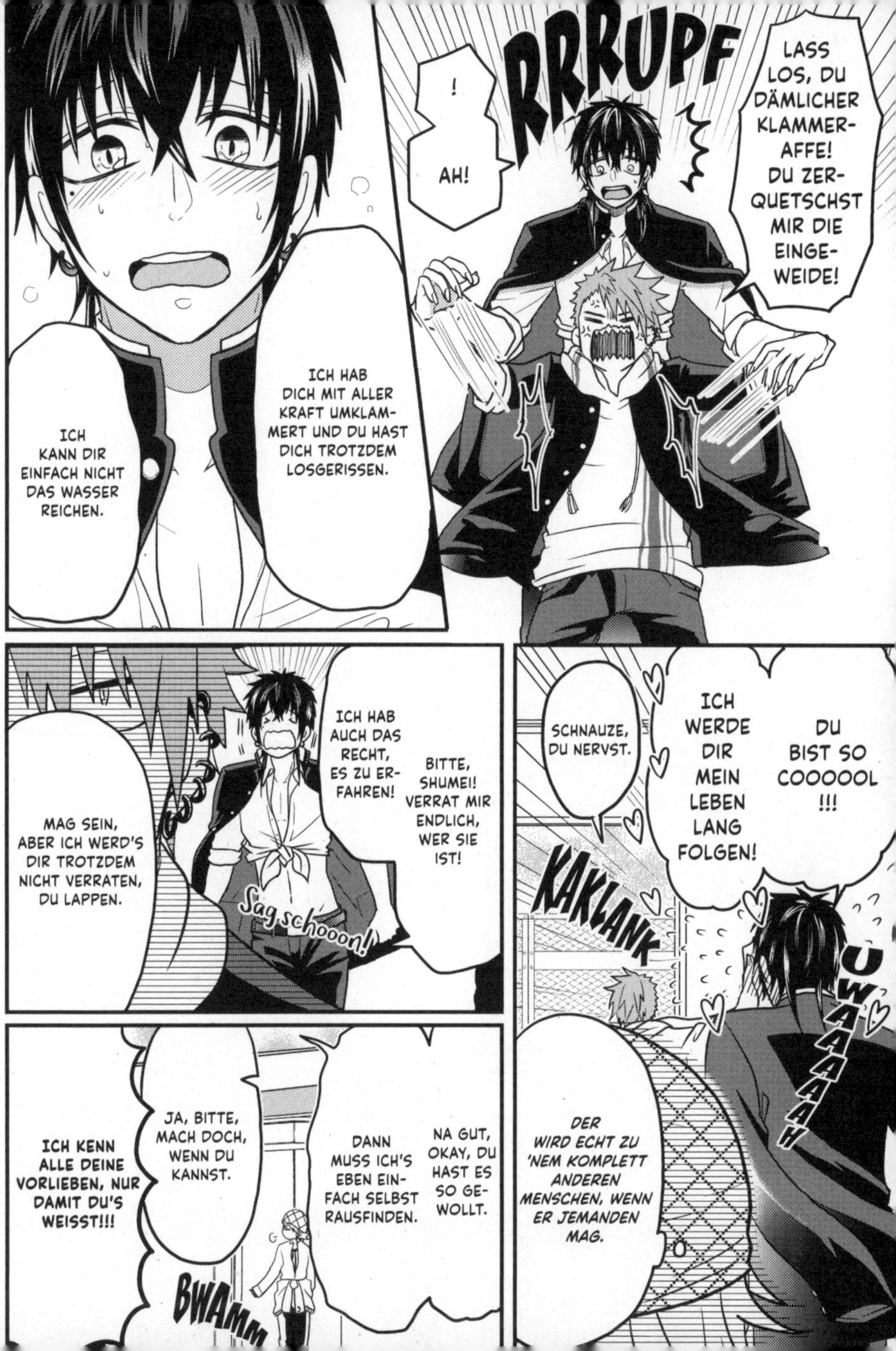

LASS LOS, DU DÄMLICHER KLAMMER-AFFE! DU ZER-QUETSCHST MIR DIE EINGE-WEIDE!
RRRUPF
!
AH!
ICH HAB DICH MIT ALLER KRAFT UMKLAMMERT UND DU HAST DICH TROTZDEM LOSGERISSEN.
ICH KANN DIR EINFACH NICHT DAS WASSER REICHEN.
DU BIST SO COOOOOL !!!
ICH WERDE DIR MEIN LEBEN LANG FOLGEN!
SCHNAUZE, DU NERVST.
KAKLANK
UWAAAAAAH
DER WIRD ECHT ZU 'NEM KOMPLETT ANDEREN MENSCHEN, WENN ER JEMANDEN MAG.
BITTE, SHUMEI! VERRAT MIR ENDLICH, WER SIE IST!
ICH HAB AUCH DAS RECHT, ES ZU ER-FAHREN!
Sag schoooon!
MAG SEIN, ABER ICH WERD'S DIR TROTZDEM NICHT VERRATEN, DU LAPPEN.
NA GUT, OKAY, DU HAST ES SO GE-WOLLT.
DANN MUSS ICH'S EBEN EIN-FACH SELBST RAUSFINDEN.
JA, BITTE, MACH DOCH, WENN DU KANNST.
ICH KENN ALLE DEINE VORLIEBEN, NUR DAMIT DU'S WEISST!!!
BWAMM

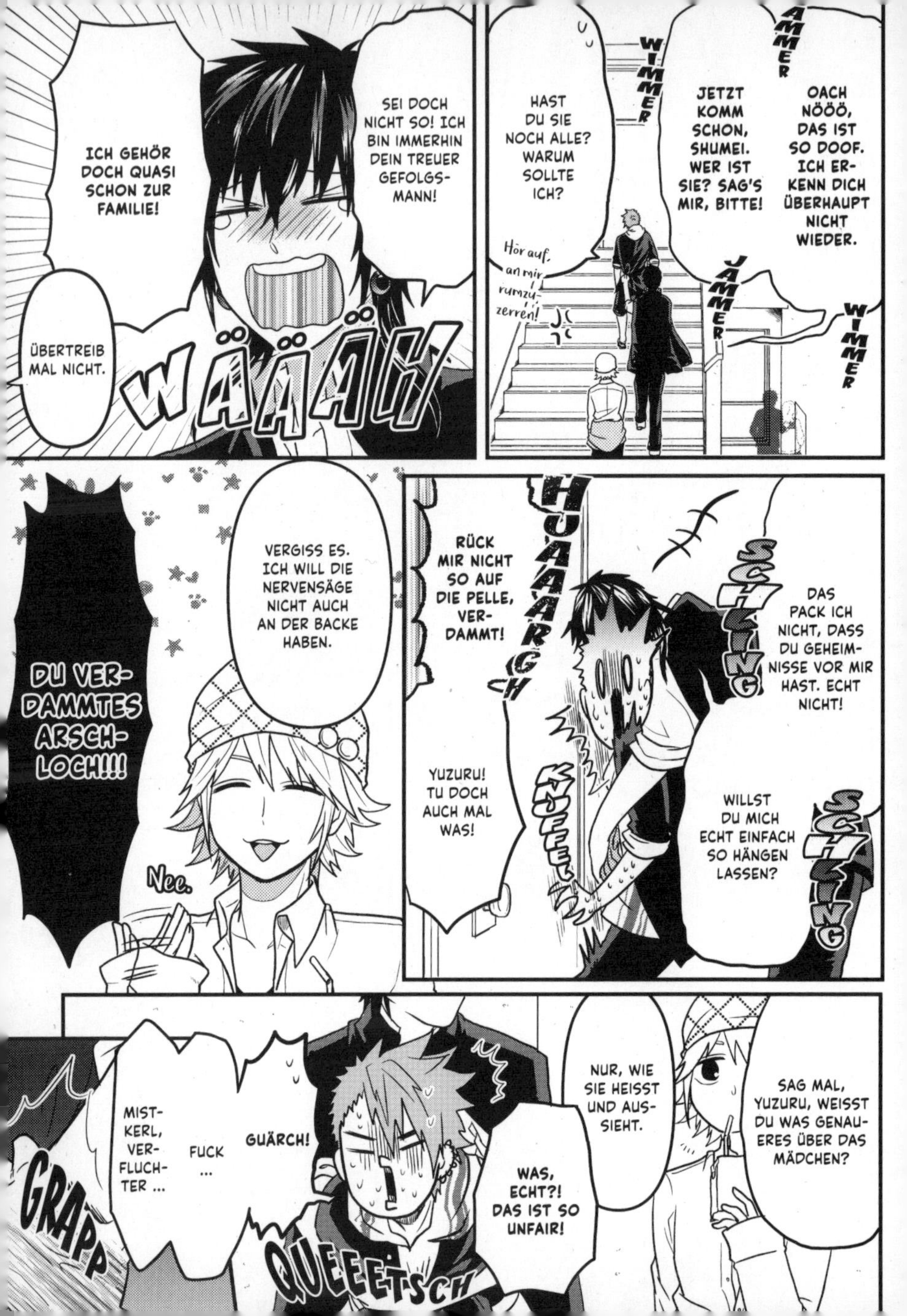

OACH NÖÖÖ, DAS IST SO DOOF. ICH ERKENN DICH ÜBERHAUPT NICHT WIEDER.
JAMMER
JETZT KOMM SCHON, SHUMEI. WER IST SIE? SAG'S MIR, BITTE!
WIMMER
HAST DU SIE NOCH ALLE? WARUM SOLLTE ICH?
Hör auf, an mir rumzuzerren!
JAMMER
WIMMER
SEI DOCH NICHT SO! ICH BIN IMMERHIN DEIN TREUER GEFOLGSMANN!
ICH GEHÖR DOCH QUASI SCHON ZUR FAMILIE!
WÄÄÄH
ÜBERTREIB MAL NICHT.
DAS PACK ICH NICHT, DASS DU GEHEIMNISSE VOR MIR HAST. ECHT NICHT!
SCHLING
RÜCK MIR NICHT SO AUF DIE PELLE, VERDAMMT!
HUAAAARGH
WILLST DU MICH ECHT EINFACH SO HÄNGEN LASSEN?
SCHLING
KNUFFEL
YUZURU! TU DOCH AUCH MAL WAS!
VERGISS ES. ICH WILL DIE NERVENSÄGE NICHT AUCH AN DER BACKE HABEN.
Nee.
DU VERDAMMTES ARSCHLOCH!!!
SAG MAL, YUZURU, WEISST DU WAS GENAUERES ÜBER DAS MÄDCHEN?
NUR, WIE SIE HEISST UND AUSSIEHT.
WAS, ECHT?! DAS IST SO UNFAIR!
GUÄRCH!
QUEEETSCH
FUCK ...
MISTKERL, VERFLUCHTER ...
GRAPP

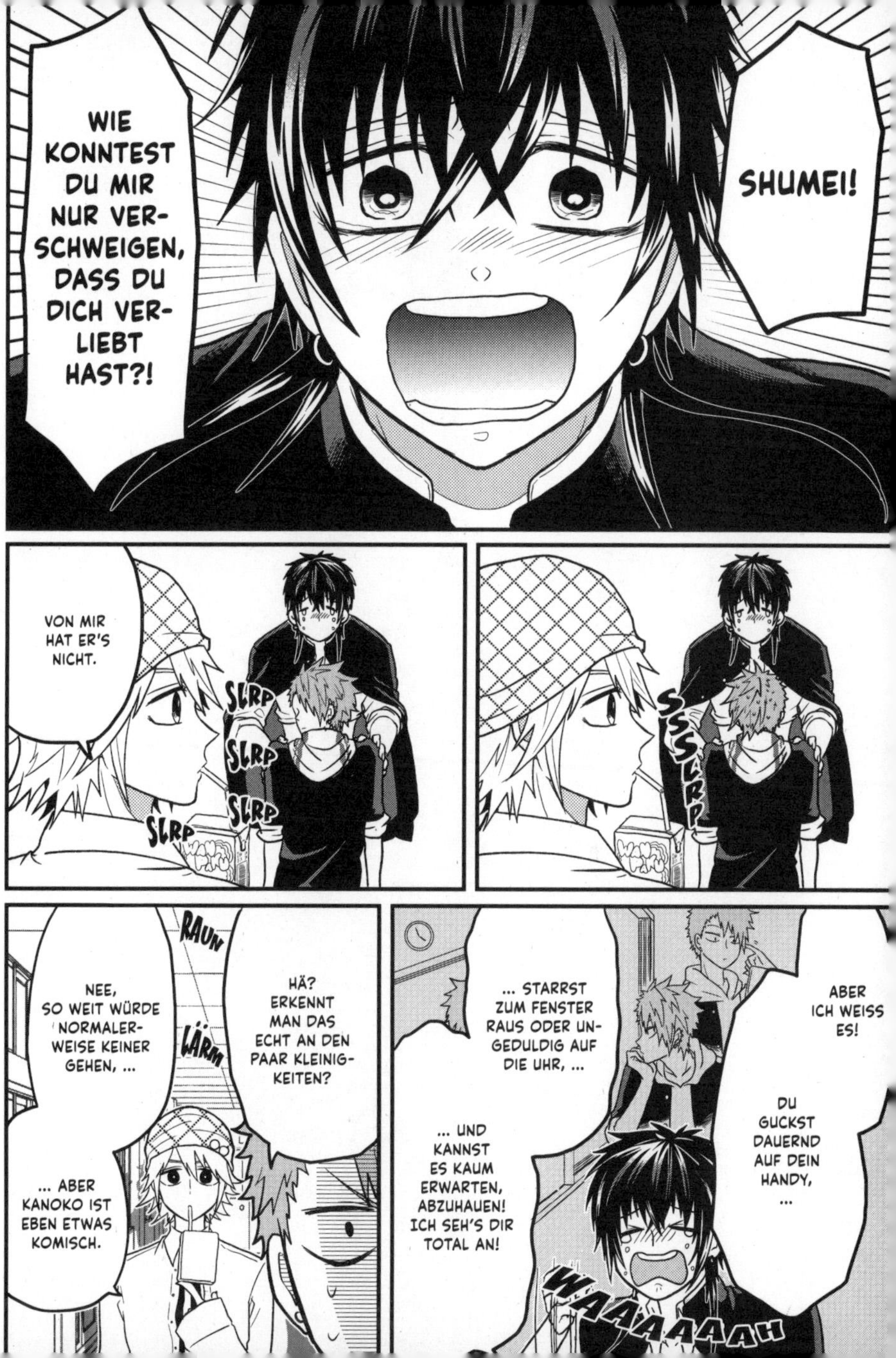
SHUMEI!
WIE KONNTEST DU MIR NUR VERSCHWEIGEN, DASS DU DICH VERLIEBT HAST?!
SSSLRP
VON MIR HAT ER'S NICHT.
SLRP
SLRP
SLRP
SLRP
ABER ICH WEISS ES!
DU GUCKST DAUERND AUF DEIN HANDY, ...
... STARRST ZUM FENSTER RAUS ODER UNGEDULDIG AUF DIE UHR, ...
... UND KANNST ES KAUM ERWARTEN, ABZUHAUEN! ICH SEH'S DIR TOTAL AN!
WAAAAAAAH
HÄ? ERKENNT MAN DAS ECHT AN DEN PAAR KLEINIGKEITEN?
RAUN
LÄRM
NEE, SO WEIT WÜRDE NORMALERWEISE KEINER GEHEN, ...
... ABER KANOKO IST EBEN ETWAS KOMISCH.

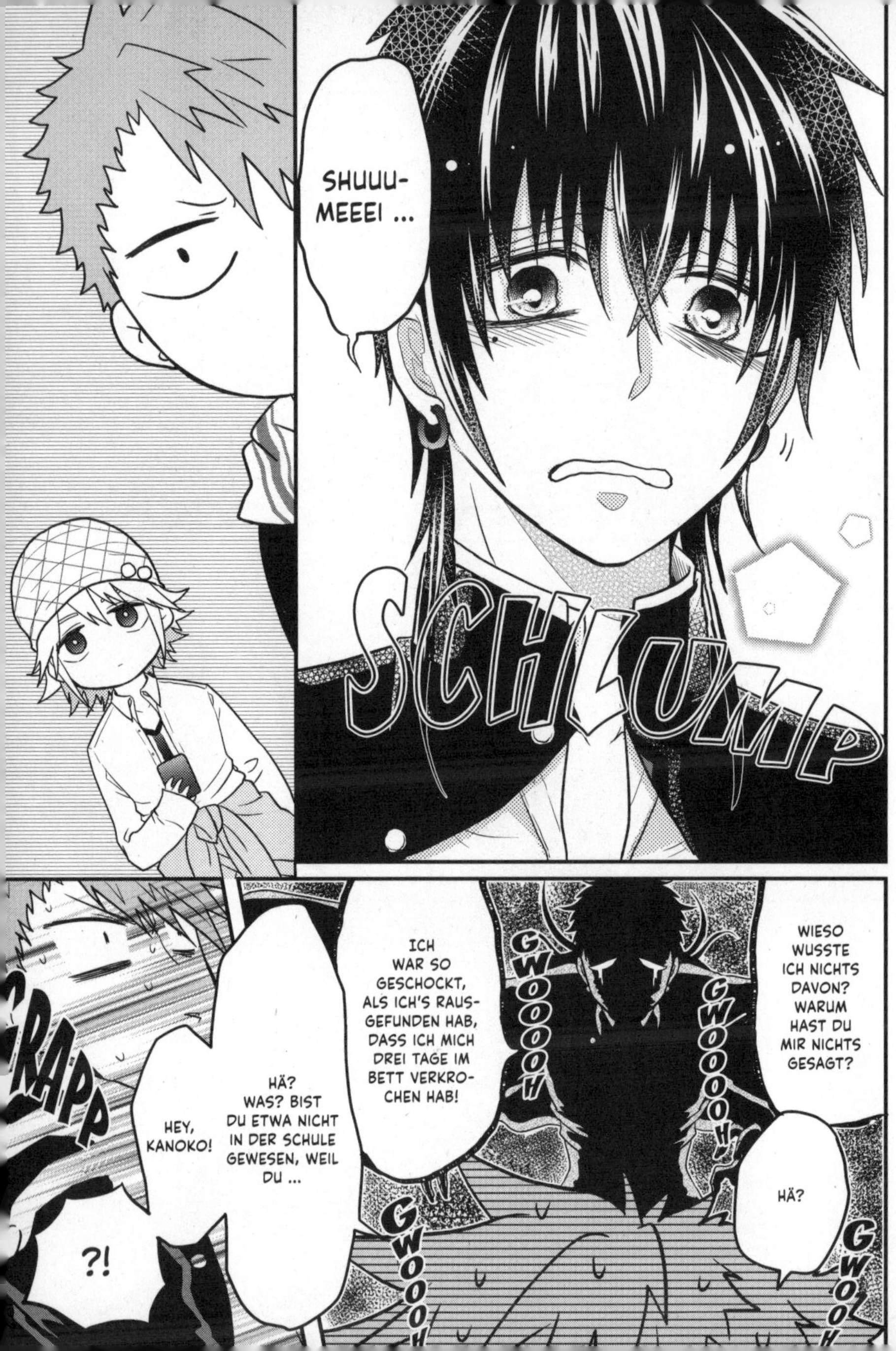
SHUUU-MEEEI ...
SCHLUMP
WIESO WUSSTE ICH NICHTS DAVON? WARUM HAST DU MIR NICHTS GESAGT?
GWOOOH
HÄ?
GWOOOOOH
ICH WAR SO GESCHOCKT, ALS ICH'S RAUSGEFUNDEN HAB, DASS ICH MICH DREI TAGE IM BETT VERKROCHEN HAB!
GWOOOOH
GWOOOH
HÄ? WAS? BIST DU ETWA NICHT IN DER SCHULE GEWESEN, WEIL DU ...
HEY, KANOKO!
RAPP
?!

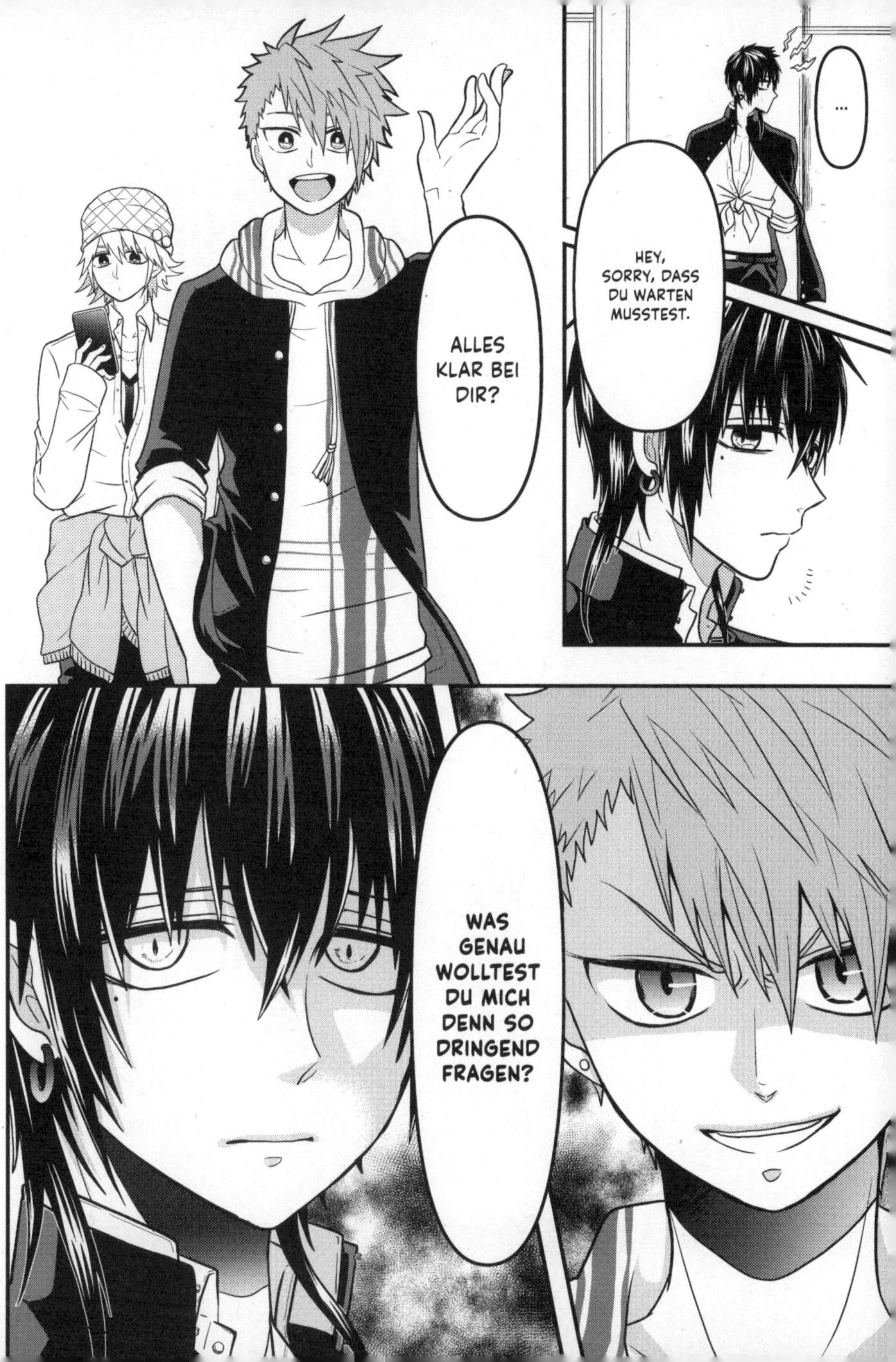
...
HEY, SORRY, DASS DU WARTEN MUSSTEST.
ALLES KLAR BEI DIR?
WAS GENAU WOLLTEST DU MICH DENN SO DRINGEND FRAGEN?

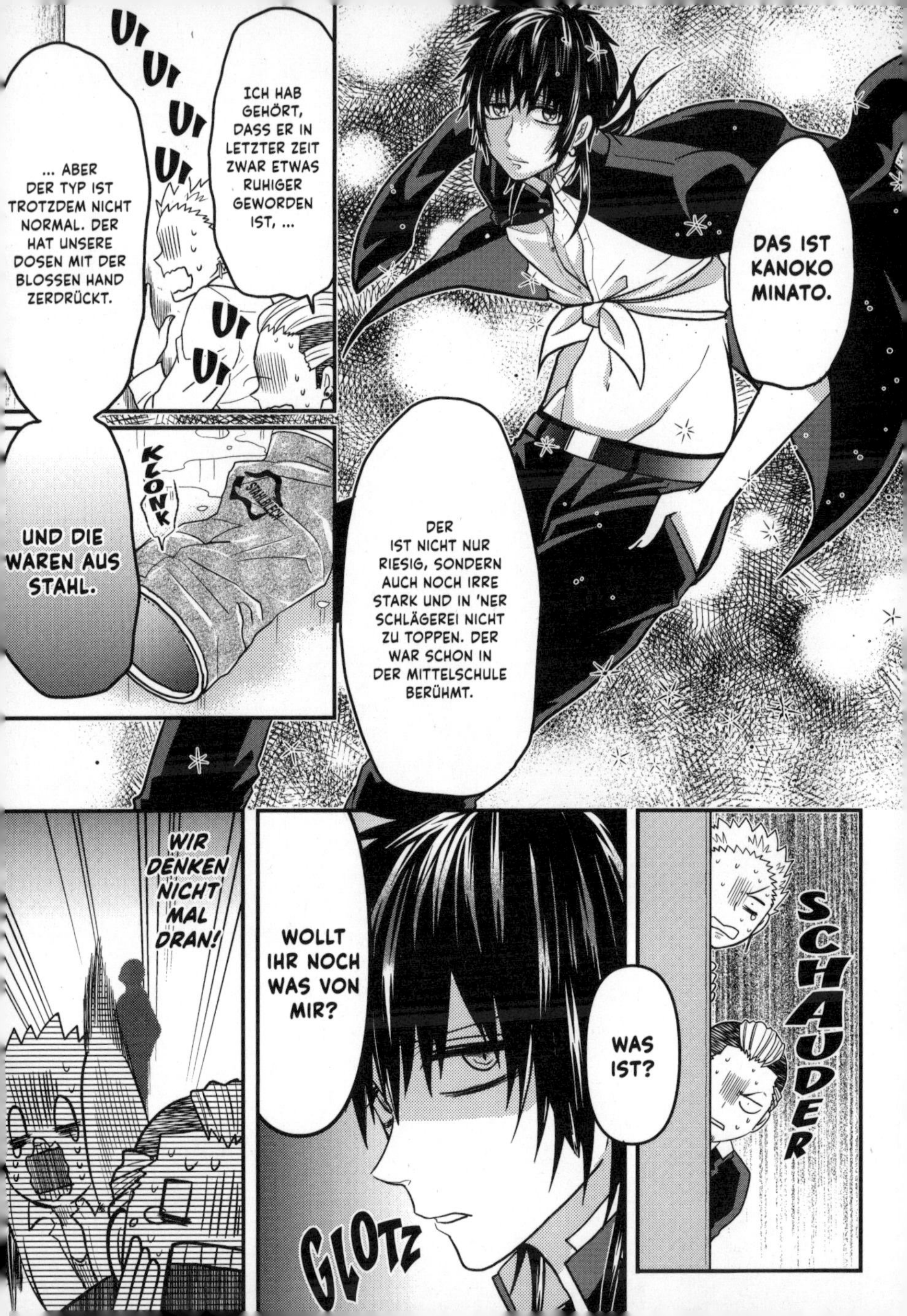
DAS IST KANOKO MINATO.
DER IST NICHT NUR RIESIG, SONDERN AUCH NOCH IRRE STARK UND IN 'NER SCHLÄGEREI NICHT ZU TOPPEN. DER WAR SCHON IN DER MITTELSCHULE BERÜHMT.
UI UI UI UI
ICH HAB GEHÖRT, DASS ER IN LETZTER ZEIT ZWAR ETWAS RUHIGER GEWORDEN IST, ...
... ABER DER TYP IST TROTZDEM NICHT NORMAL. DER HAT UNSERE DOSEN MIT DER BLOSSEN HAND ZERDRÜCKT.
UI UI
KLONK
STAHLBLECH
UND DIE WAREN AUS STAHL.
SCHAUDER
WAS IST?
WOLLT IHR NOCH WAS VON MIR?
GLOTZ
WIR DENKEN NICHT MAL DRAN!

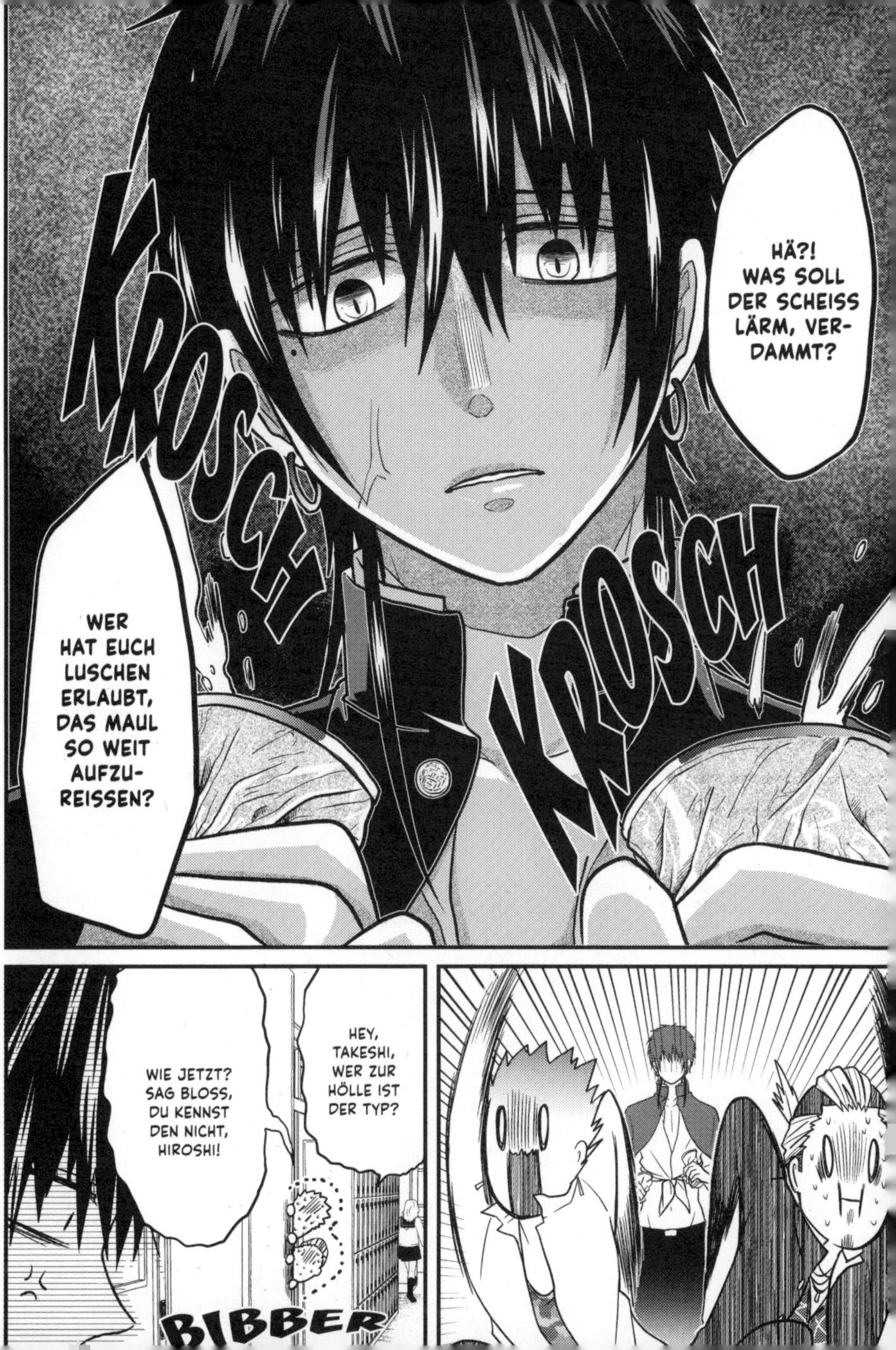
HÄ?! WAS SOLL DER SCHEISS LÄRM, VER-DAMMT?
KROSCH
KROSCH
WER HAT EUCH LUSCHEN ERLAUBT, DAS MAUL SO WEIT AUFZU-REISSEN?
HEY, TAKESHI, WER ZUR HÖLLE IST DER TYP?
WIE JETZT? SAG BLOSS, DU KENNST DEN NICHT, HIROSHI!
BIBBER

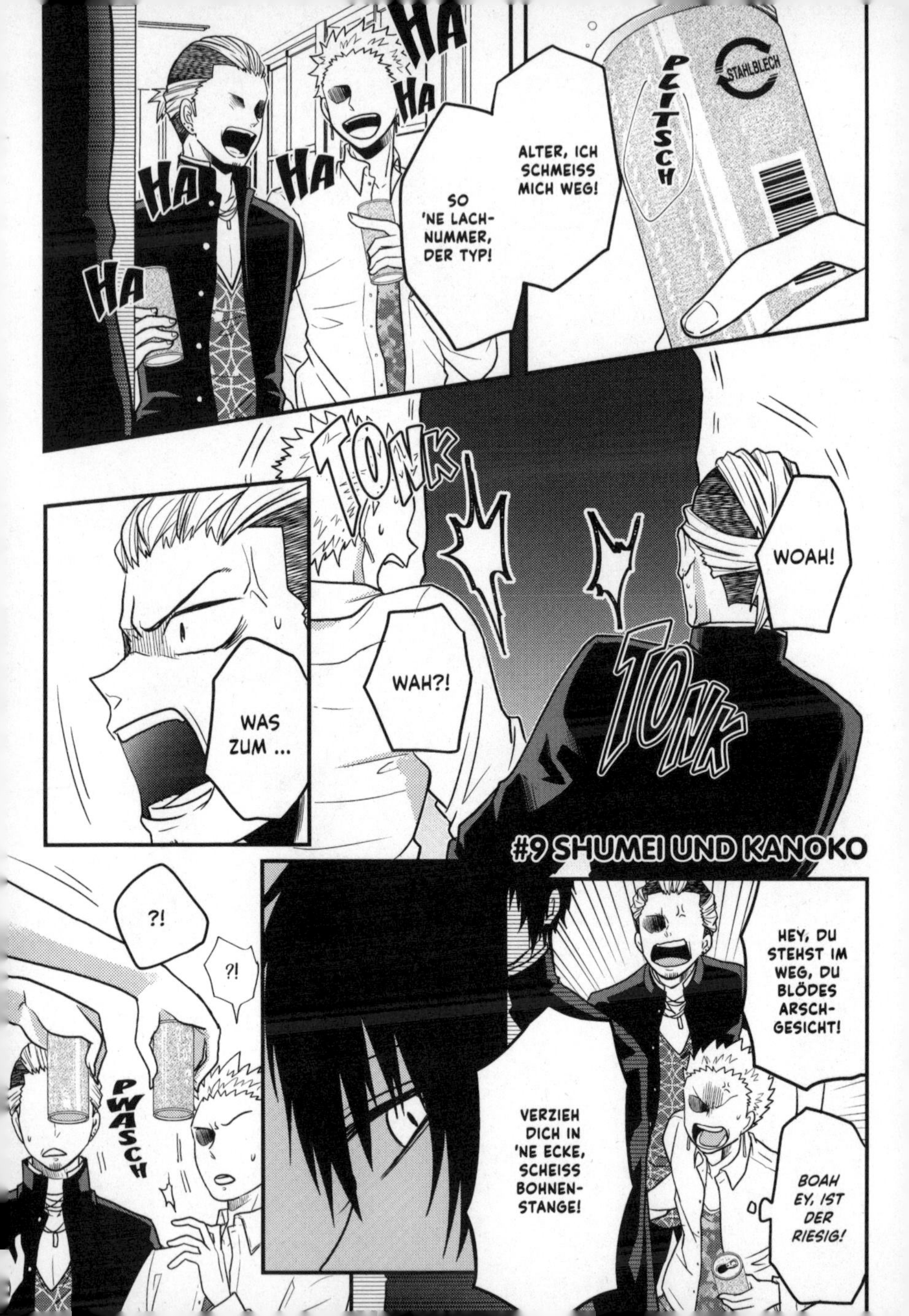
STAHLBLECH
PLITSCH
ALTER, ICH SCHMEISS MICH WEG!
HA HA HA
SO 'NE LACH-NUMMER, DER TYP!
HA HA HA
TONK
WOAH!
TONK
WAH?!
WAS ZUM ...
#9 SHUMEI UND KANOKO
HEY, DU STEHST IM WEG, DU BLÖDES ARSCH-GESICHT!
BOAH EY, IST DER RIESIG!
VERZIEH DICH IN 'NE ECKE, SCHEISS BOHNEN-STANGE!
?!
?!
PWASCH

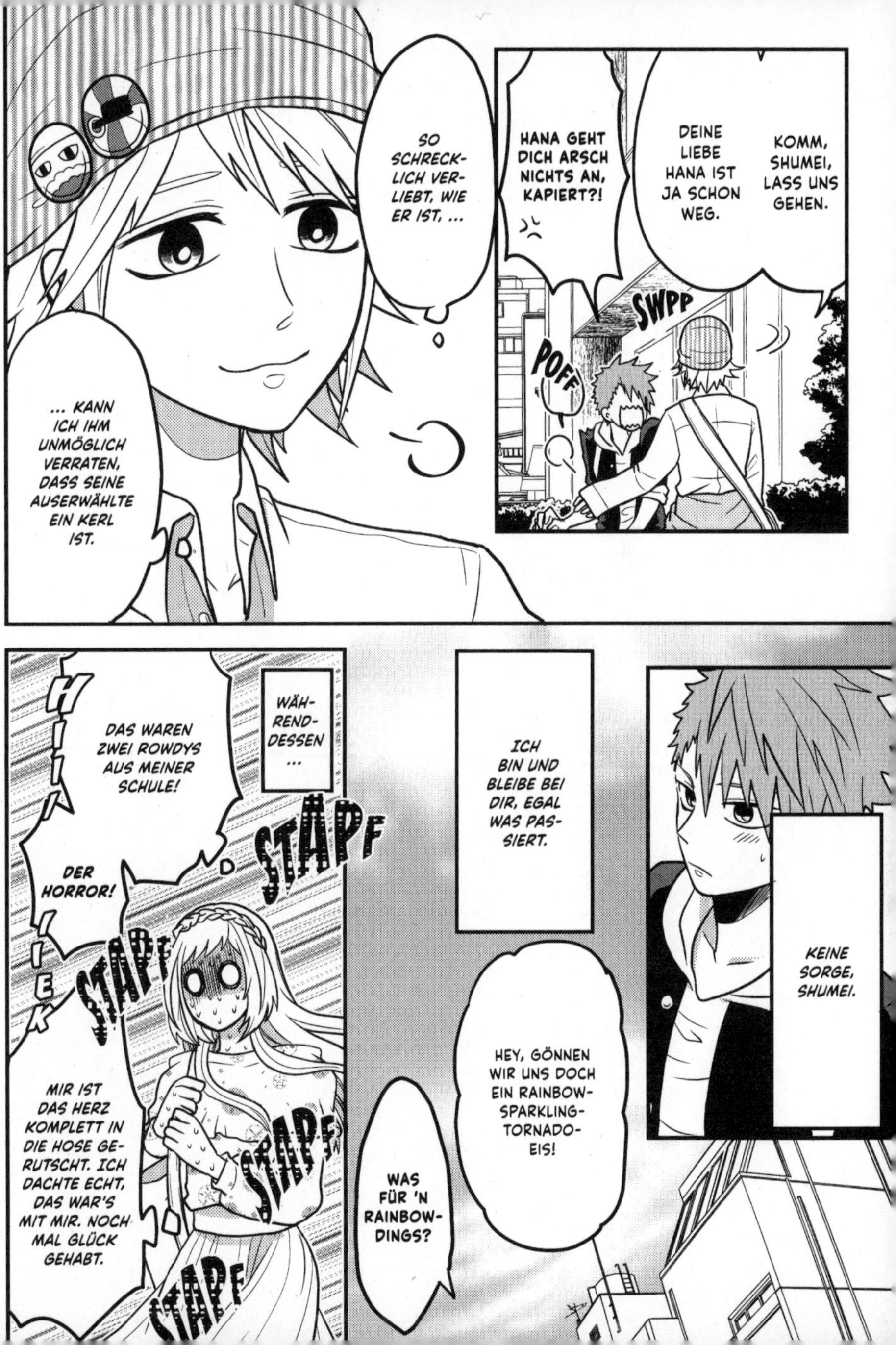
KOMM, SHUMEI, LASS UNS GEHEN.
DEINE LIEBE HANA IST JA SCHON WEG.
HANA GEHT DICH ARSCH NICHTS AN, KAPIERT?!
SWPP
POFF
SO SCHRECK-LICH VER-LIEBT, WIE ER IST, ...
... KANN ICH IHM UNMÖGLICH VERRATEN, DASS SEINE AUSERWÄHLTE EIN KERL IST.
KEINE SORGE, SHUMEI.
ICH BIN UND BLEIBE BEI DIR, EGAL WAS PAS-SIERT.
HEY, GÖNNEN WIR UNS DOCH EIN RAINBOW-SPARKLING-TORNADO-EIS!
WAS FÜR 'N RAINBOW-DINGS?
WÄH-REND-DESSEN ...
DAS WAREN ZWEI ROWDYS AUS MEINER SCHULE!
DER HORROR!
STAPF
STAPF
STAPF
STAPF
MIR IST DAS HERZ KOMPLETT IN DIE HOSE GE-RUTSCHT. ICH DACHTE ECHT, DAS WAR'S MIT MIR. NOCH MAL GLÜCK GEHABT.

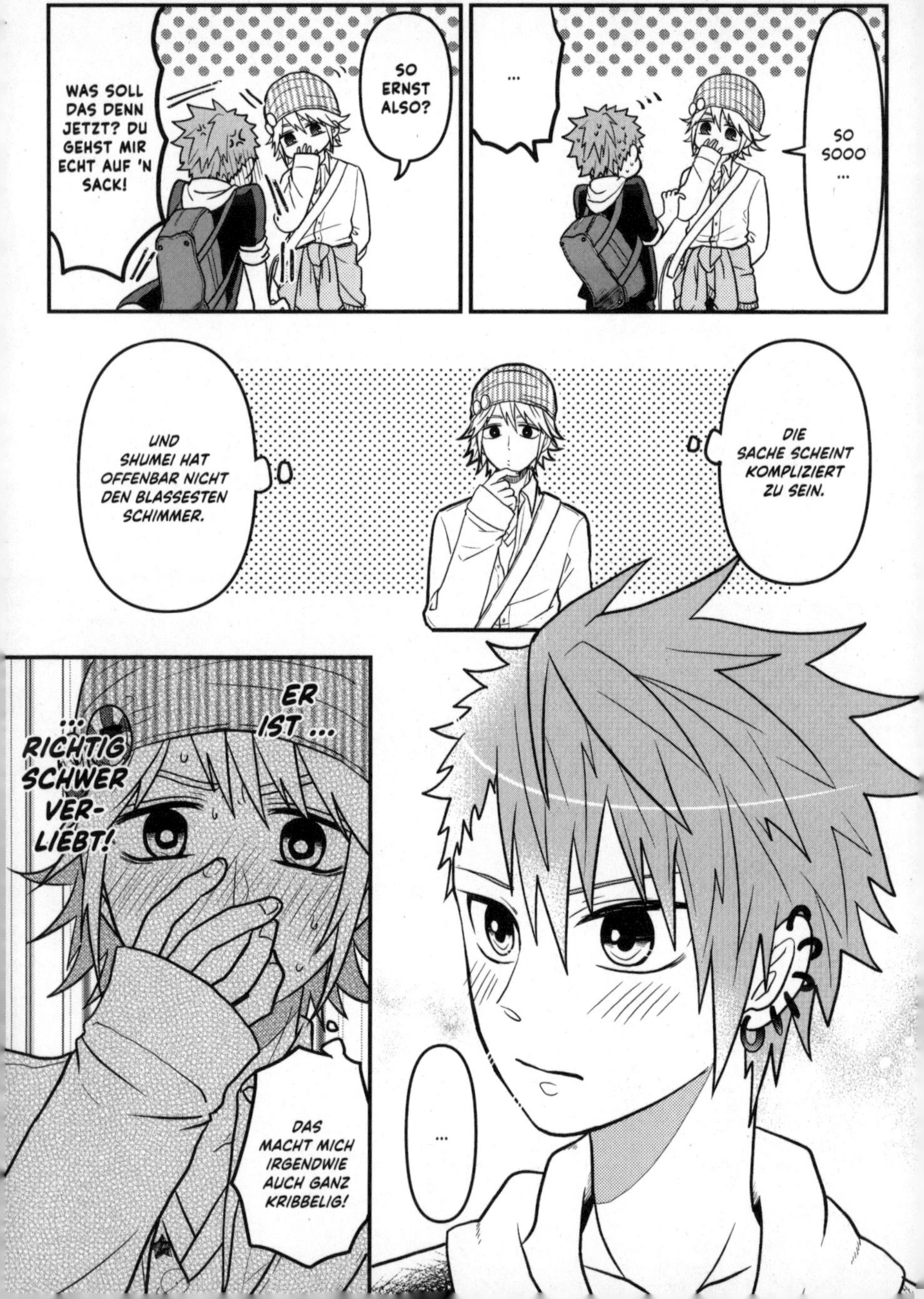
SO SOOO ...
...
SO ERNST ALSO?
WAS SOLL DAS DENN JETZT? DU GEHST MIR ECHT AUF 'N SACK!
DIE SACHE SCHEINT KOMPLIZIERT ZU SEIN.
UND SHUMEI HAT OFFENBAR NICHT DEN BLASSESTEN SCHIMMER.
...
ER IST ...
... RICHTIG SCHWER VER-LIEBT!
DAS MACHT MICH IRGENDWIE AUCH GANZ KRIBBELIG!

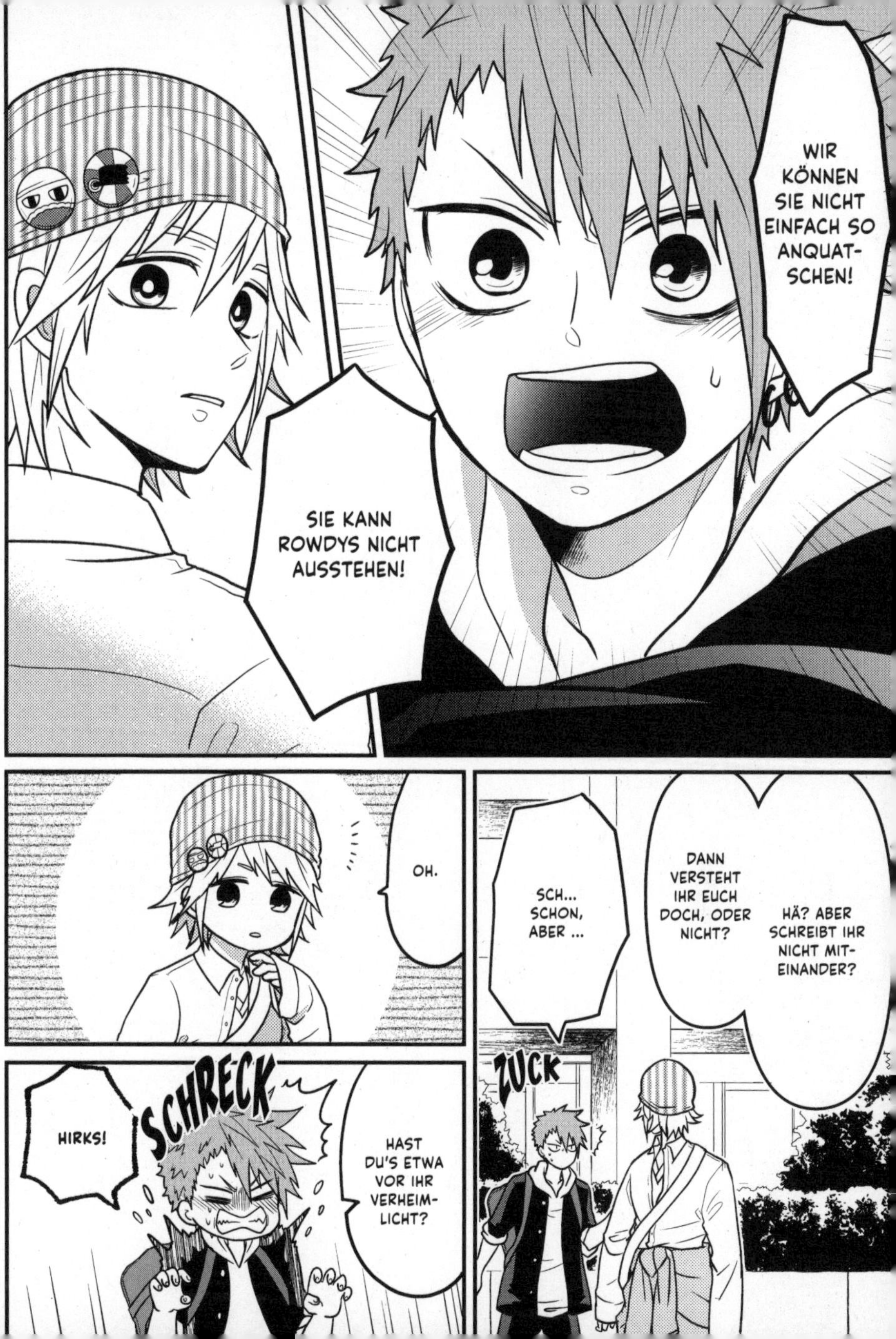
WIR KÖNNEN SIE NICHT EINFACH SO ANQUAT-SCHEN!
SIE KANN ROWDYS NICHT AUSSTEHEN!
HÄ? ABER SCHREIBT IHR NICHT MIT-EINANDER?
DANN VERSTEHT IHR EUCH DOCH, ODER NICHT?
SCH... SCHON, ABER ...
ZUCK
OH.
HAST DU'S ETWA VOR IHR VERHEIM-LICHT?
SCHRECK
HIRKS!

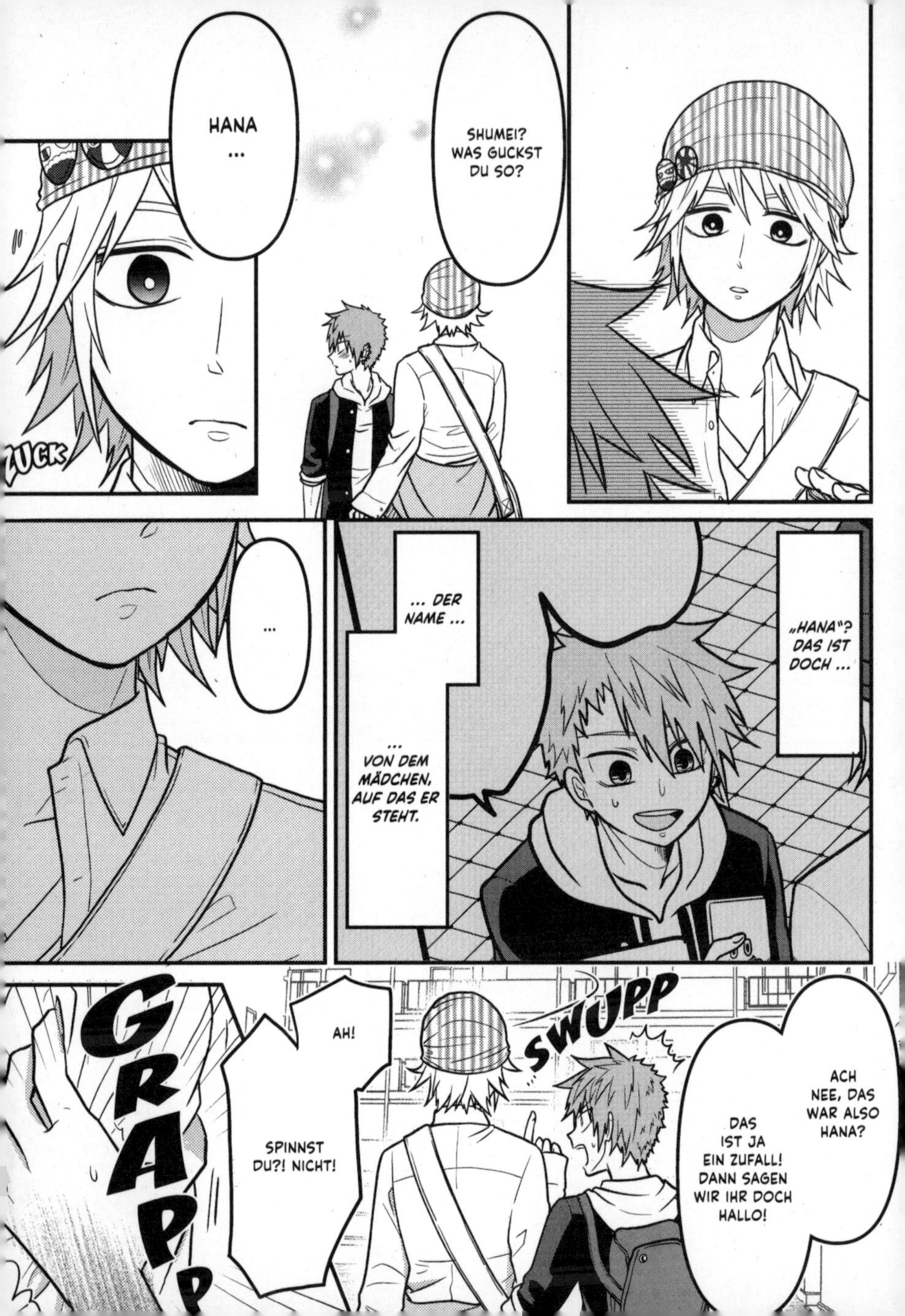
SHUMEI? WAS GUCKST DU SO?
HANA ...
ZUCK
„HANA"? DAS IST DOCH ...
... DER NAME ...
... VON DEM MÄDCHEN, AUF DAS ER STEHT.
...
ACH NEE, DAS WAR ALSO HANA?
DAS IST JA EIN ZUFALL! DANN SAGEN WIR IHR DOCH HALLO!
SWUPP
AH!
SPINNST DU?! NICHT!
GRAPP

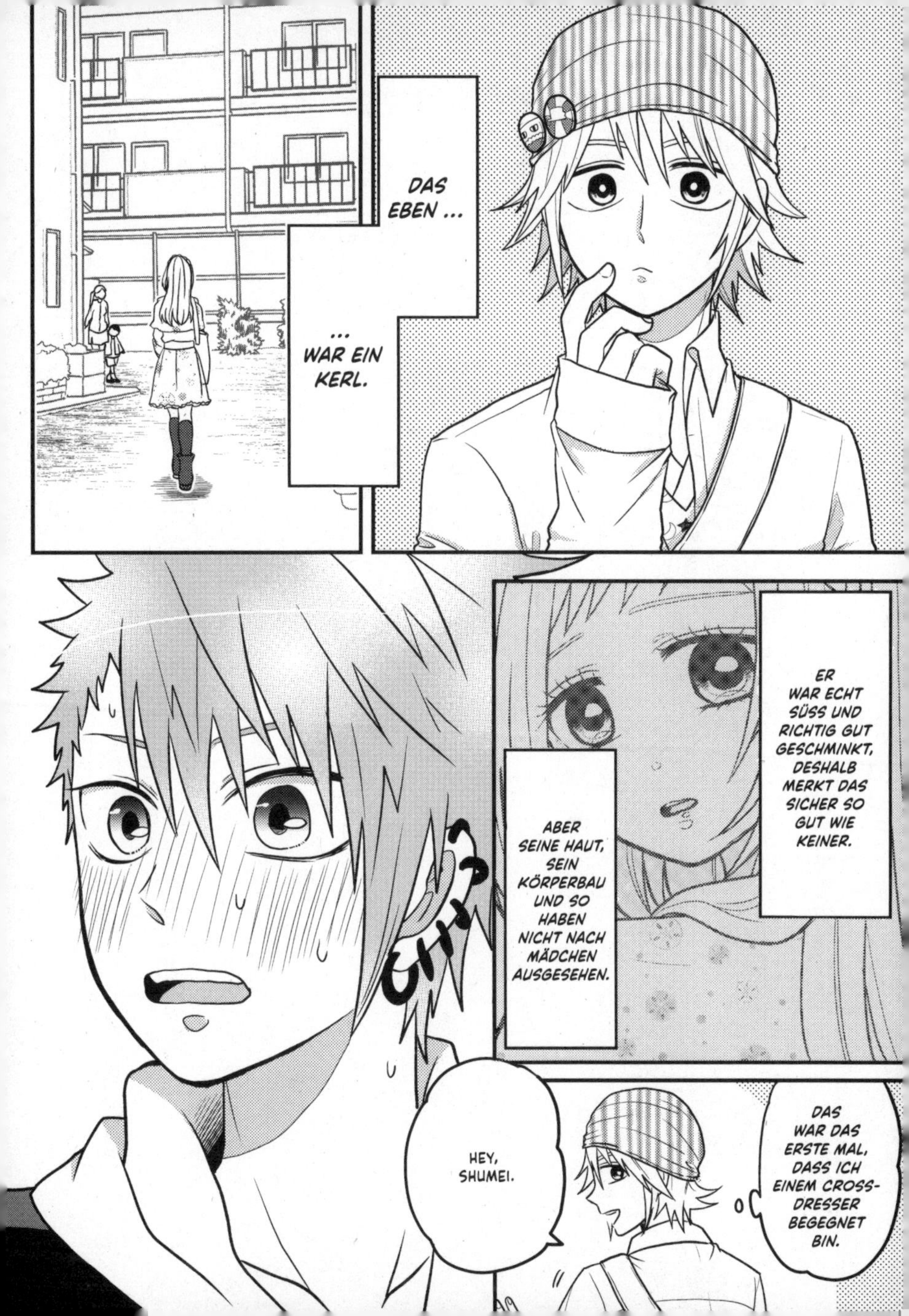
DAS EBEN ...
... WAR EIN KERL.
ER WAR ECHT SÜSS UND RICHTIG GUT GESCHMINKT, DESHALB MERKT DAS SICHER SO GUT WIE KEINER.
ABER SEINE HAUT, SEIN KÖRPERBAU UND SO HABEN NICHT NACH MÄDCHEN AUSGESEHEN.
DAS WAR DAS ERSTE MAL, DASS ICH EINEM CROSS-DRESSER BEGEGNET BIN.
HEY, SHUMEI.

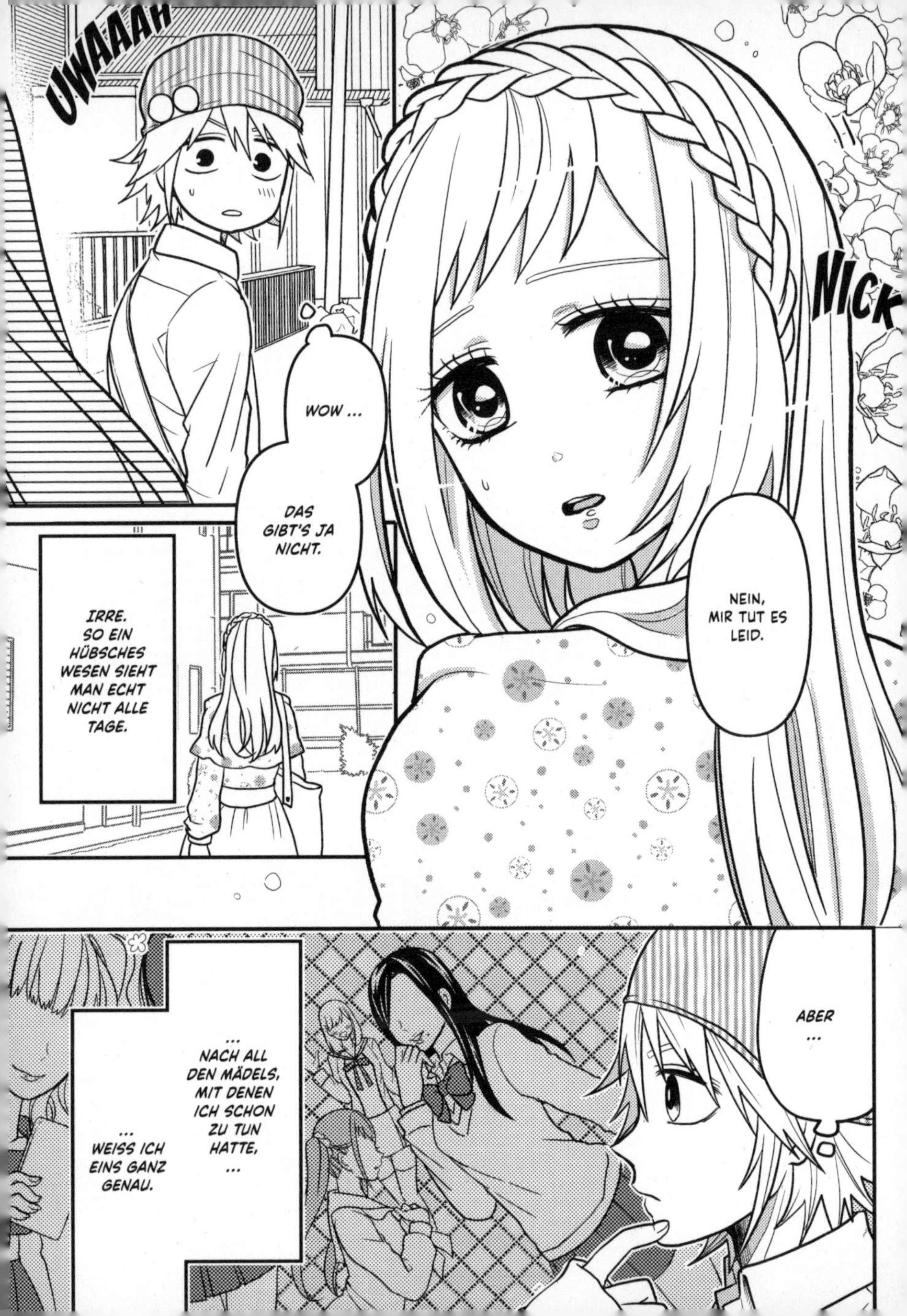
UWAAAH
NICK
WOW ...
DAS GIBT'S JA NICHT.
NEIN, MIR TUT ES LEID.
IRRE. SO EIN HÜBSCHES WESEN SIEHT MAN ECHT NICHT ALLE TAGE.
ABER ...
... NACH ALL DEN MÄDELS, MIT DENEN ICH SCHON ZU TUN HATTE, ...
... WEISS ICH EINS GANZ GENAU.

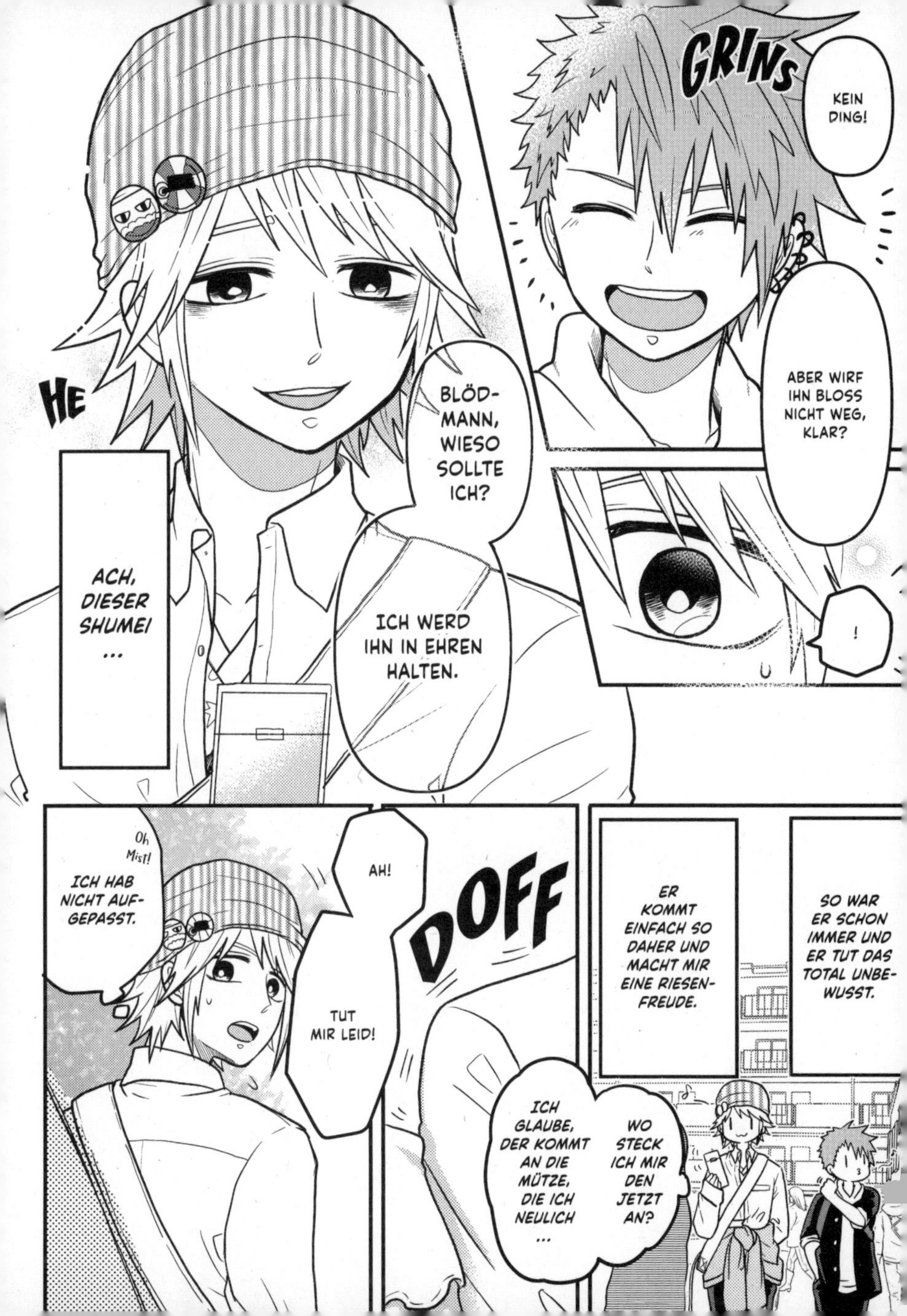
GRINS
KEIN DING!
ABER WIRF IHN BLOSS NICHT WEG, KLAR?
!
HE
BLÖDMANN, WIESO SOLLTE ICH?
ICH WERD IHN IN EHREN HALTEN.
ACH, DIESER SHUMEI ...
SO WAR ER SCHON IMMER UND ER TUT DAS TOTAL UNBEWUSST.
ER KOMMT EINFACH SO DAHER UND MACHT MIR EINE RIESENFREUDE.
WO STECK ICH MIR DEN JETZT AN?
ICH GLAUBE, DER KOMMT AN DIE MÜTZE, DIE ICH NEULICH ...
DOFF
AH!
TUT MIR LEID!
Oh Mist!
ICH HAB NICHT AUFGEPASST.

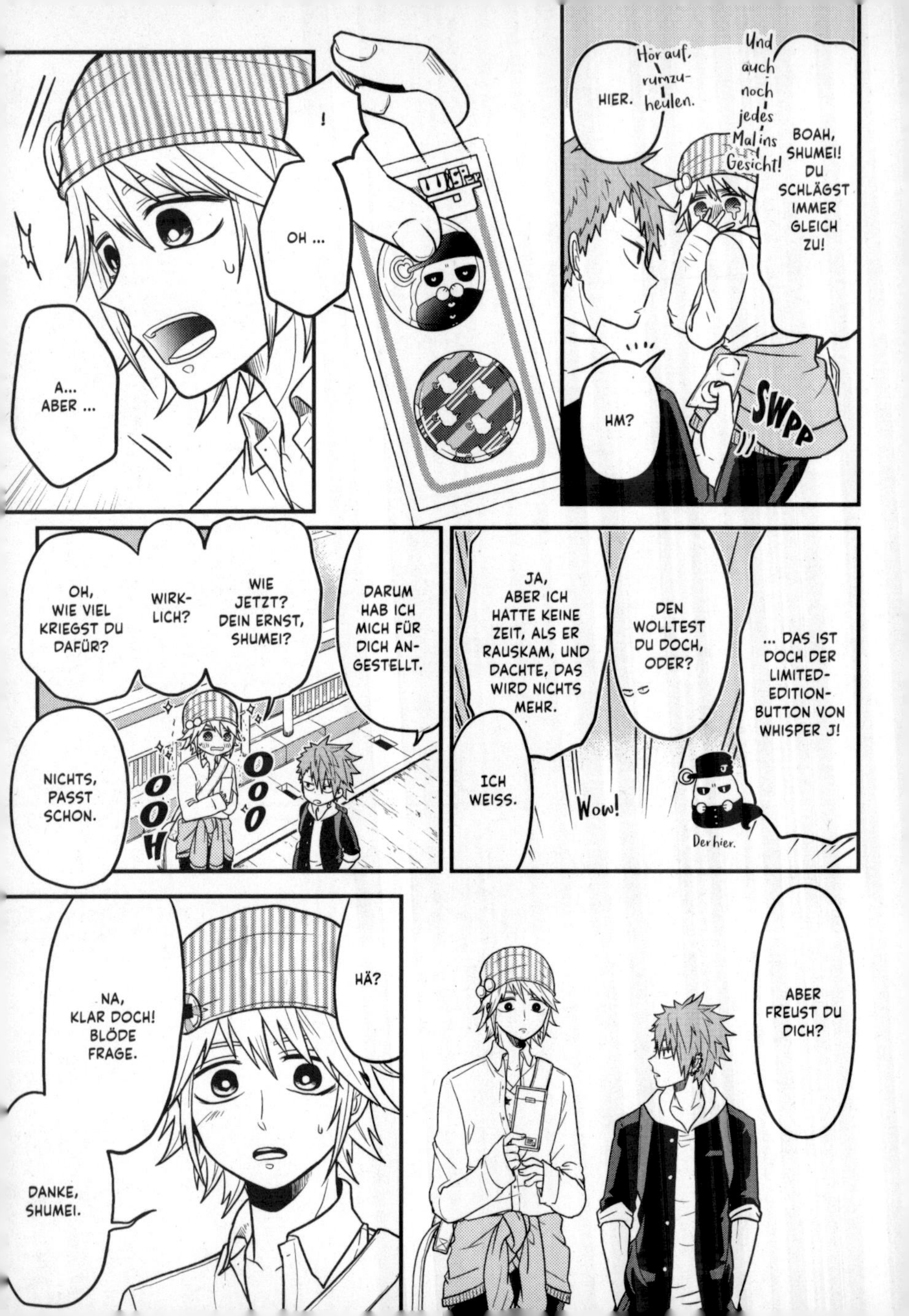
BOAH, SHUMEI! DU SCHLÄGST IMMER GLEICH ZU!
Und auch noch jedes Mal ins Gesicht!
Hör auf, rumzuheulen.
HIER.
HM?
SWPP
!
OH ...
A... ABER ...
... DAS IST DOCH DER LIMITED-EDITION-BUTTON VON WHISPER J!
Der hier.
DEN WOLLTEST DU DOCH, ODER?
JA, ABER ICH HATTE KEINE ZEIT, ALS ER RAUSKAM, UND DACHTE, DAS WIRD NICHTS MEHR.
Wow!
ICH WEISS.
DARUM HAB ICH MICH FÜR DICH ANGESTELLT.
WIE JETZT? DEIN ERNST, SHUMEI?
WIRK-LICH?
OH, WIE VIEL KRIEGST DU DAFÜR?
NICHTS, PASST SCHON.
OOOH
OOO
ABER FREUST DU DICH?
HÄ?
NA, KLAR DOCH! BLÖDE FRAGE.
DANKE, SHUMEI.

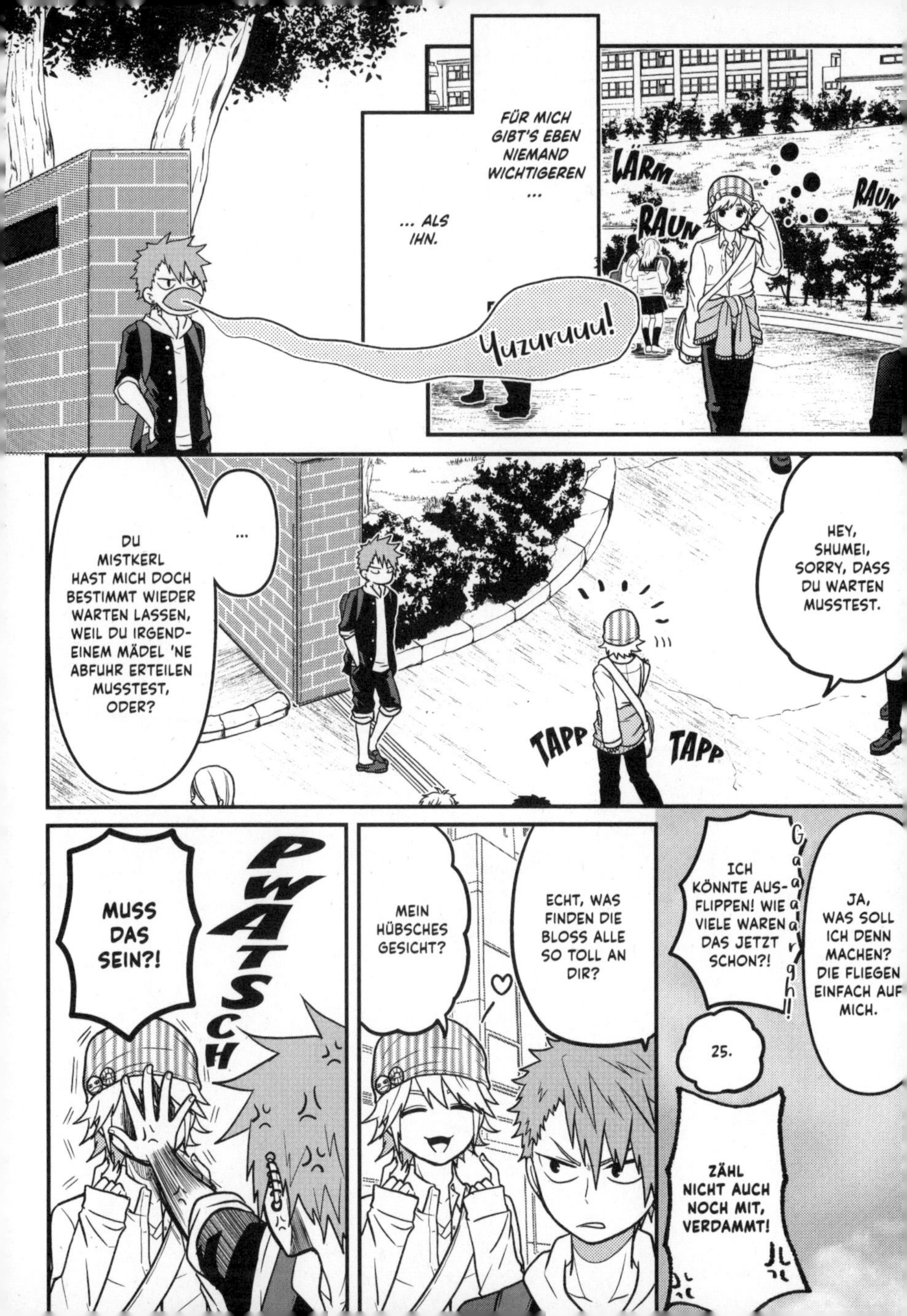

FÜR MICH GIBT'S EBEN NIEMAND WICHTIGEREN ...
... ALS IHN.
LÄRM
RAUN
RAUN
Yuzuruuu!
HEY, SHUMEI, SORRY, DASS DU WARTEN MUSSTEST.
TAPP
TAPP
...
DU MISTKERL HAST MICH DOCH BESTIMMT WIEDER WARTEN LASSEN, WEIL DU IRGEND-EINEM MÄDEL 'NE ABFUHR ERTEILEN MUSSTEST, ODER?
JA, WAS SOLL ICH DENN MACHEN? DIE FLIEGEN EINFACH AUF MICH.
Gaaaargh!!
ICH KÖNNTE AUS-FLIPPEN! WIE VIELE WAREN DAS JETZT SCHON?!
25.
ZÄHL NICHT AUCH NOCH MIT, VERDAMMT!
ECHT, WAS FINDEN DIE BLOSS ALLE SO TOLL AN DIR?
MEIN HÜBSCHES GESICHT?
PWATSCH
MUSS DAS SEIN?!

#8 YUZURU UND SHUMEI

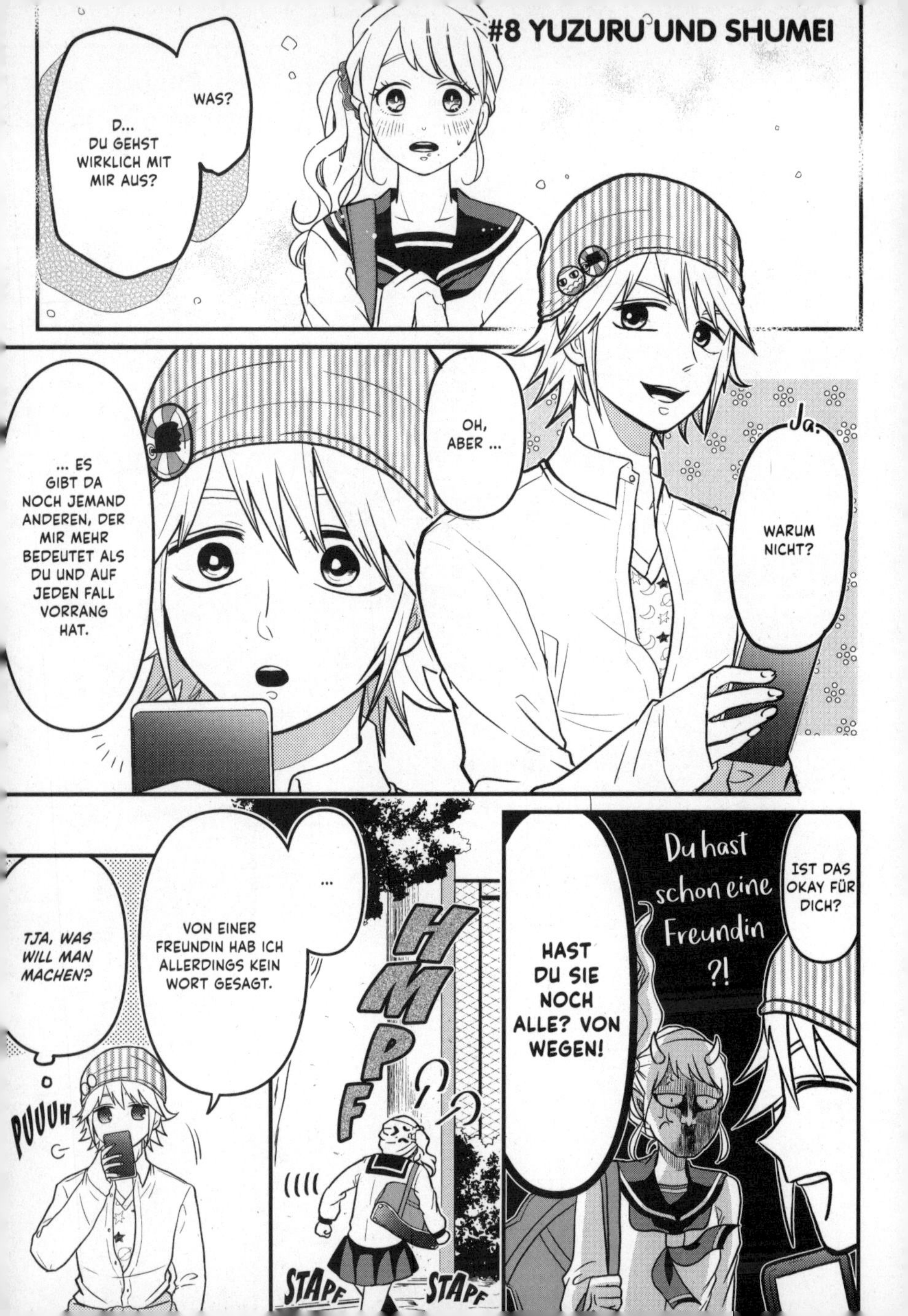

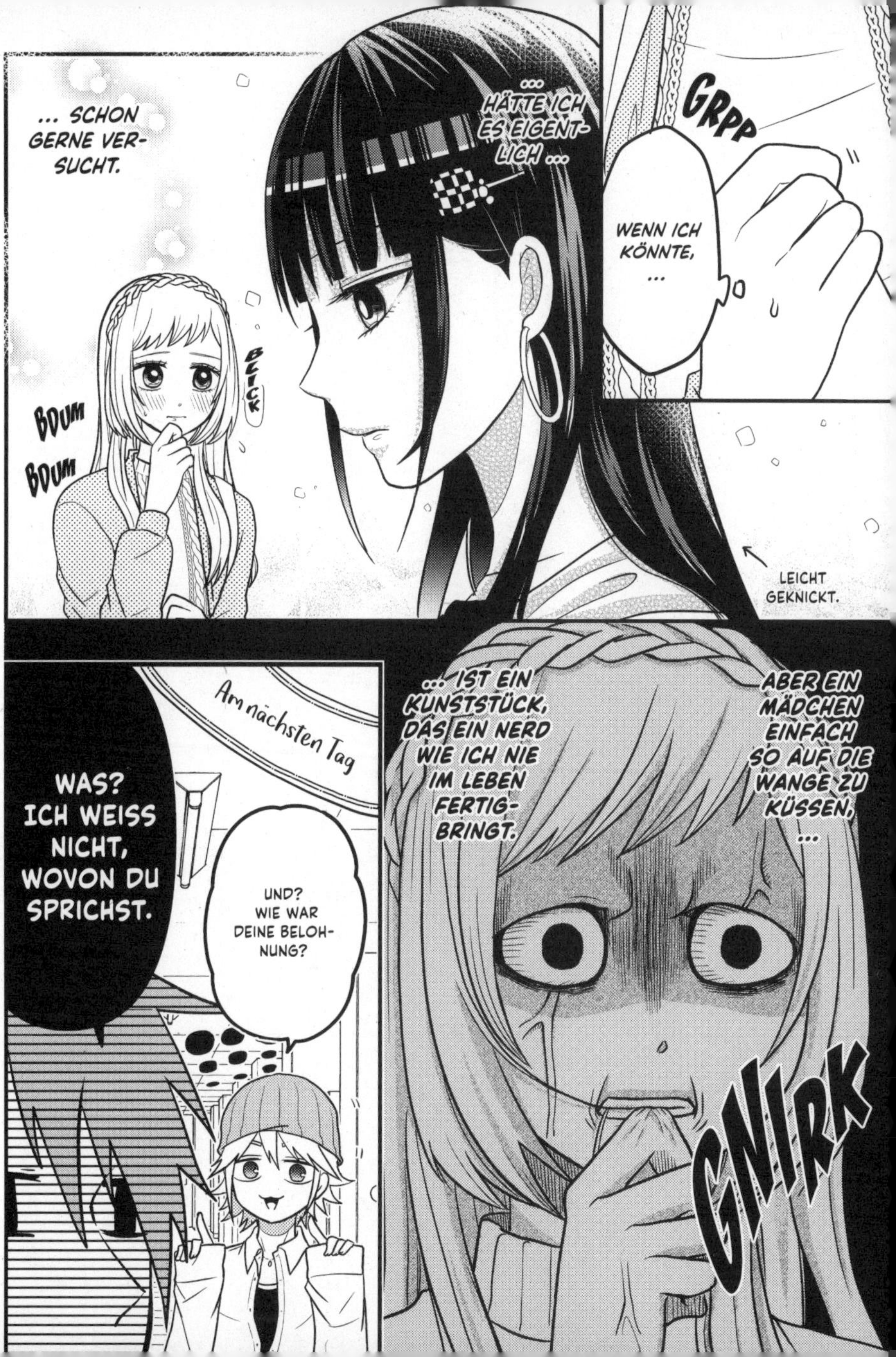
GRPP
WENN ICH KÖNNTE, ...
... HÄTTE ICH ES EIGENTLICH ...
... SCHON GERNE VERSUCHT.
BLICK
BDUM
BDUM
LEICHT GEKNICKT.
ABER EIN MÄDCHEN EINFACH SO AUF DIE WANGE ZU KÜSSEN, ...
... IST EIN KUNSTSTÜCK, DAS EIN NERD WIE ICH NIE IM LEBEN FERTIGBRINGT.
GNIRK
Am nächsten Tag
UND? WIE WAR DEINE BELOHNUNG?
WAS? ICH WEISS NICHT, WOVON DU SPRICHST.

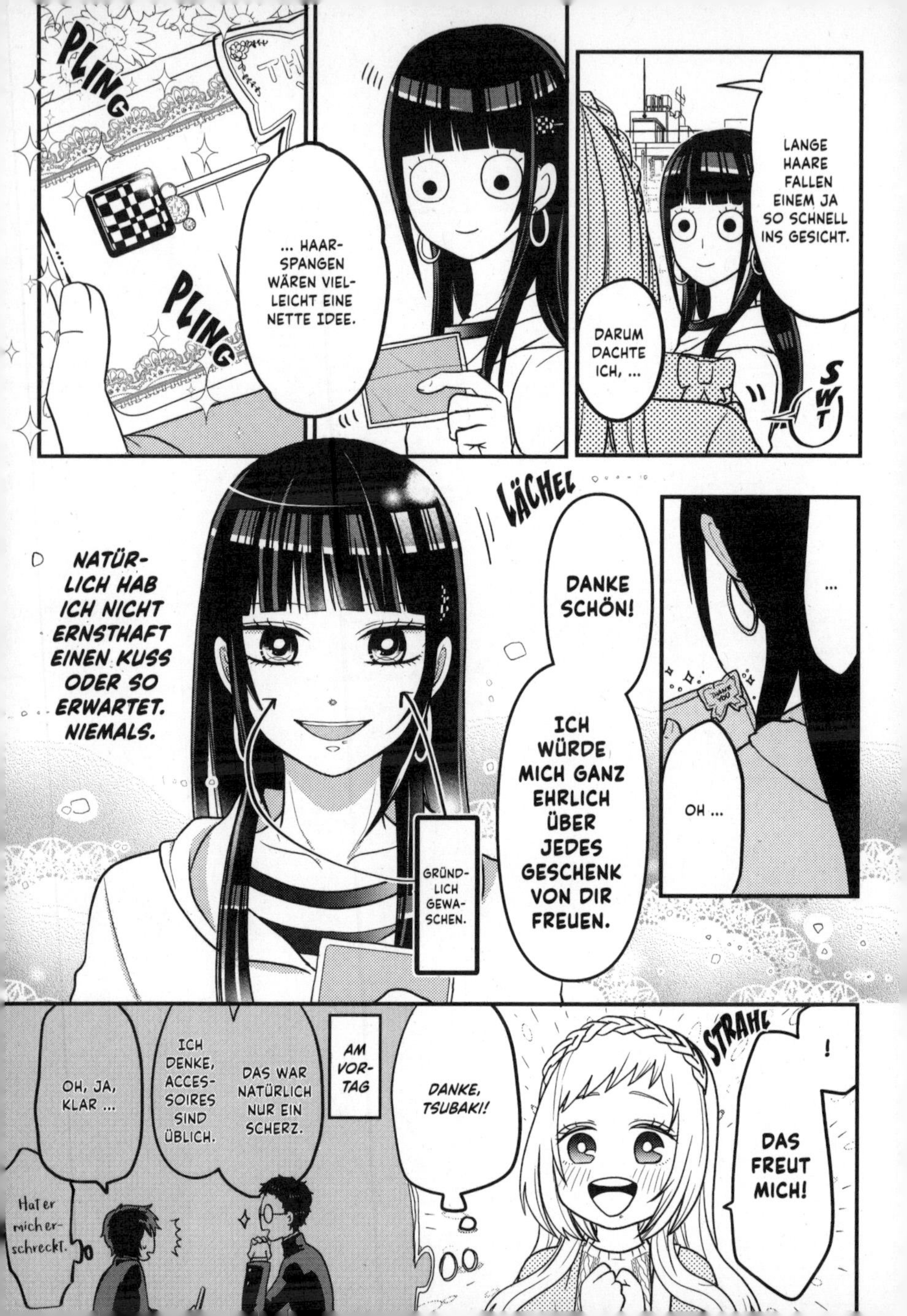
LANGE HAARE FALLEN EINEM JA SO SCHNELL INS GESICHT.
DARUM DACHTE ICH, ...
SWT
... HAAR-SPANGEN WÄREN VIEL-LEICHT EINE NETTE IDEE.
PLING
PLING
...
OH ...
LÄCHEL
DANKE SCHÖN!
ICH WÜRDE MICH GANZ EHRLICH ÜBER JEDES GESCHENK VON DIR FREUEN.
GRÜND-LICH GEWA-SCHEN.
NATÜR-LICH HAB ICH NICHT ERNSTHAFT EINEN KUSS ODER SO ERWARTET. NIEMALS.
!
STRAHL
DAS FREUT MICH!
DANKE, TSUBAKI!
AM VOR-TAG
DAS WAR NATÜRLICH NUR EIN SCHERZ.
ICH DENKE, ACCES-SOIRES SIND ÜBLICH.
OH, JA, KLAR ...
Hat er mich er-schreckt.

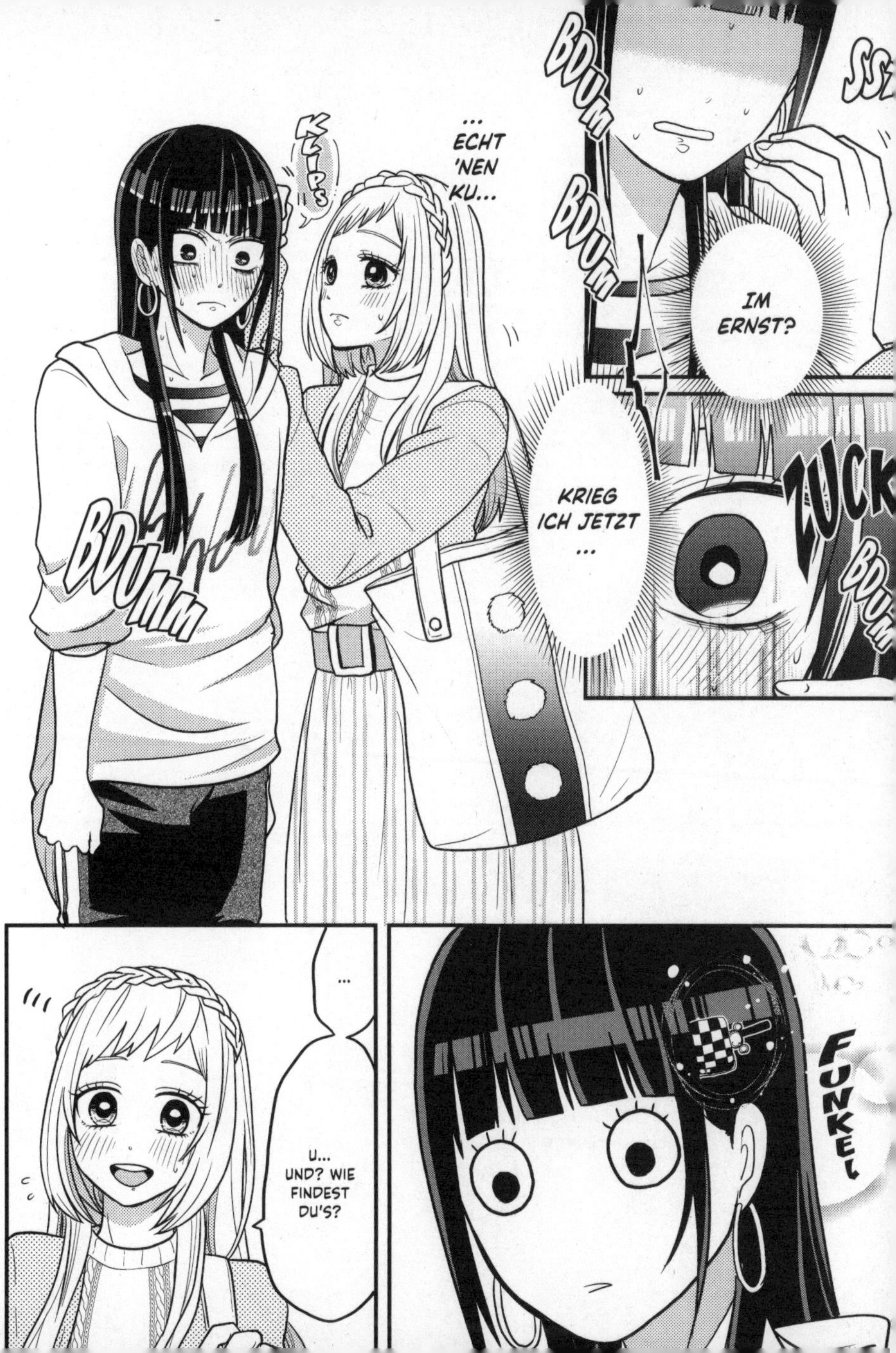
BDUM
BDUM
BDUM
IM ERNST?
KRIEG ICH JETZT ...
ZUCK
BDUM
... ECHT 'NEN KU...
KLIPS
BDUMM
FUNKEL
...
U... UND? WIE FINDEST DU'S?

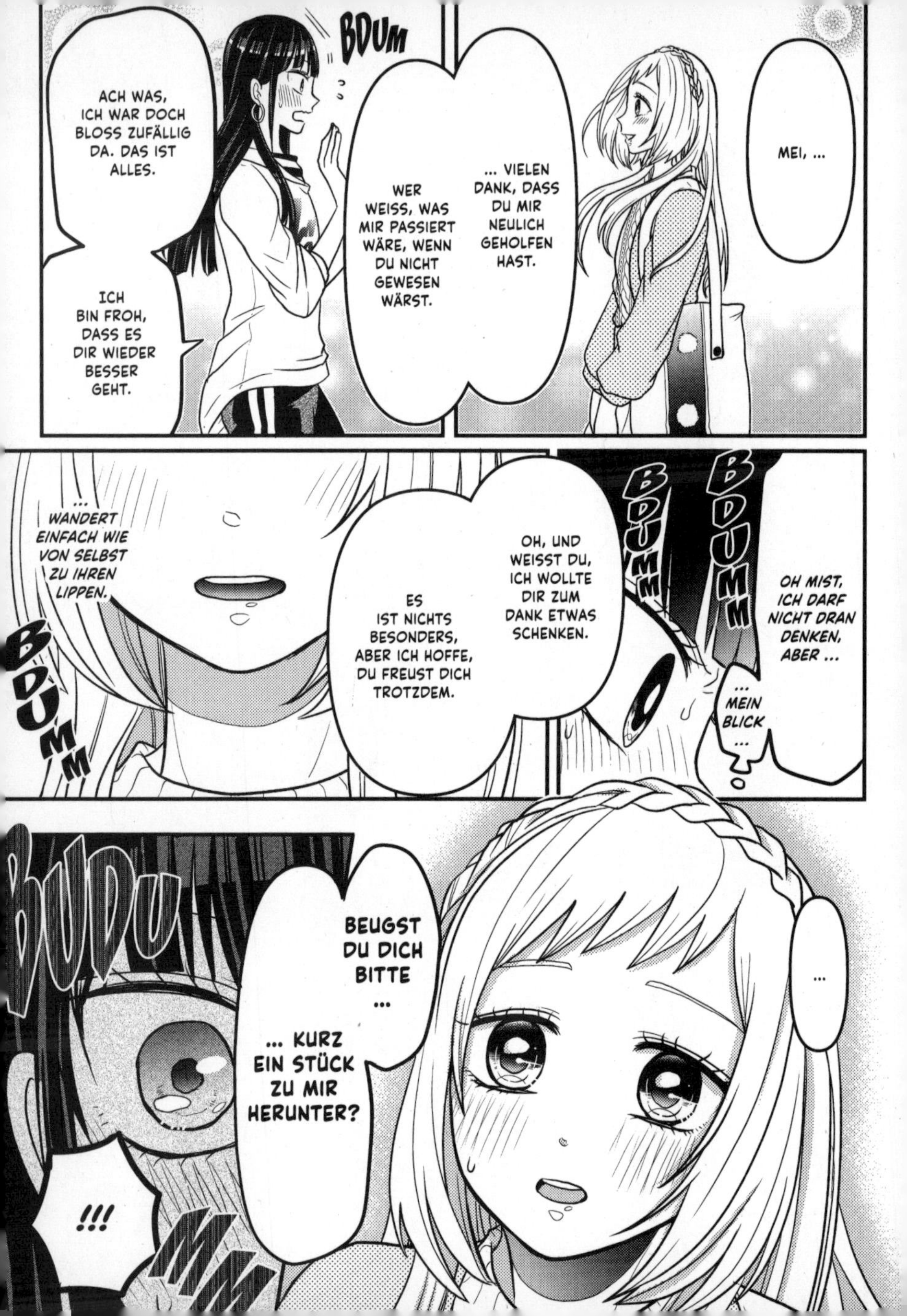
MEI, ...
... VIELEN DANK, DASS DU MIR NEULICH GEHOLFEN HAST.
WER WEISS, WAS MIR PASSIERT WÄRE, WENN DU NICHT GEWESEN WÄRST.
BDUM
ACH WAS, ICH WAR DOCH BLOSS ZUFÄLLIG DA. DAS IST ALLES.
ICH BIN FROH, DASS ES DIR WIEDER BESSER GEHT.
BDUMM
BDUMM
OH MIST, ICH DARF NICHT DRAN DENKEN, ABER ...
... MEIN BLICK ...
OH, UND WEISST DU, ICH WOLLTE DIR ZUM DANK ETWAS SCHENKEN.
ES IST NICHTS BESONDERS, ABER ICH HOFFE, DU FREUST DICH TROTZDEM.
... WANDERT EINFACH WIE VON SELBST ZU IHREN LIPPEN.
BDUMM
...
BEUGST DU DICH BITTE ...
... KURZ EIN STÜCK ZU MIR HERUNTER?
BUDU
!!!

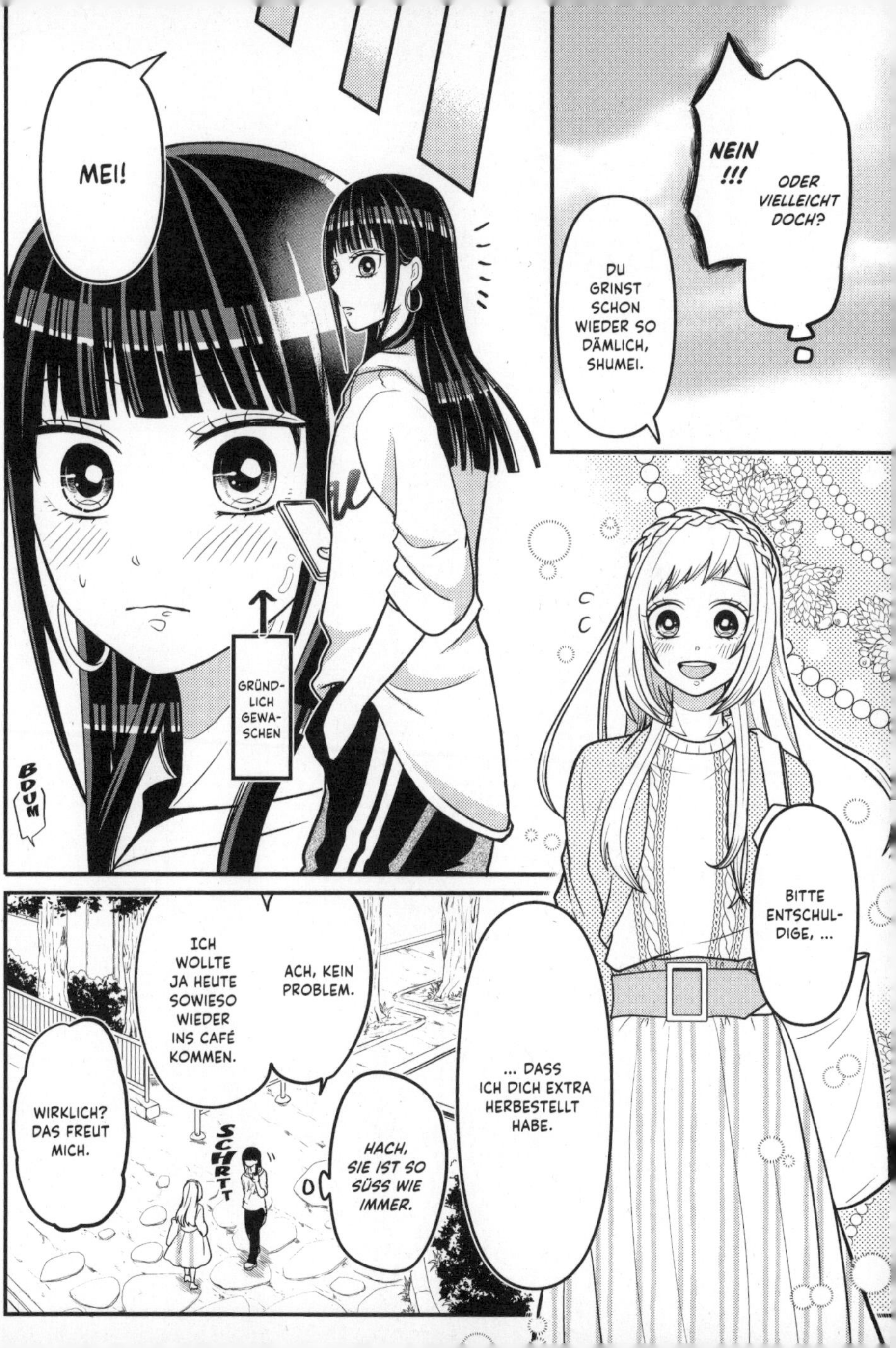
NEIN !!!
ODER VIELLEICHT DOCH?
DU GRINST SCHON WIEDER SO DÄMLICH, SHUMEI.
MEI!
GRÜNDLICH GEWASCHEN
BDUM
BITTE ENTSCHULDIGE, ...
... DASS ICH DICH EXTRA HERBESTELLT HABE.
ACH, KEIN PROBLEM.
ICH WOLLTE JA HEUTE SOWIESO WIEDER INS CAFÉ KOMMEN.
HACH, SIE IST SO SÜSS WIE IMMER.
SCHRTT
WIRKLICH? DAS FREUT MICH.

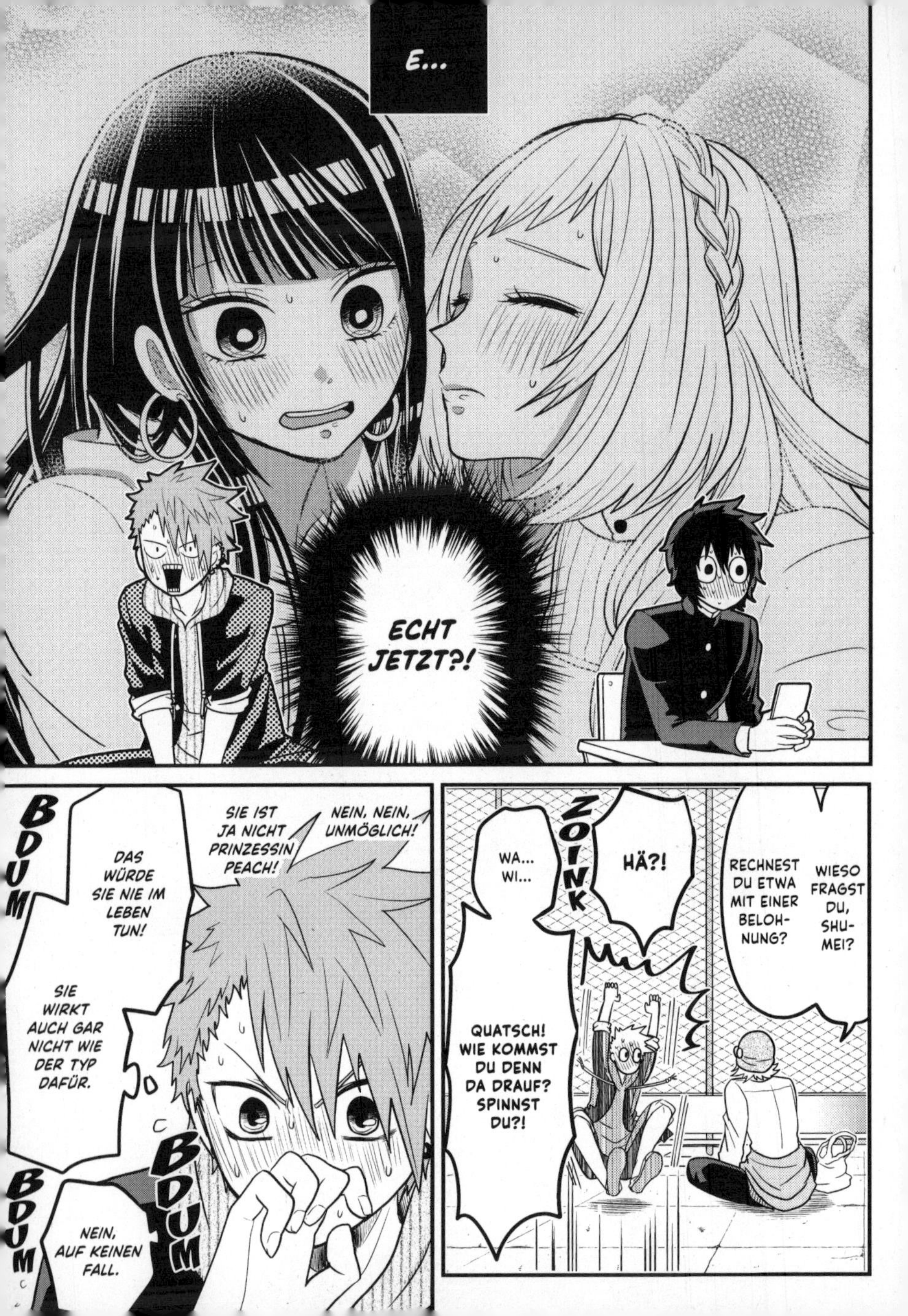
E...
ECHT JETZT?!
WIESO FRAGST DU, SHU-MEI?
RECHNEST DU ETWA MIT EINER BELOH-NUNG?
HÄ?!
ZOINK
WA... WI...
QUATSCH! WIE KOMMST DU DENN DA DRAUF? SPINNST DU?!
NEIN, NEIN, UNMÖGLICH!
SIE IST JA NICHT PRINZESSIN PEACH!
DAS WÜRDE SIE NIE IM LEBEN TUN!
BDUM
SIE WIRKT AUCH GAR NICHT WIE DER TYP DAFÜR.
BDUM
BDUM
NEIN, AUF KEINEN FALL.

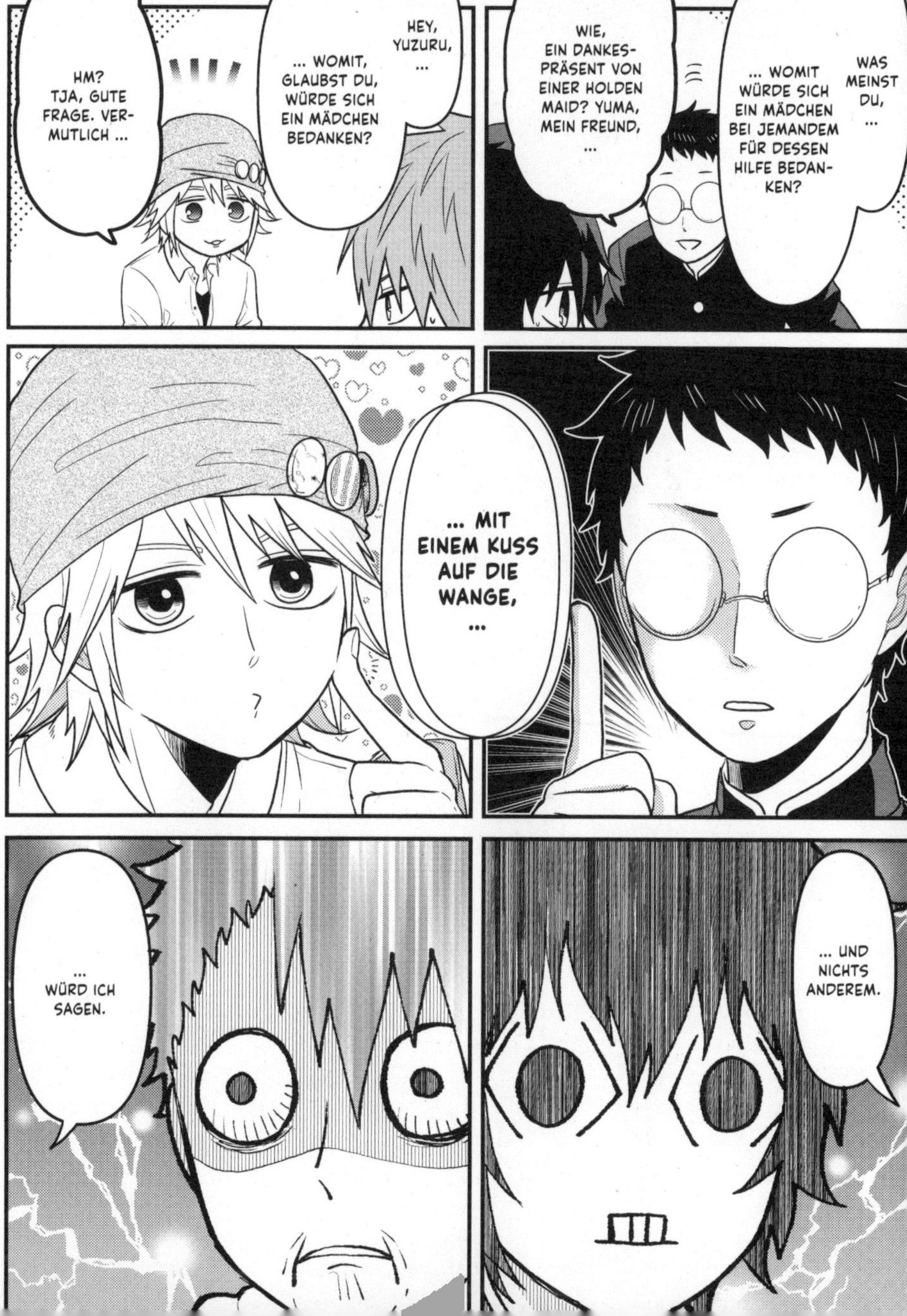
WAS MEINST DU, ...
... WOMIT WÜRDE SICH EIN MÄDCHEN BEI JEMANDEM FÜR DESSEN HILFE BEDANKEN?
WIE, EIN DANKES-PRÄSENT VON EINER HOLDEN MAID? YUMA, MEIN FREUND, ...
HEY, YUZURU, ...
... WOMIT, GLAUBST DU, WÜRDE SICH EIN MÄDCHEN BEDANKEN?
HM? TJA, GUTE FRAGE. VERMUTLICH ...
... MIT EINEM KUSS AUF DIE WANGE, ...
... UND NICHTS ANDEREM.
... WÜRD ICH SAGEN.

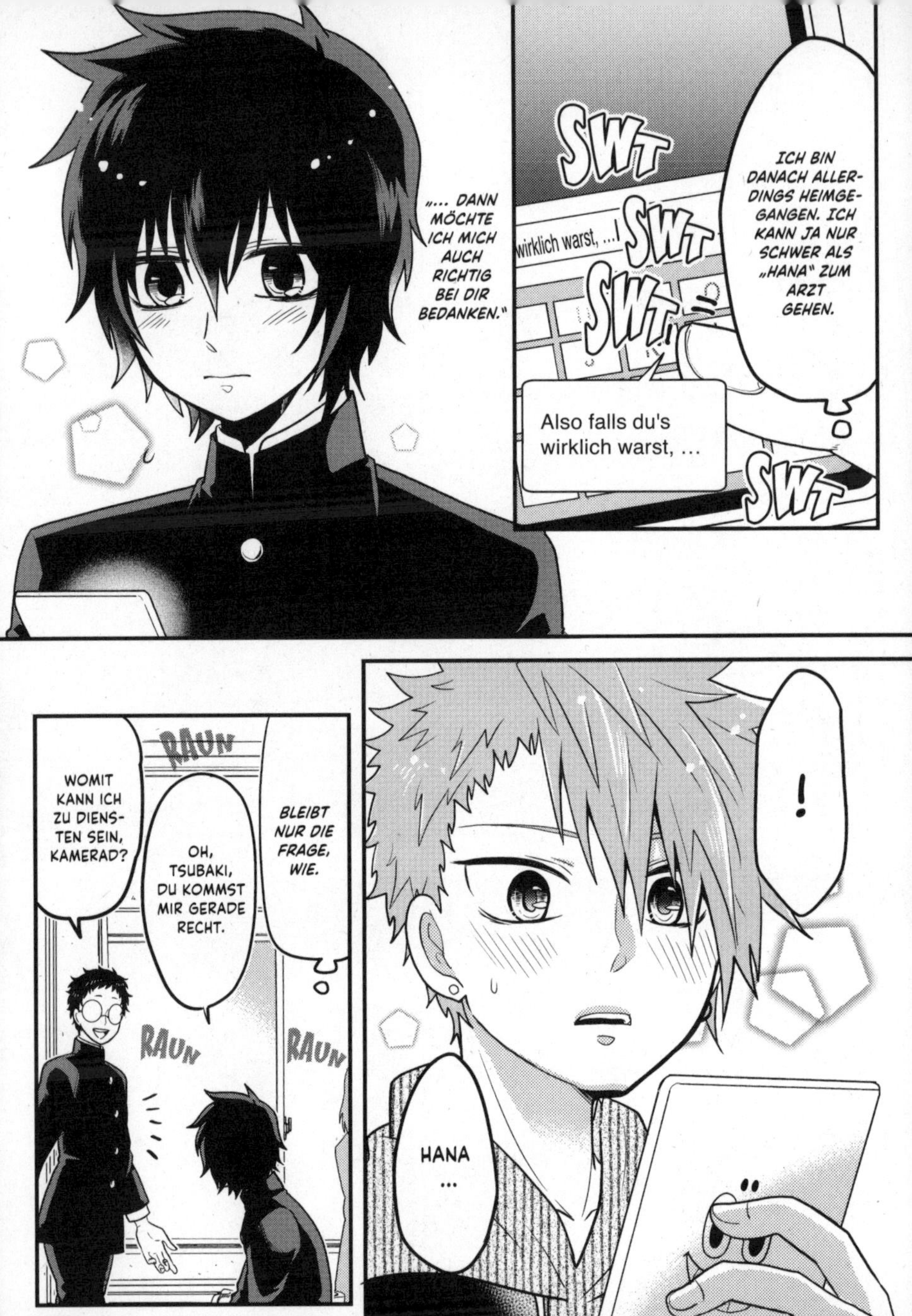
ICH BIN DANACH ALLERDINGS HEIMGEGANGEN. ICH KANN JA NUR SCHWER ALS „HANA" ZUM ARZT GEHEN.
SWT
SWT
SWT
wirklich warst, ...!
Also falls du's wirklich warst, …
SWT
„... DANN MÖCHTE ICH MICH AUCH RICHTIG BEI DIR BEDANKEN."
!
HANA ...
BLEIBT NUR DIE FRAGE, WIE.
OH, TSUBAKI, DU KOMMST MIR GERADE RECHT.
WOMIT KANN ICH ZU DIENSTEN SEIN, KAMERAD?
RAUN
RAUN
RAUN

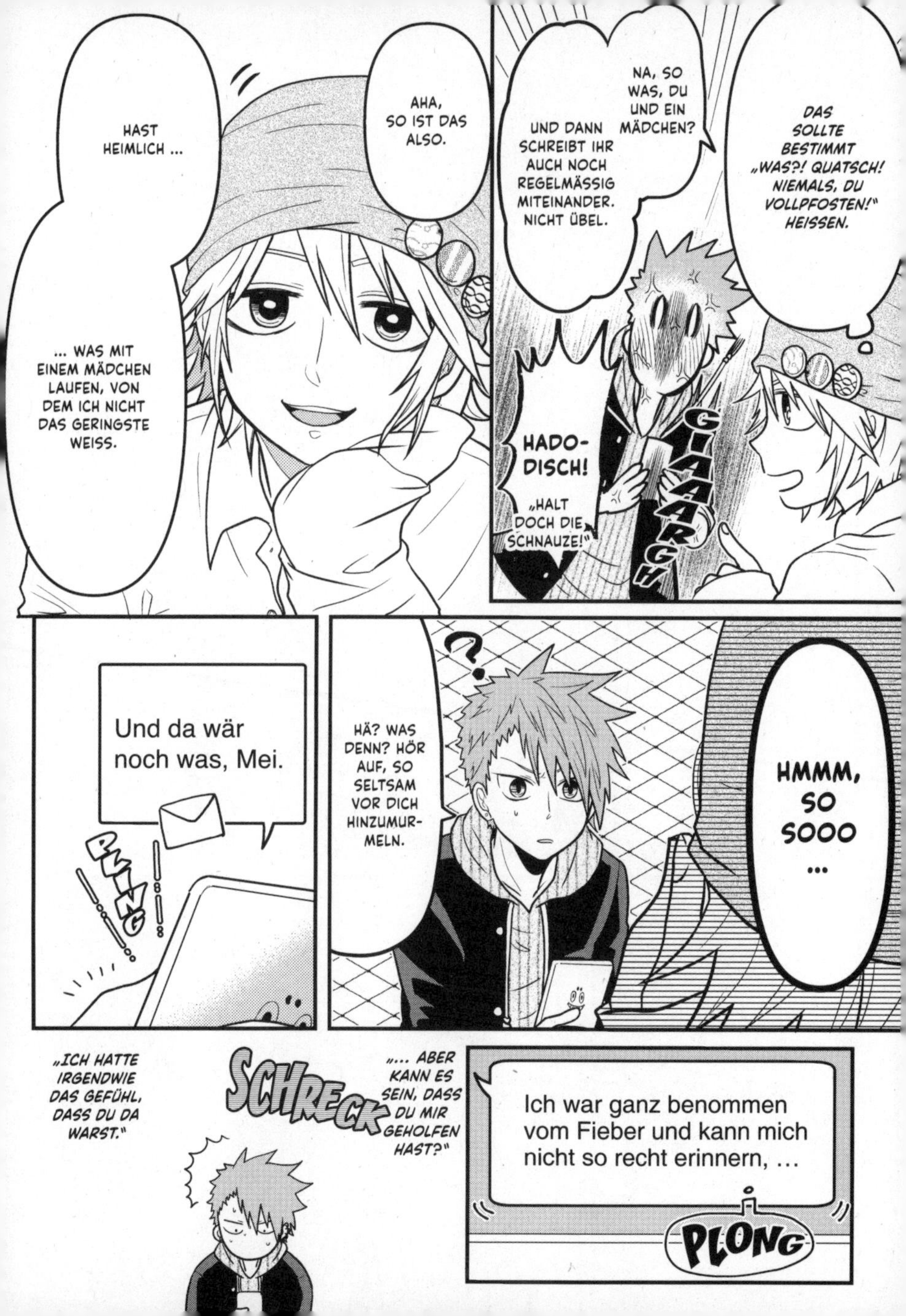
AHA, SO IST DAS ALSO.
HAST HEIMLICH ...
... WAS MIT EINEM MÄDCHEN LAUFEN, VON DEM ICH NICHT DAS GERINGSTE WEISS.
NA, SO WAS, DU UND EIN MÄDCHEN?
UND DANN SCHREIBT IHR AUCH NOCH REGELMÄSSIG MITEINANDER. NICHT ÜBEL.
HADO-DISCH!
„HALT DOCH DIE SCHNAUZE!"
GIAAARGH
DAS SOLLTE BESTIMMT „WAS?! QUATSCH! NIEMALS, DU VOLLPFOSTEN!" HEISSEN.
HMMM, SO SOOO ...
HÄ? WAS DENN? HÖR AUF, SO SELTSAM VOR DICH HINZUMURMELN.
Und da wär noch was, Mei.
PLING
Ich war ganz benommen vom Fieber und kann mich nicht so recht erinnern, …
PLONG
„... ABER KANN ES SEIN, DASS DU MIR GEHOLFEN HAST?"
SCHRECK
„ICH HATTE IRGENDWIE DAS GEFÜHL, DASS DU DA WARST."

#7 MEI UND DIE BELOHNUNG

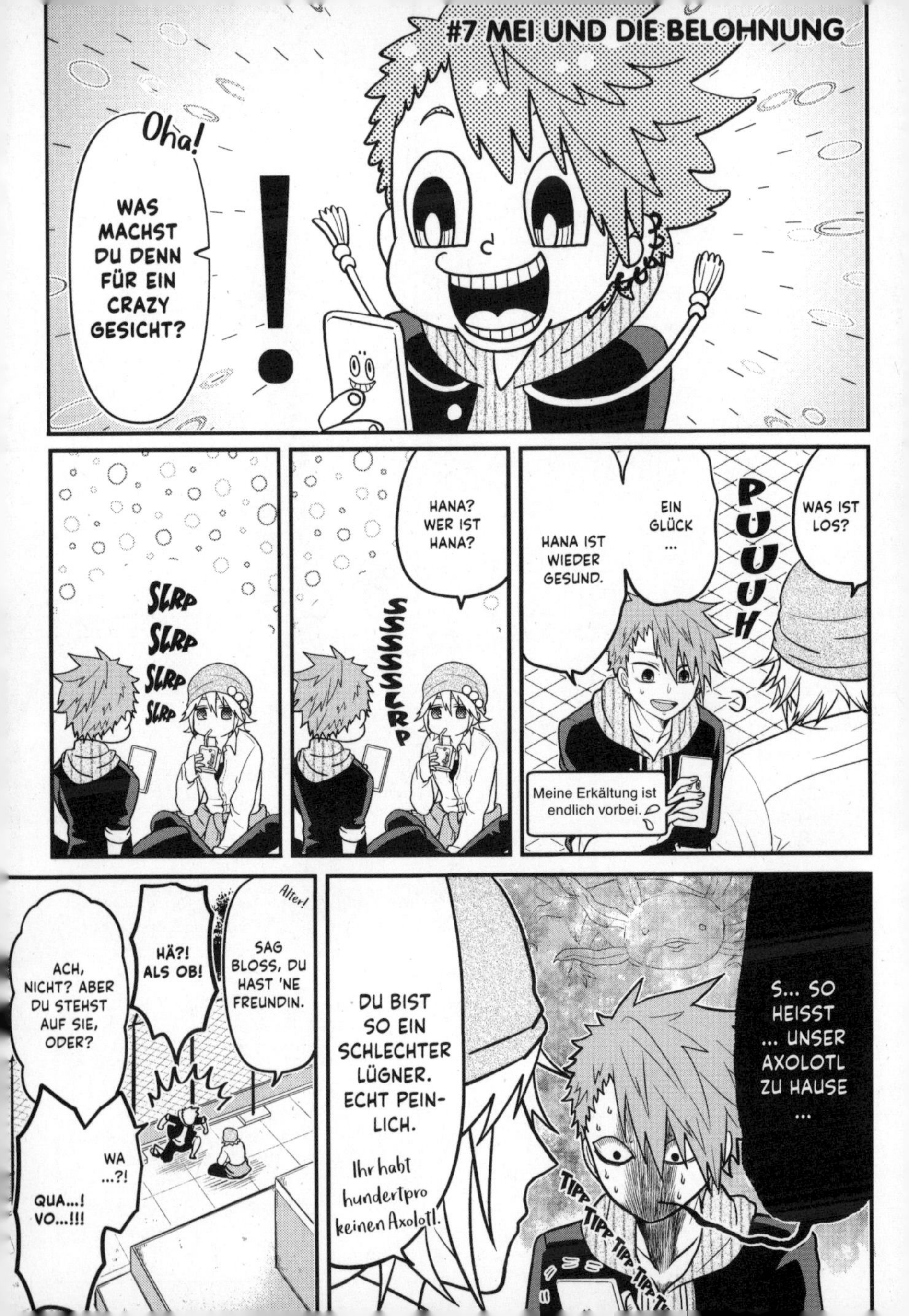

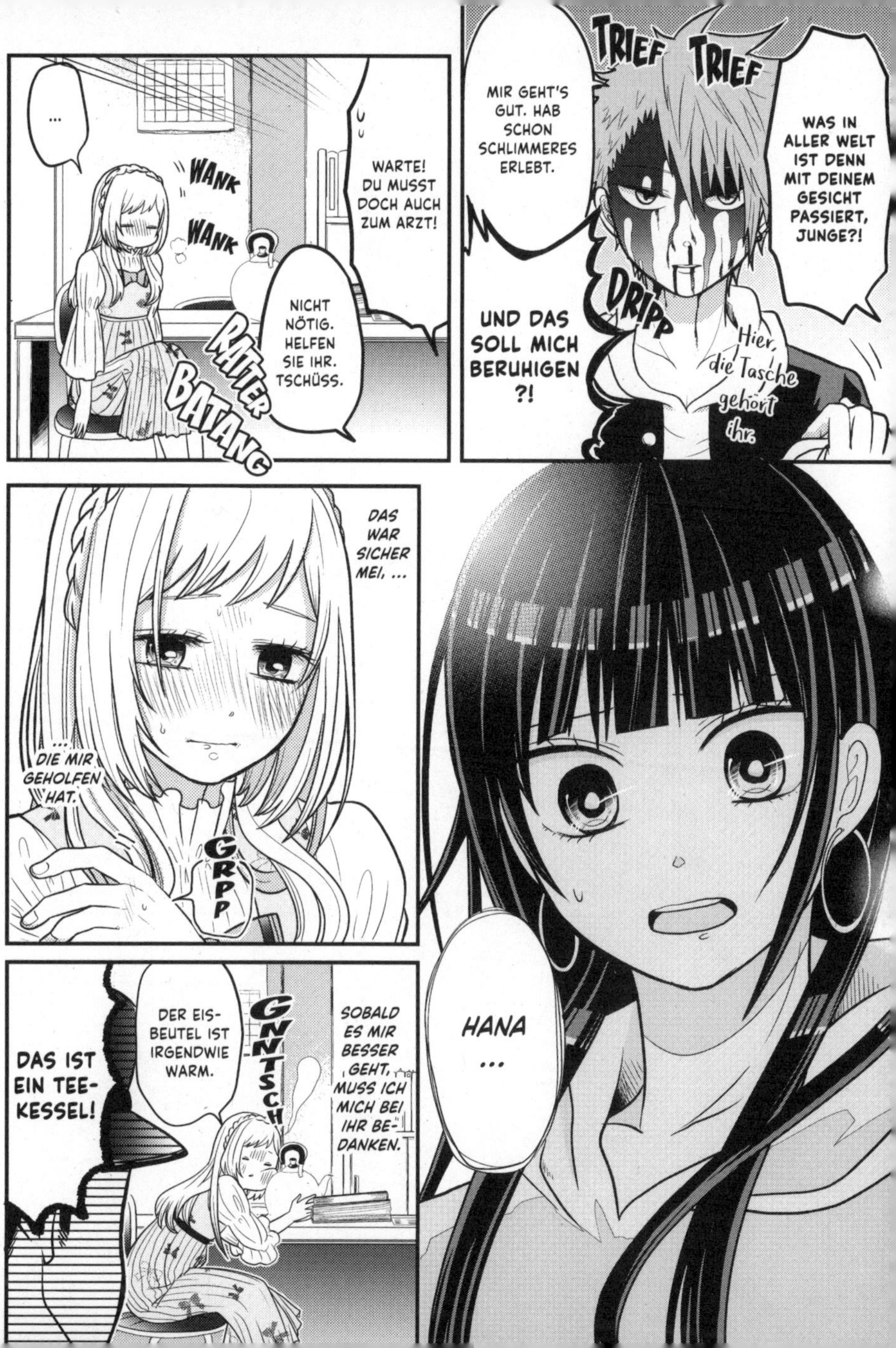
TRIEF TRIEF
WAS IN ALLER WELT IST DENN MIT DEINEM GESICHT PASSIERT, JUNGE?!
MIR GEHT'S GUT. HAB SCHON SCHLIMMERES ERLEBT.
DRIPP
Hier, die Tasche gehört ihr.
UND DAS SOLL MICH BERUHIGEN?!
WARTE! DU MUSST DOCH AUCH ZUM ARZT!
NICHT NÖTIG. HELFEN SIE IHR. TSCHÜSS.
RATTER BATANG
...
WANK WANK
HANA ...
DAS WAR SICHER MEI, ...
... DIE MIR GEHOLFEN HAT.
GRPP
SOBALD ES MIR BESSER GEHT, MUSS ICH MICH BEI IHR BE-DANKEN.
GNNTSCH
DER EIS-BEUTEL IST IRGENDWIE WARM.
DAS IST EIN TEE-KESSEL!

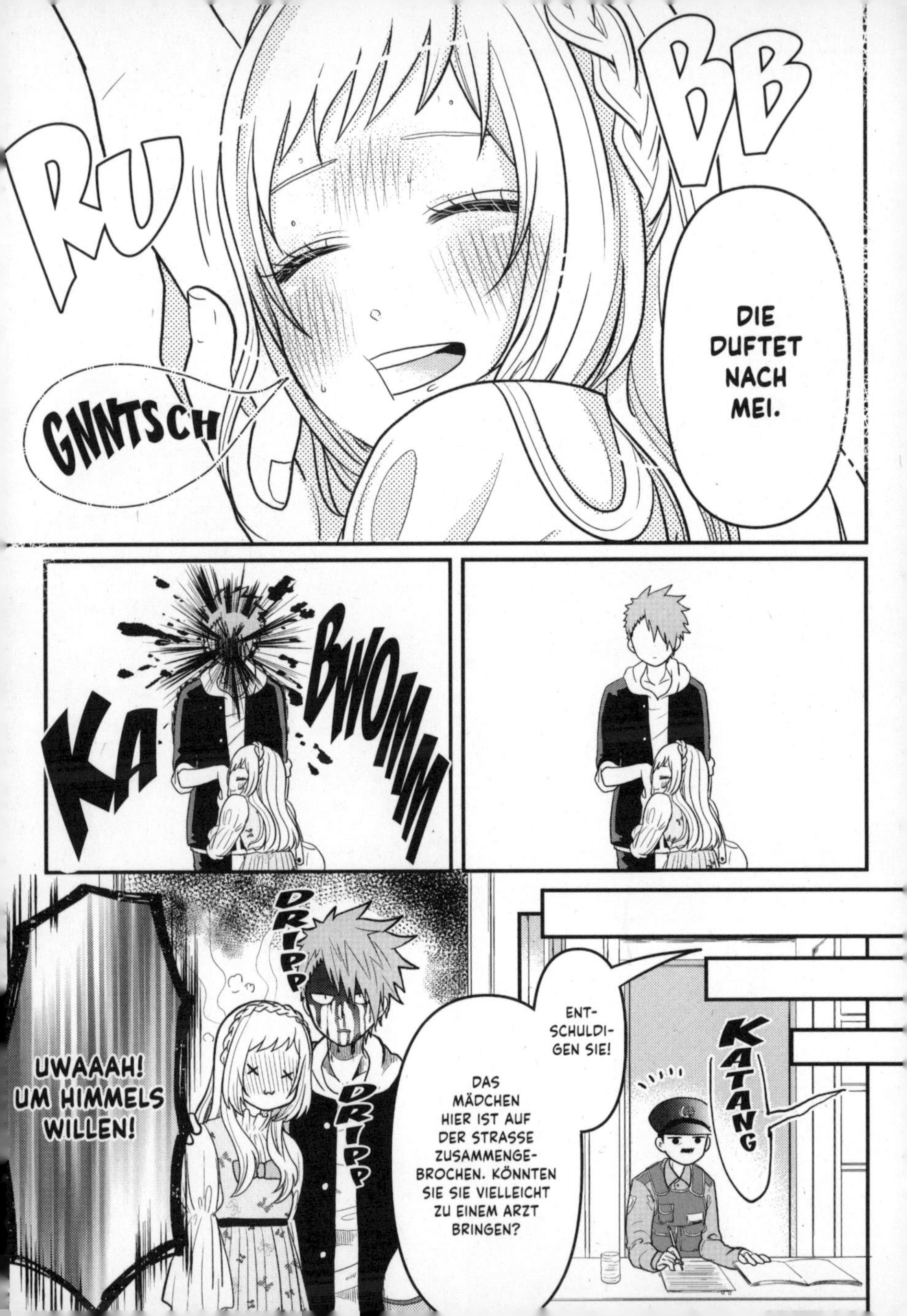

RUBB
DIE DUFTET NACH MEI.
GNNTSCH
KABWOMM
KATANG
ENT-SCHULDI-GEN SIE!
DAS MÄDCHEN HIER IST AUF DER STRASSE ZUSAMMENGE-BROCHEN. KÖNNTEN SIE SIE VIELLEICHT ZU EINEM ARZT BRINGEN?
DRIPP
DRIPP
UWAAAH! UM HIMMELS WILLEN!

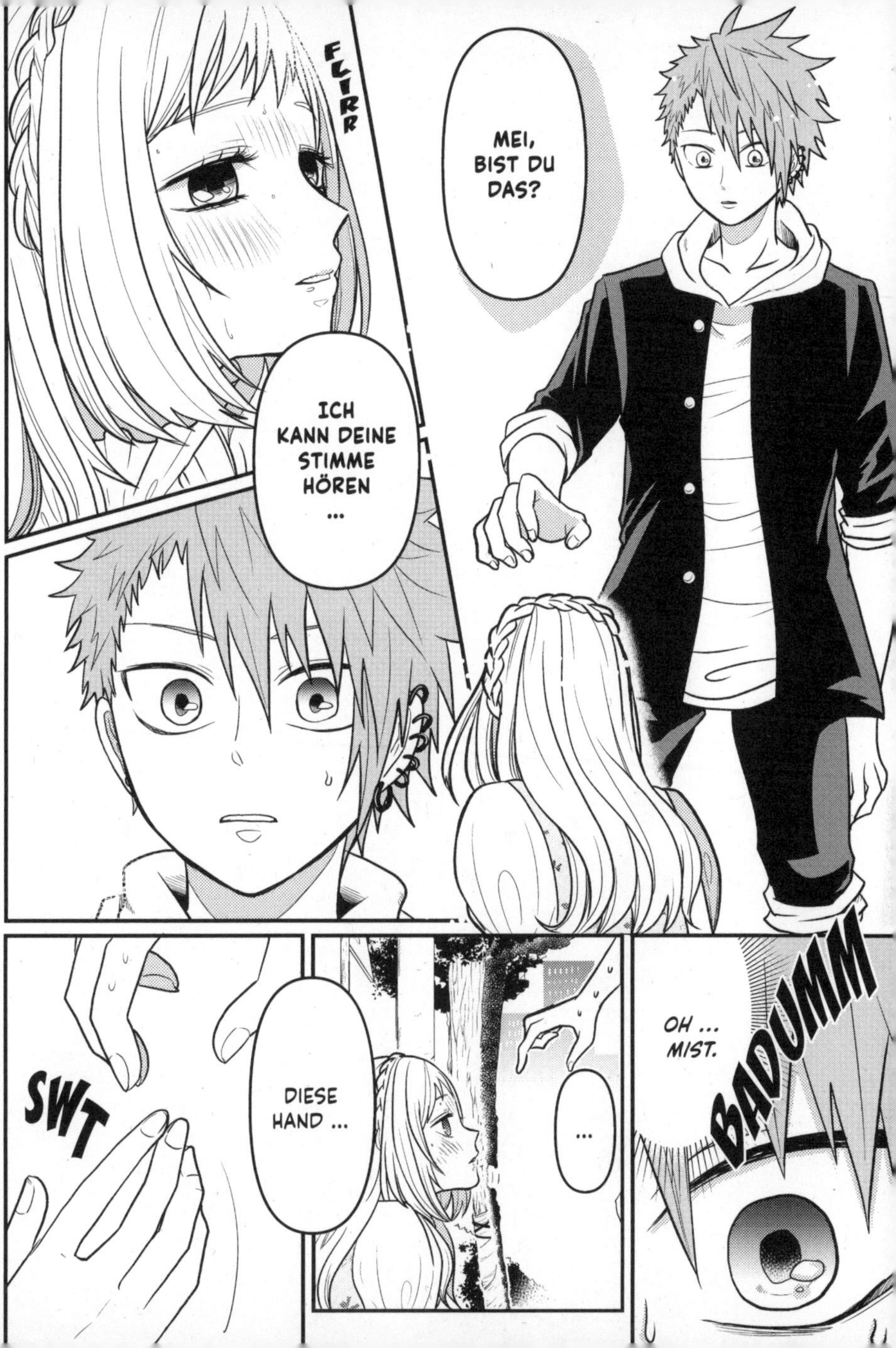
MEI, BIST DU DAS?
FLIRR
ICH KANN DEINE STIMME HÖREN ...
BADUMM
OH ... MIST.
...
DIESE HAND ...
SWT

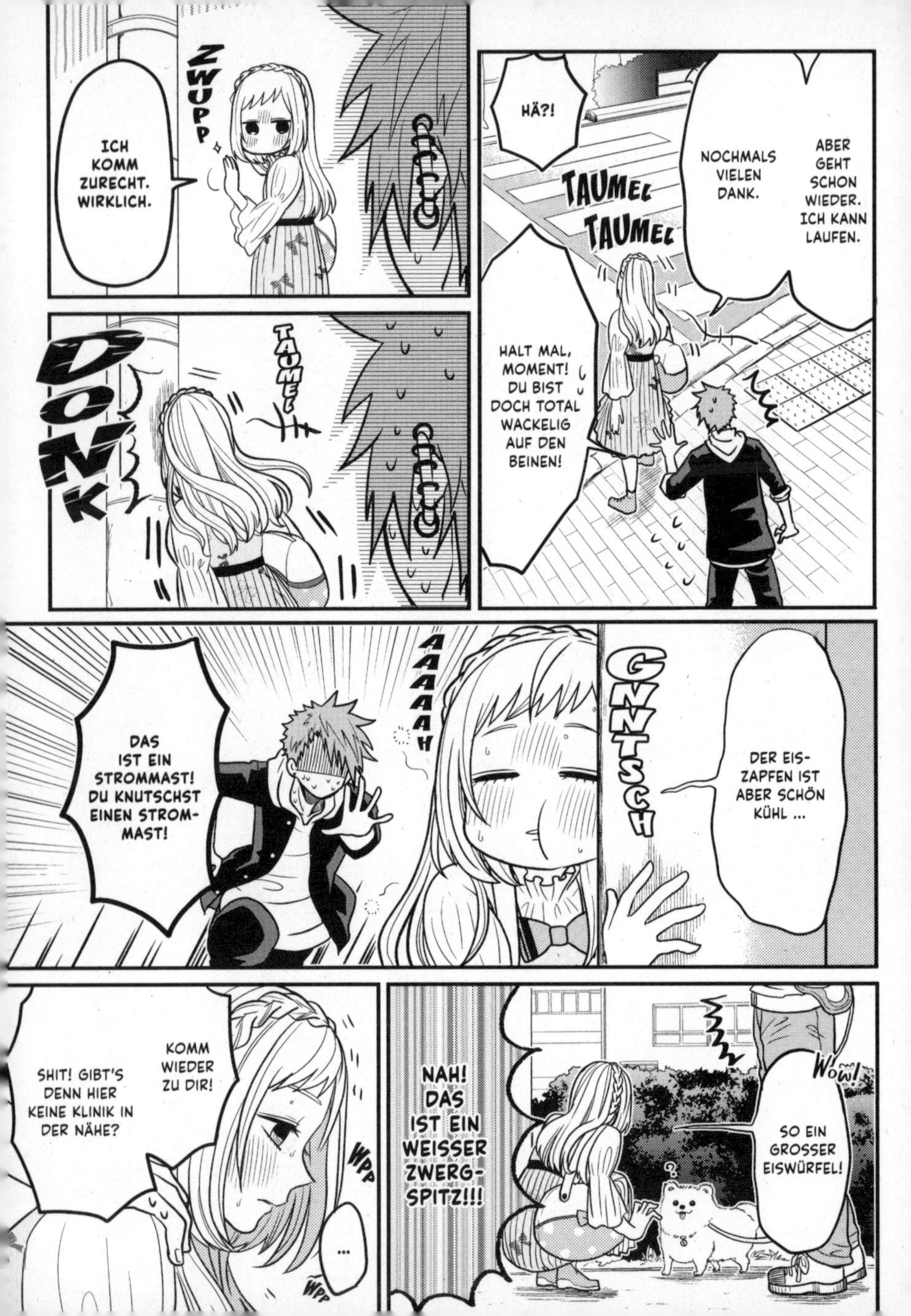

ABER GEHT SCHON WIEDER. ICH KANN LAUFEN.
NOCHMALS VIELEN DANK.
HÄ?!
TAUMEL TAUMEL
HALT MAL, MOMENT! DU BIST DOCH TOTAL WACKELIG AUF DEN BEINEN!
ZWUPP
ICH KOMM ZURECHT. WIRKLICH.
TAUMEL
DONK
GNNTSCH
DER EIS-ZAPFEN IST ABER SCHÖN KÜHL ...
AAAAAAH
DAS IST EIN STROMMAST! DU KNUTSCHST EINEN STROM-MAST!
WOW!
SO EIN GROSSER EISWÜRFEL!
NAH! DAS IST EIN WEISSER ZWERG-SPITZ!!!
KOMM WIEDER ZU DIR!
SHIT! GIBT'S DENN HIER KEINE KLINIK IN DER NÄHE?
WPP
...
WPP

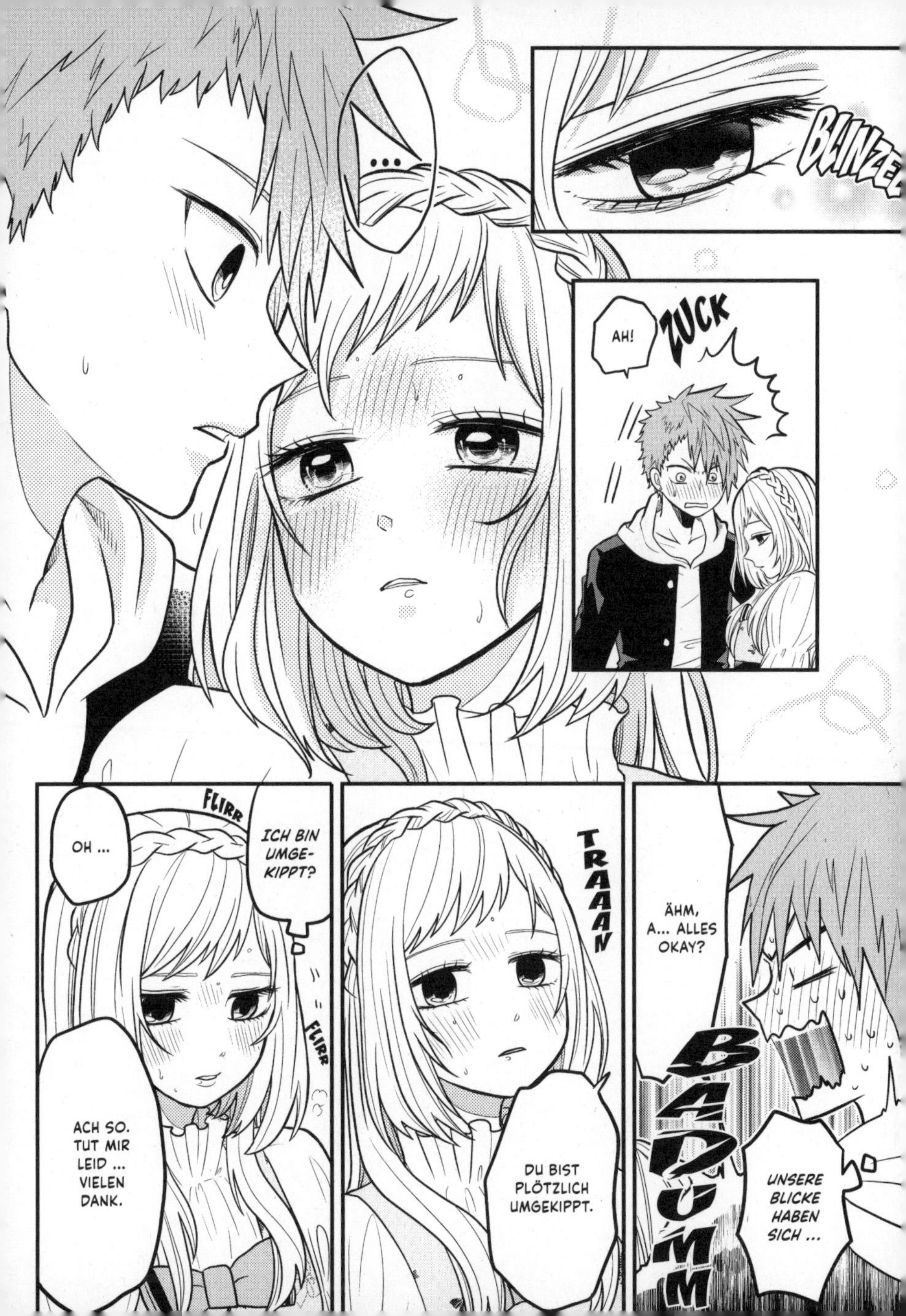
...
BLINZEL
AH!
ZUCK
FLIRR
OH ...
ICH BIN UMGE-KIPPT?
FLIRR
ACH SO. TUT MIR LEID ... VIELEN DANK.
TRAAAAN
DU BIST PLÖTZLICH UMGEKIPPT.
ÄHM, A... ALLES OKAY?
BADUMM
UNSERE BLICKE HABEN SICH ...

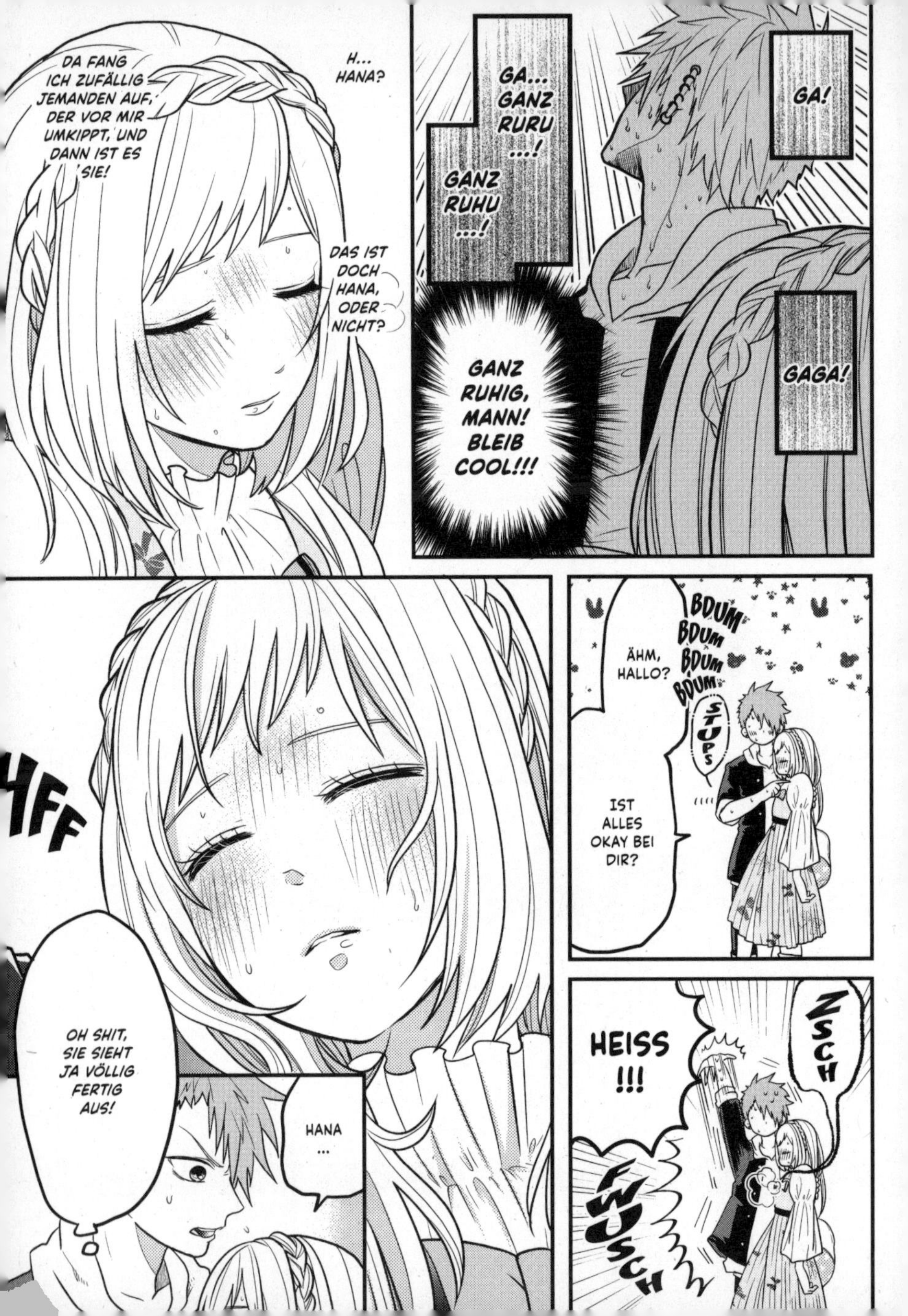
GA!
GAGA!
GA... GANZ RURU ...!
GANZ RUHU ...!
GANZ RUHIG, MANN! BLEIB COOL!!!
H... HANA?
DA FANG ICH ZUFÄLLIG JEMANDEN AUF, DER VOR MIR UMKIPPT, UND DANN IST ES SIE!
DAS IST DOCH HANA, ODER NICHT?
BDUM BDUM BDUM BDUM
ÄHM, HALLO?
STUPS
IST ALLES OKAY BEI DIR?
ZSCH
HEISS !!!
FWUSCH
HFF
OH SHIT, SIE SIEHT JA VÖLLIG FERTIG AUS!
HANA ...

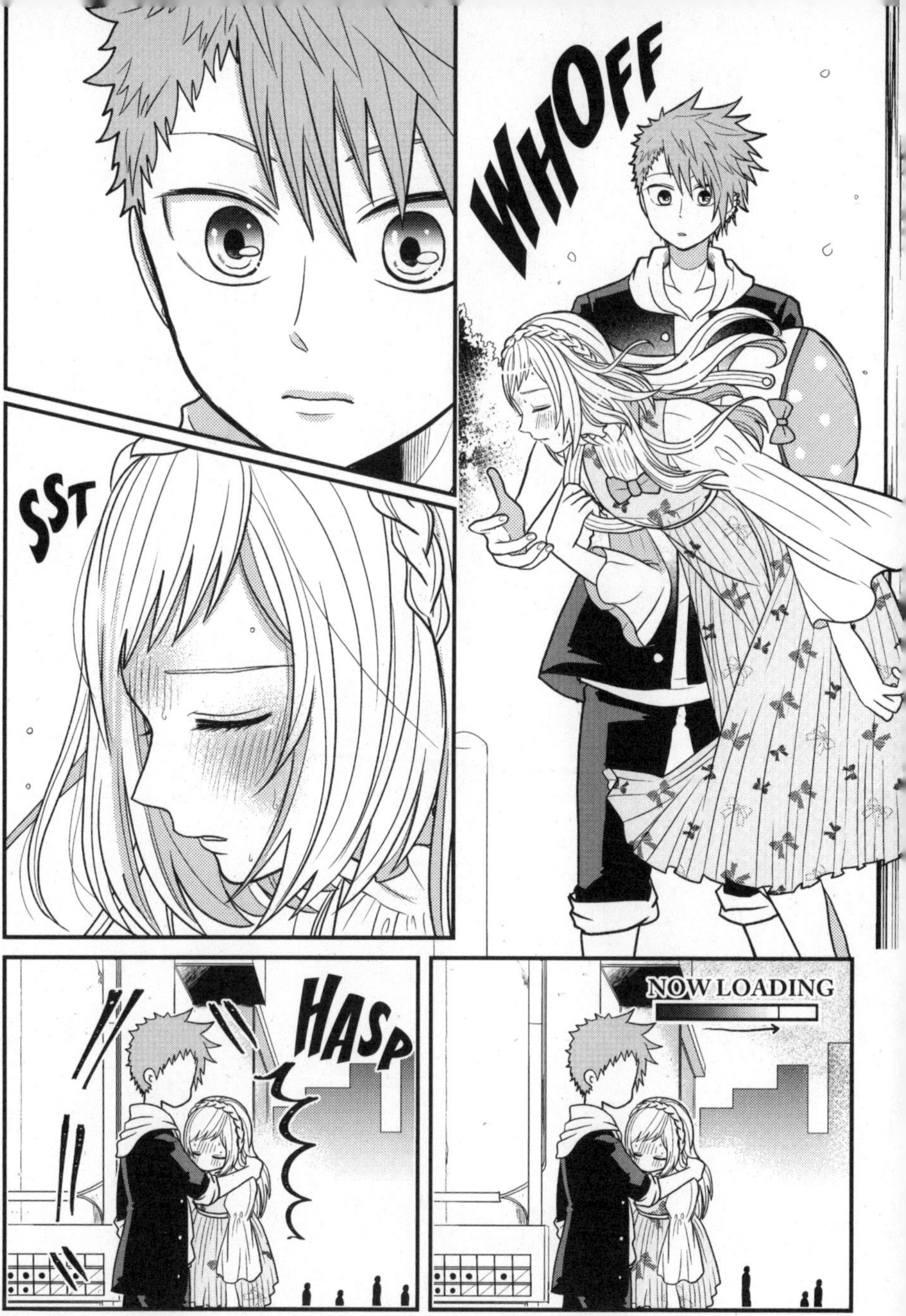
WHOFF
SST
HASP
NOW LOADING

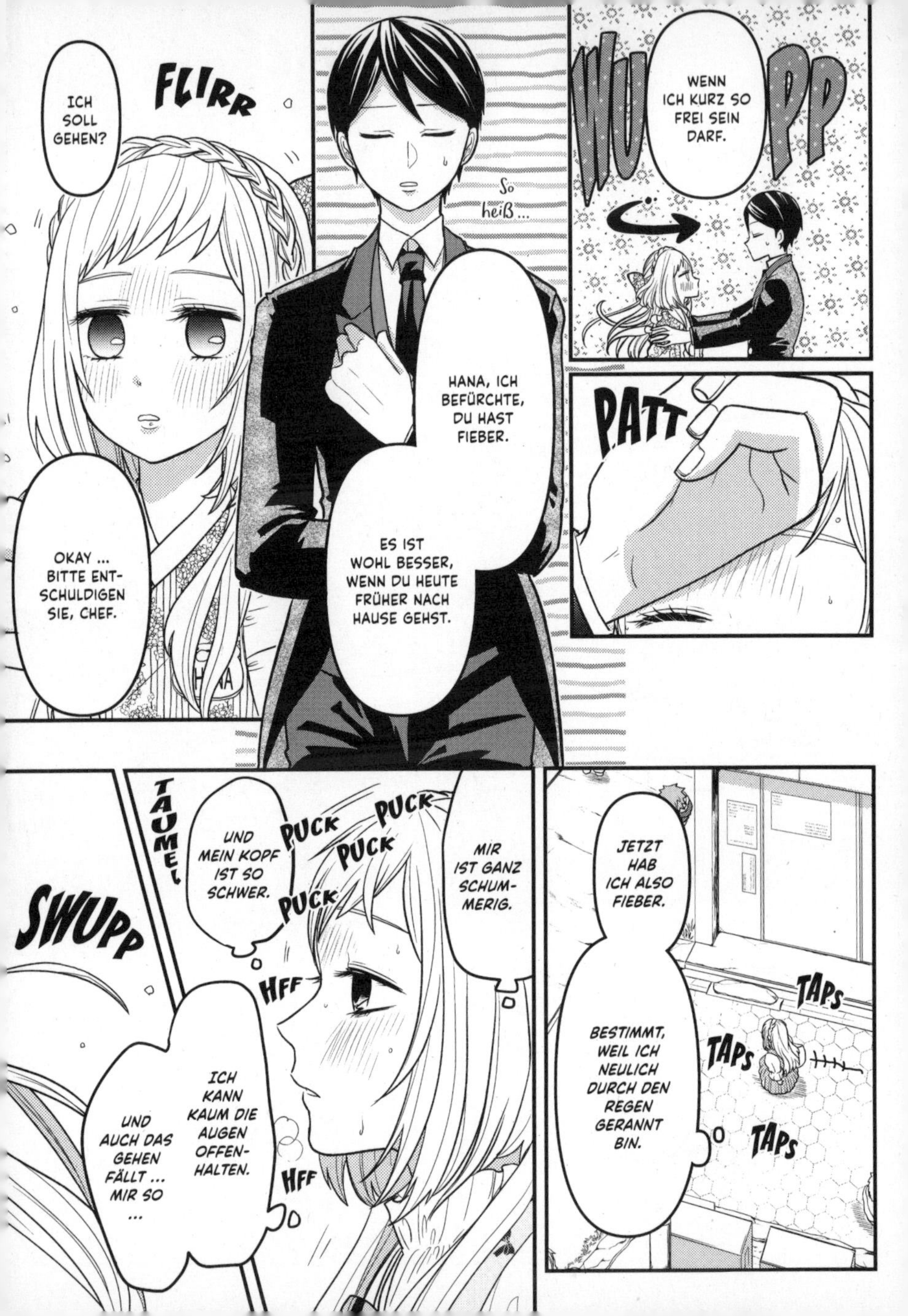

WUPP
WENN ICH KURZ SO FREI SEIN DARF.
PATT
HANA, ICH BEFÜRCHTE, DU HAST FIEBER.
ES IST WOHL BESSER, WENN DU HEUTE FRÜHER NACH HAUSE GEHST.
So heiß …
FLIRR
ICH SOLL GEHEN?
OKAY … BITTE ENT-SCHULDIGEN SIE, CHEF.
HANA
JETZT HAB ICH ALSO FIEBER.
BESTIMMT, WEIL ICH NEULICH DURCH DEN REGEN GERANNT BIN.
TAPS
TAPS
TAPS
MIR IST GANZ SCHUM-MERIG.
PUCK
PUCK
PUCK
PUCK
UND MEIN KOPF IST SO SCHWER.
TAUMEL
HFF
ICH KANN KAUM DIE AUGEN OFFEN-HALTEN.
UND AUCH DAS GEHEN FÄLLT … MIR SO …
HFF
SWUPP

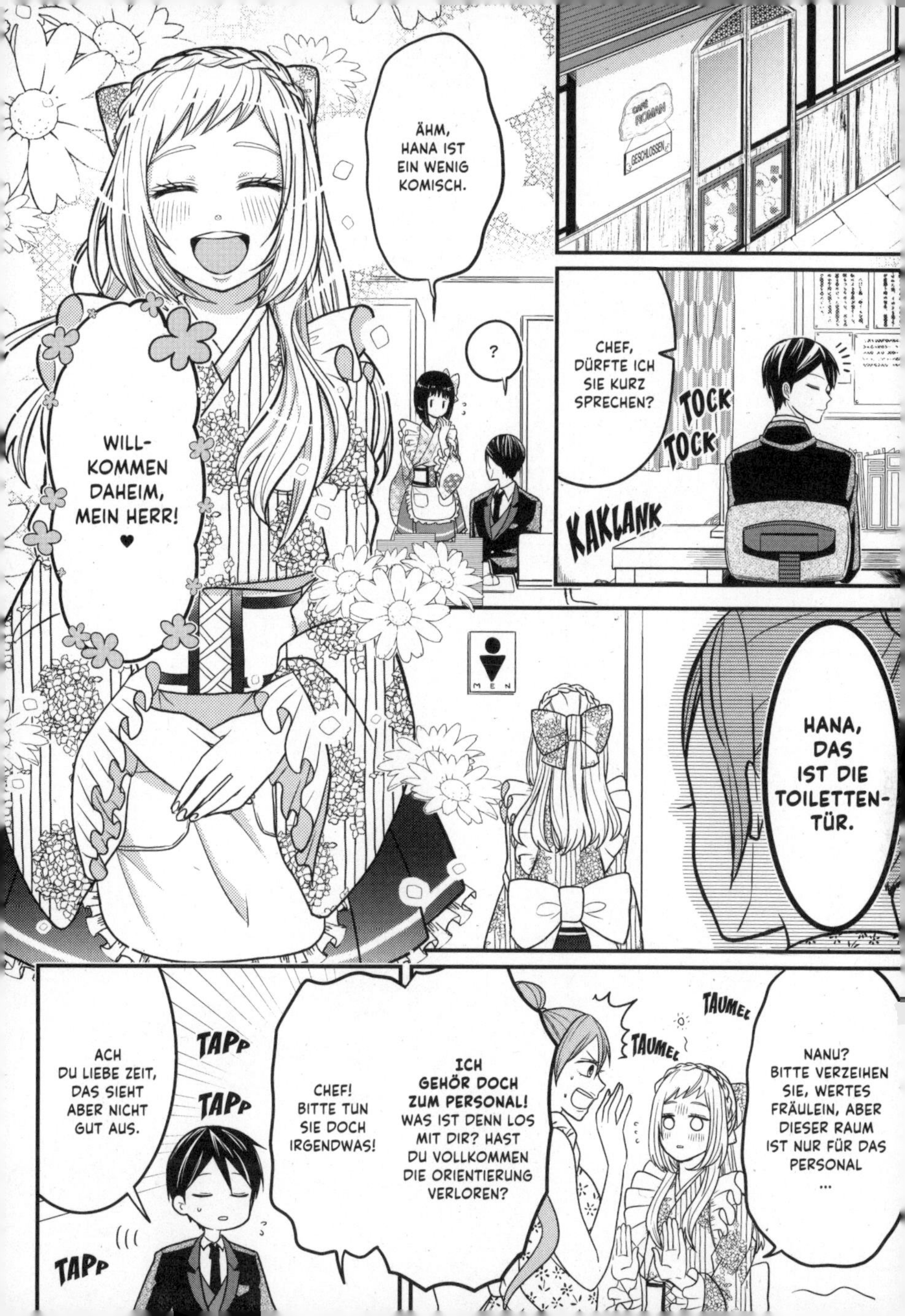
CAFÉ ROMAN
GESCHLOSSEN
CHEF, DÜRFTE ICH SIE KURZ SPRECHEN?
TOCK TOCK
KAKLANK
ÄHM, HANA IST EIN WENIG KOMISCH.
?
WILL-KOMMEN DAHEIM, MEIN HERR! ♥
MEN
HANA, DAS IST DIE TOILETTEN-TÜR.
TAUMEL TAUMEL
NANU? BITTE VERZEIHEN SIE, WERTES FRÄULEIN, ABER DIESER RAUM IST NUR FÜR DAS PERSONAL ...
ICH GEHÖR DOCH ZUM PERSONAL! WAS IST DENN LOS MIT DIR? HAST DU VOLLKOMMEN DIE ORIENTIERUNG VERLOREN?
CHEF! BITTE TUN SIE DOCH IRGENDWAS!
TAPP TAPP TAPP
ACH DU LIEBE ZEIT, DAS SIEHT ABER NICHT GUT AUS.

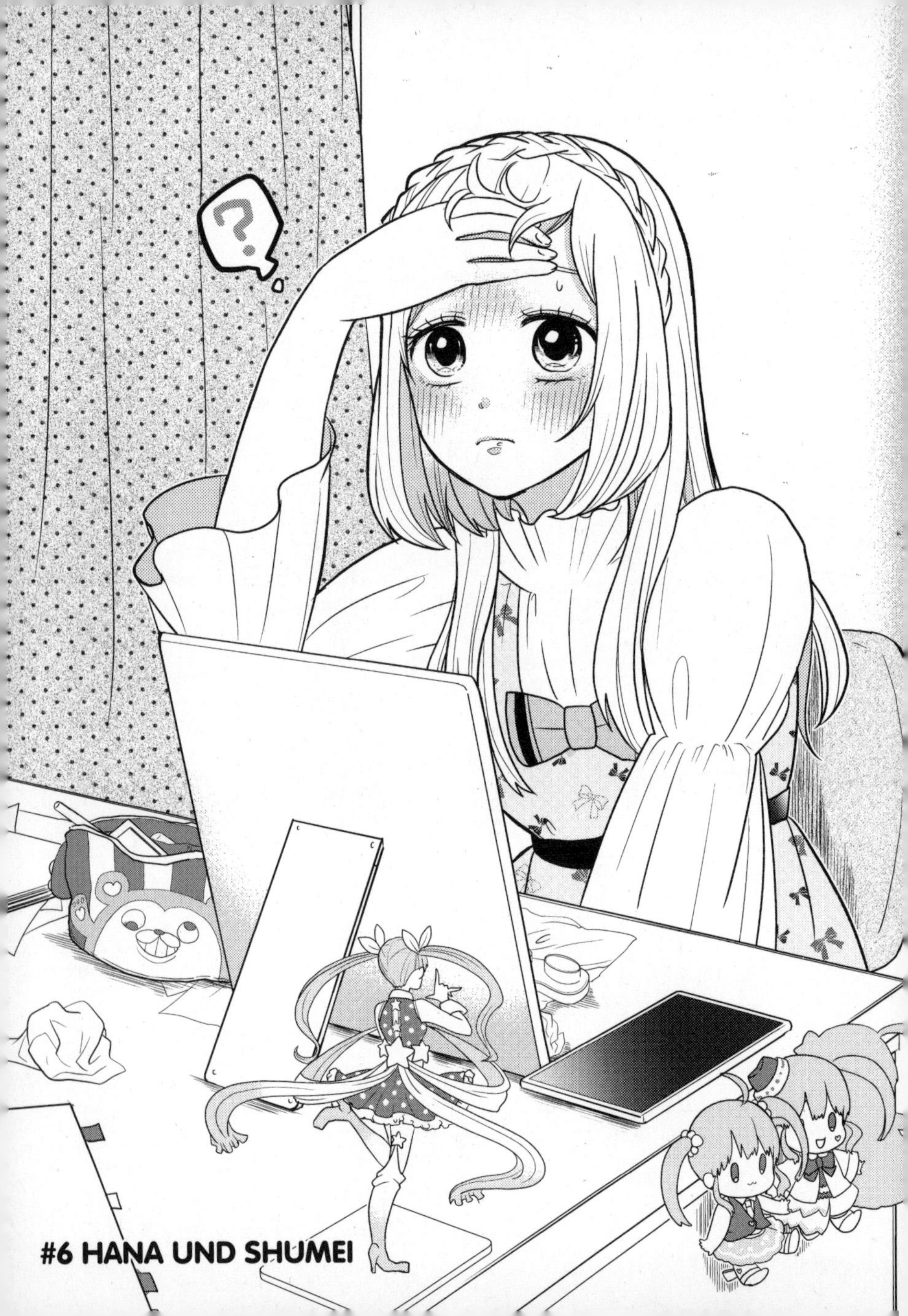
?
#6 HANA UND SHUMEI

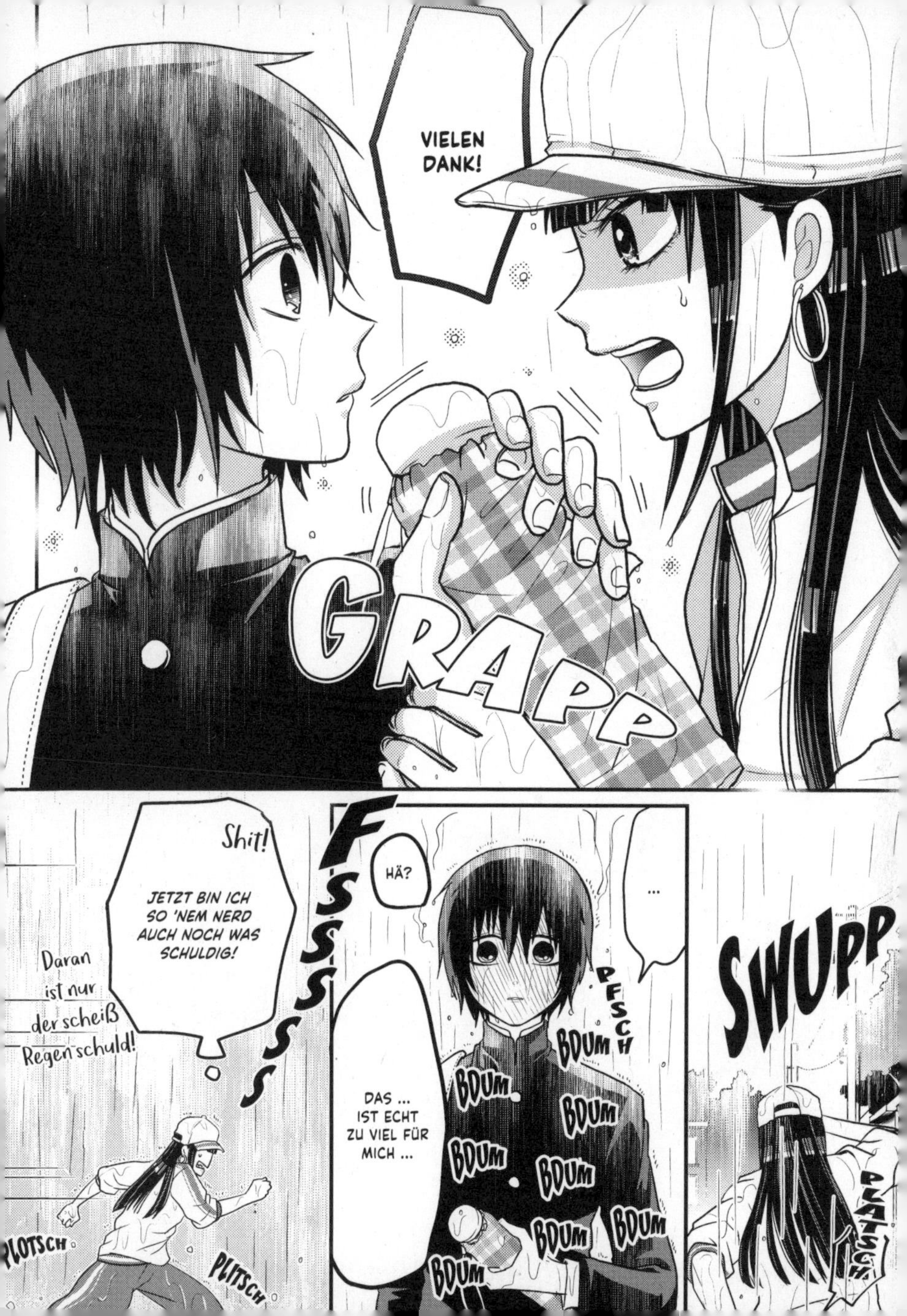
VIELEN DANK!
GRAPP
Shit!
JETZT BIN ICH SO 'NEM NERD AUCH NOCH WAS SCHULDIG!
Daran ist nur der scheiß Regen schuld!
FSSSSSS
PLOTSCH
PLITSCH
HÄ?
...
DAS ... IST ECHT ZU VIEL FÜR MICH ...
PFSCH
BDUM
BDUM
BDUM
BDUM
BDUM
BDUM
BDUM
BDUM
BDUM
SWUPP
PLATSCH

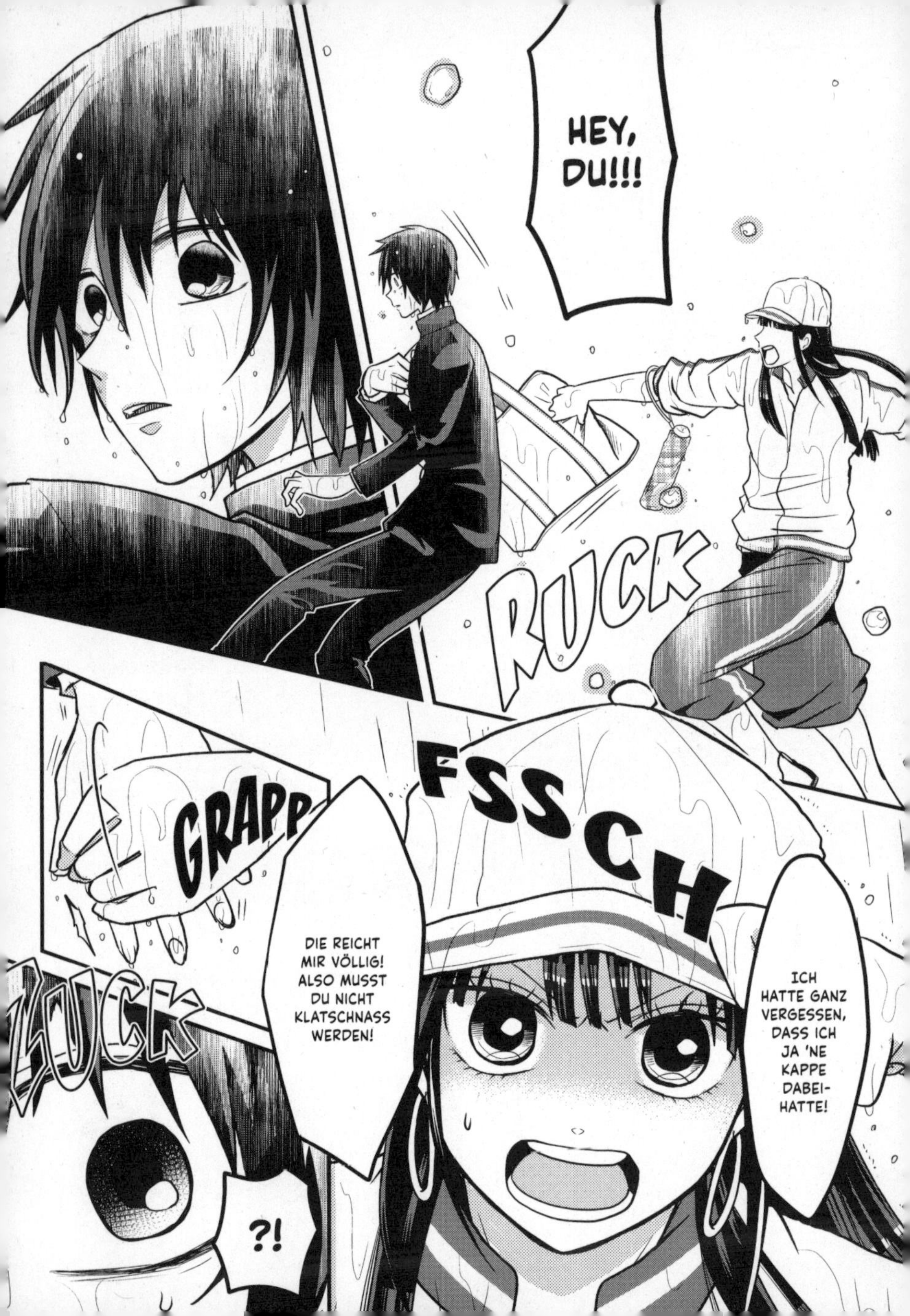
HEY, DU!!!
RUCK
FSSCH
ICH HATTE GANZ VERGESSEN, DASS ICH JA 'NE KAPPE DABEIHATTE!
DIE REICHT MIR VÖLLIG! ALSO MUSST DU NICHT KLATSCHNASS WERDEN!
GRAPP
ZUCK
?!

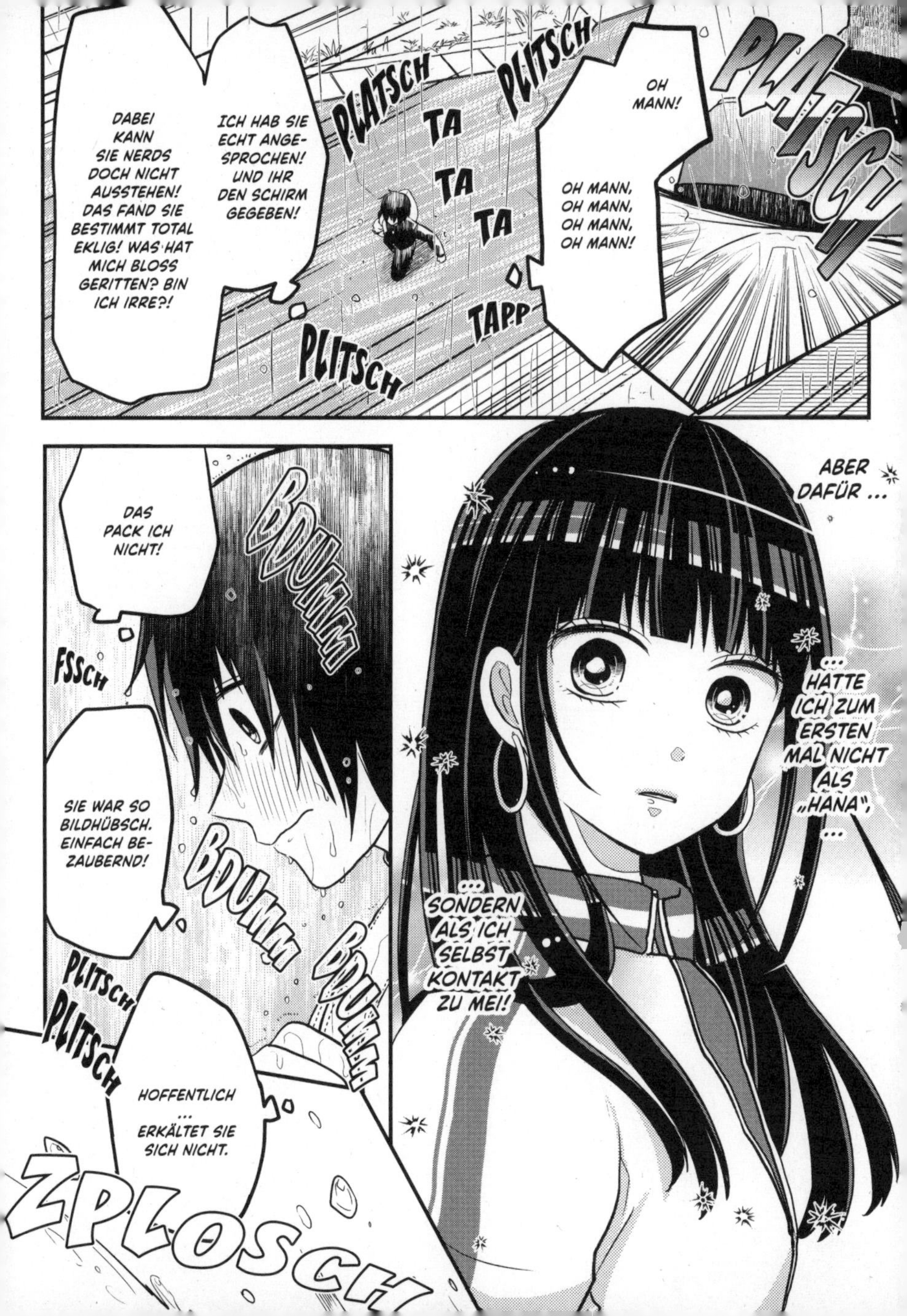
PLATSCH
OH MANN!
OH MANN, OH MANN, OH MANN, OH MANN!
PLITSCH
TA
TA
TA
TAPP
PLATSCH
ICH HAB SIE ECHT ANGE-SPROCHEN! UND IHR DEN SCHIRM GEGEBEN!
DABEI KANN SIE NERDS DOCH NICHT AUSSTEHEN! DAS FAND SIE BESTIMMT TOTAL EKLIG! WAS HAT MICH BLOSS GERITTEN? BIN ICH IRRE?!
PLITSCH
ABER DAFÜR ...
... HATTE ICH ZUM ERSTEN MAL NICHT ALS „HANA", ...
... SONDERN ALS ICH SELBST KONTAKT ZU MEI!
DAS PACK ICH NICHT!
BDUMM
FSSCH
SIE WAR SO BILDHÜBSCH. EINFACH BE-ZAUBERND!
BDUMM
BDUMM
PLITSCH
PLITSCH
HOFFENTLICH ... ERKÄLTET SIE SICH NICHT.
ZPLOSCH

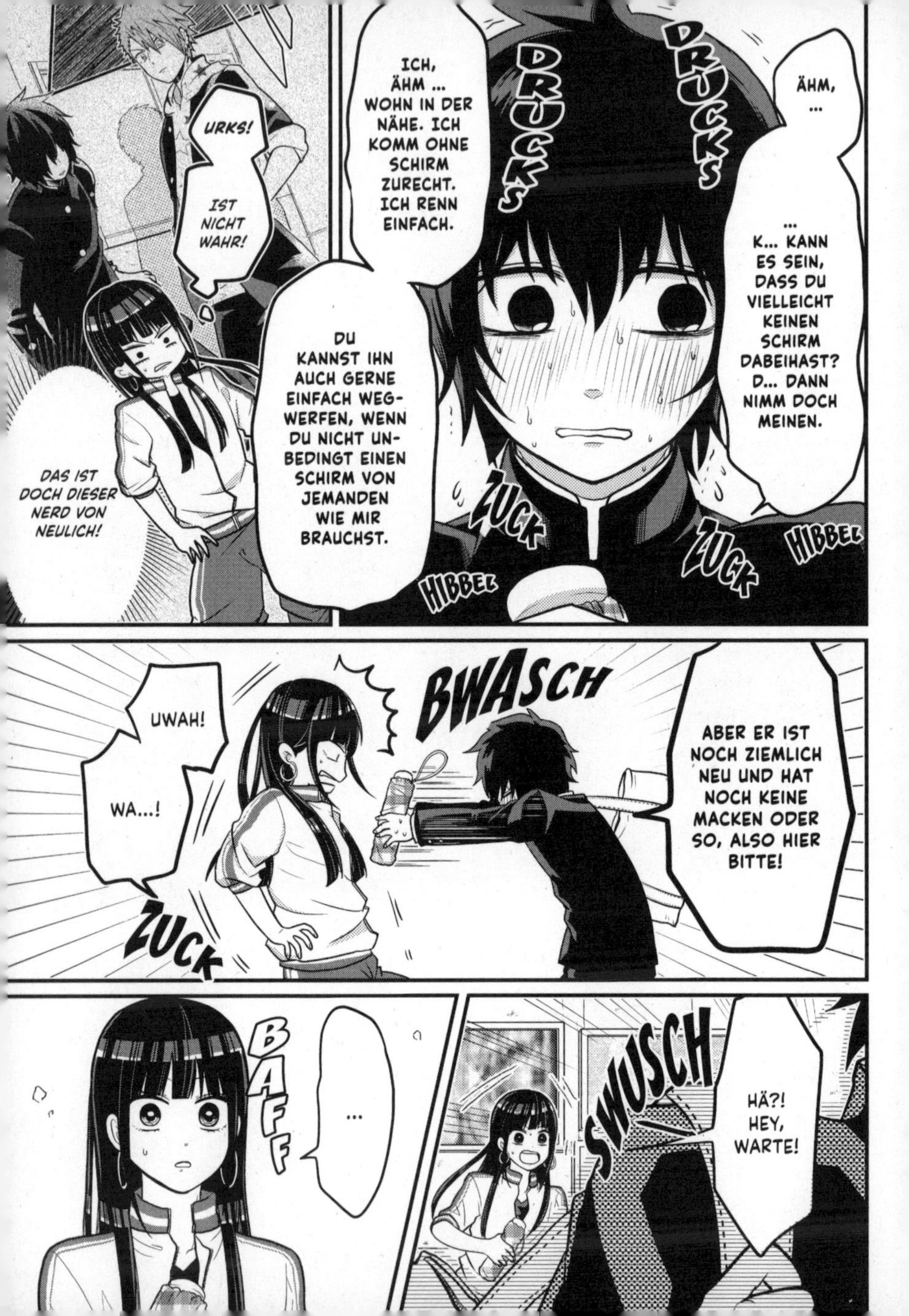

ÄHM, ...
DRUCKS
DRUCKS
... K... KANN ES SEIN, DASS DU VIELLEICHT KEINEN SCHIRM DABEIHAST? D... DANN NIMM DOCH MEINEN.
ZUCK
ZUCK
HIBBEL
HIBBEL
ICH, ÄHM ... WOHN IN DER NÄHE. ICH KOMM OHNE SCHIRM ZURECHT. ICH RENN EINFACH.
DU KANNST IHN AUCH GERNE EINFACH WEG-WERFEN, WENN DU NICHT UN-BEDINGT EINEN SCHIRM VON JEMANDEN WIE MIR BRAUCHST.
URKS!
IST NICHT WAHR!
DAS IST DOCH DIESER NERD VON NEULICH!
ABER ER IST NOCH ZIEMLICH NEU UND HAT NOCH KEINE MACKEN ODER SO, ALSO HIER BITTE!
BWASCH
UWAH!
WA...!
ZUCK
HÄ?! HEY, WARTE!
SWUSCH
...
BAFF

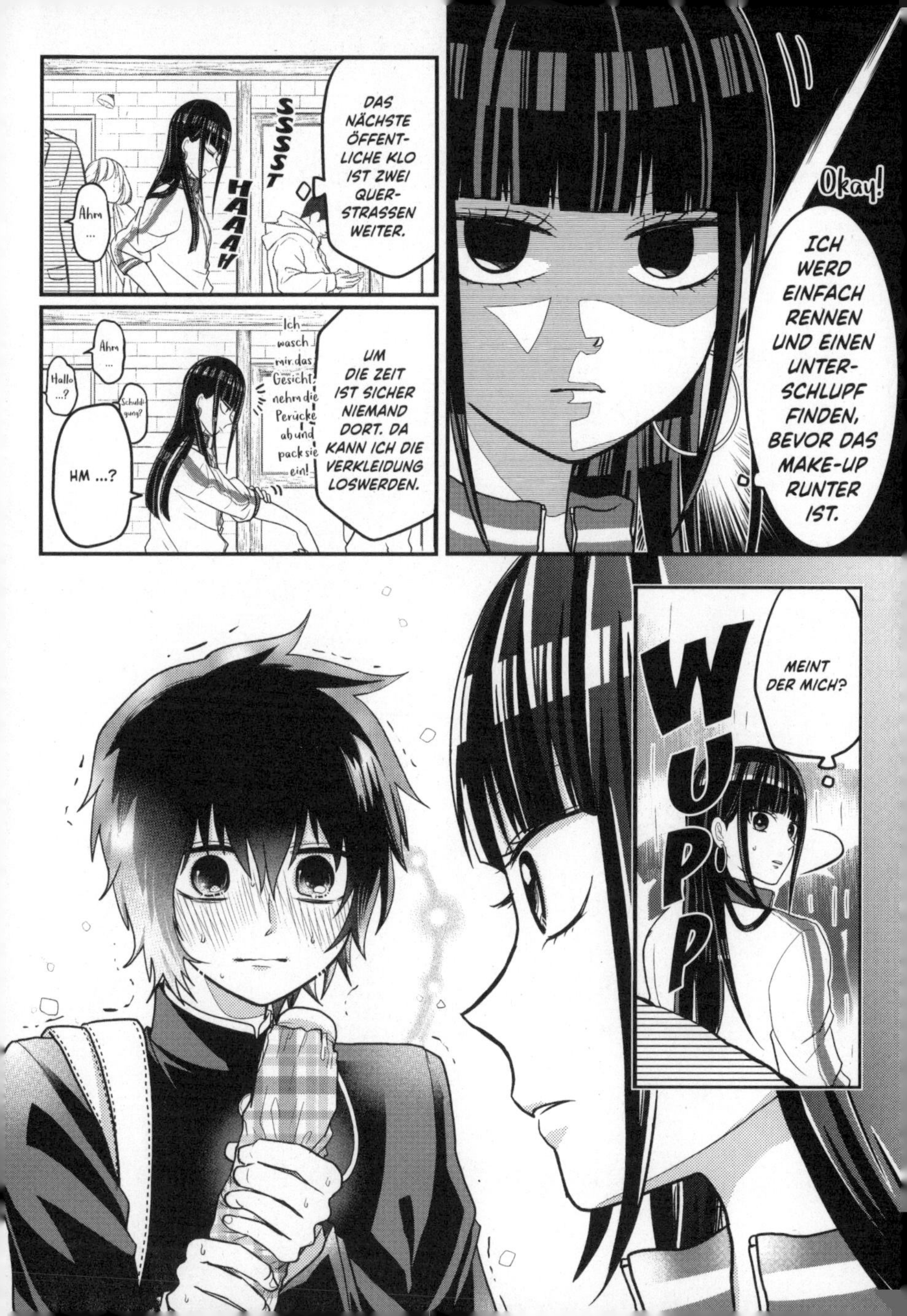

Okay!
ICH WERD EINFACH RENNEN UND EINEN UNTERSCHLUPF FINDEN, BEVOR DAS MAKE-UP RUNTER IST.
DAS NÄCHSTE ÖFFENTLICHE KLO IST ZWEI QUERSTRASSEN WEITER.
SSSST
HAAAAH
Ähm ...
UM DIE ZEIT IST SICHER NIEMAND DORT. DA KANN ICH DIE VERKLEIDUNG LOSWERDEN.
Ich wasch mir das Gesicht, nehm die Perücke ab und pack sie ein!
Ähm ...
Hallo ...?
Schuldigung?
HM ...?
MEINT DER MICH?
WUPP

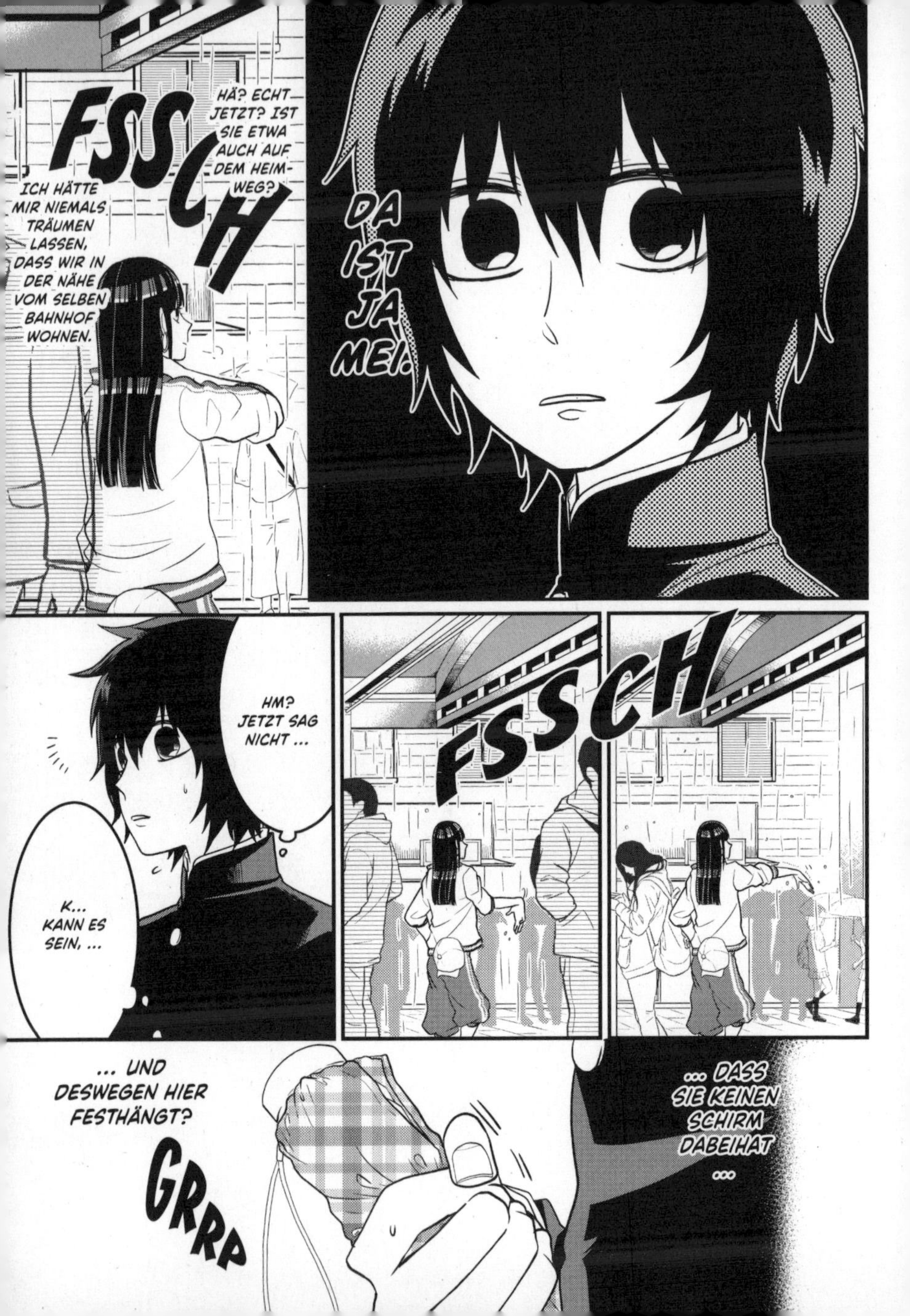
DA IST JA MEI.
HÄ? ECHT JETZT? IST SIE ETWA AUCH AUF DEM HEIMWEG?
FSSCH
ICH HÄTTE MIR NIEMALS TRÄUMEN LASSEN, DASS WIR IN DER NÄHE VOM SELBEN BAHNHOF WOHNEN.
FSSCH
HM? JETZT SAG NICHT ...
K... KANN ES SEIN, ...
... DASS SIE KEINEN SCHIRM DABEIHAT ...
... UND DESWEGEN HIER FESTHÄNGT?
GRRP

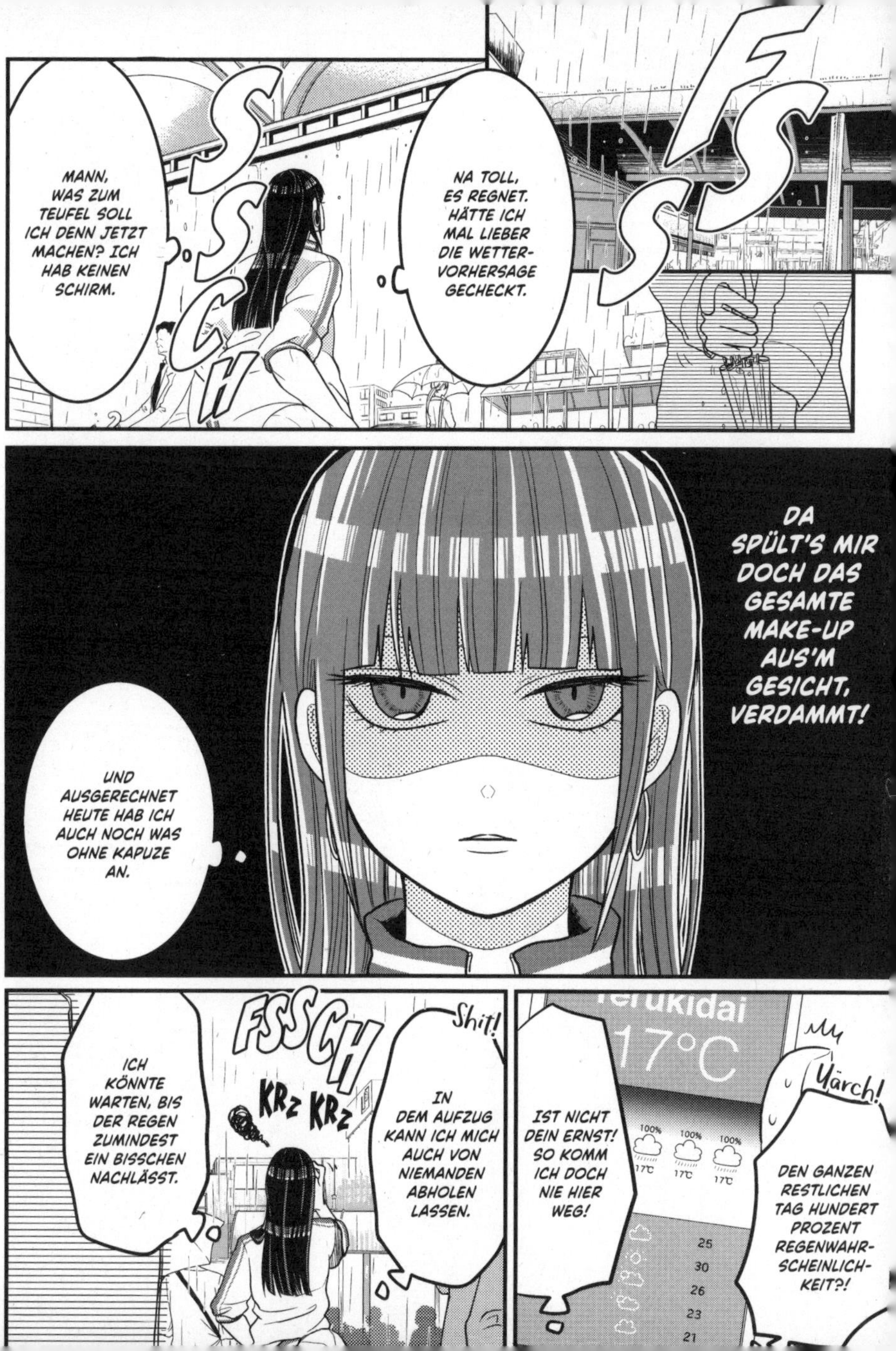
FSSSCH
NA TOLL, ES REGNET. HÄTTE ICH MAL LIEBER DIE WETTER-VORHERSAGE GECHECKT.
MANN, WAS ZUM TEUFEL SOLL ICH DENN JETZT MACHEN? ICH HAB KEINEN SCHIRM.
SSSCH
DA SPÜLT'S MIR DOCH DAS GESAMTE MAKE-UP AUS'M GESICHT, VERDAMMT!
UND AUSGERECHNET HEUTE HAB ICH AUCH NOCH WAS OHNE KAPUZE AN.
17°C
Yärch!
DEN GANZEN RESTLICHEN TAG HUNDERT PROZENT REGENWAHR-SCHEINLICH-KEIT?!
IST NICHT DEIN ERNST! SO KOMM ICH DOCH NIE HIER WEG!
Shit!
IN DEM AUFZUG KANN ICH MICH AUCH VON NIEMANDEN ABHOLEN LASSEN.
FSSCH
KRz KRz
ICH KÖNNTE WARTEN, BIS DER REGEN ZUMINDEST EIN BISSCHEN NACHLÄSST.

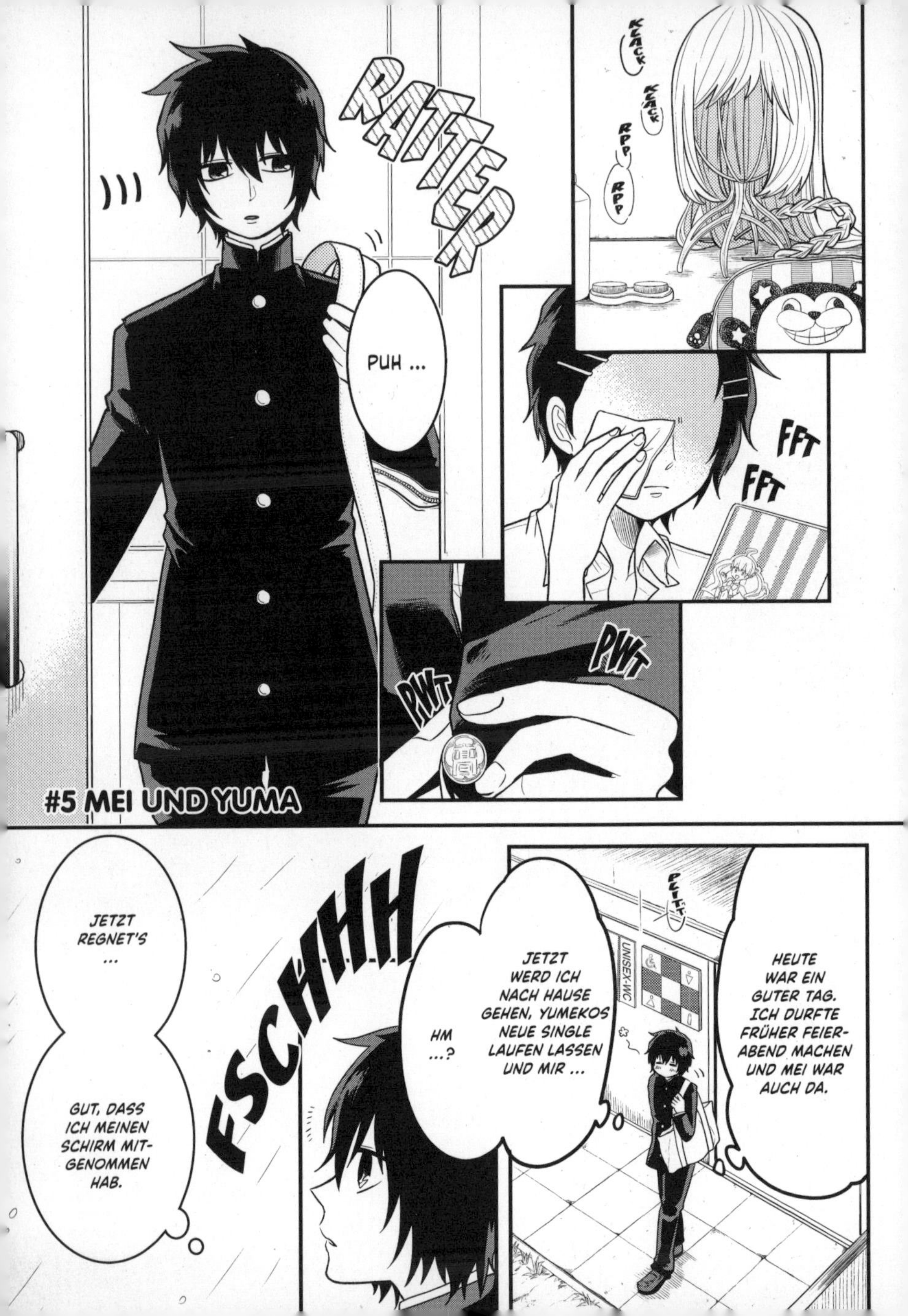

KLACK
KLACK
RPP
RPP
RATTER
PUH ...
FFT
FFT
PWT
PWT
#5 MEI UND YUMA
PFITT
UNISEX-WC
HEUTE WAR EIN GUTER TAG. ICH DURFTE FRÜHER FEIER-ABEND MACHEN UND MEI WAR AUCH DA.
JETZT WERD ICH NACH HAUSE GEHEN, YUMEKOS NEUE SINGLE LAUFEN LASSEN UND MIR ...
HM ...?
FSCHHH
JETZT REGNET'S ...
GUT, DASS ICH MEINEN SCHIRM MIT-GENOMMEN HAB.

Yuma Hanae

Geburtstag: 18.5. Blutgruppe 0

Größe: 1,64 m 11. Klasse

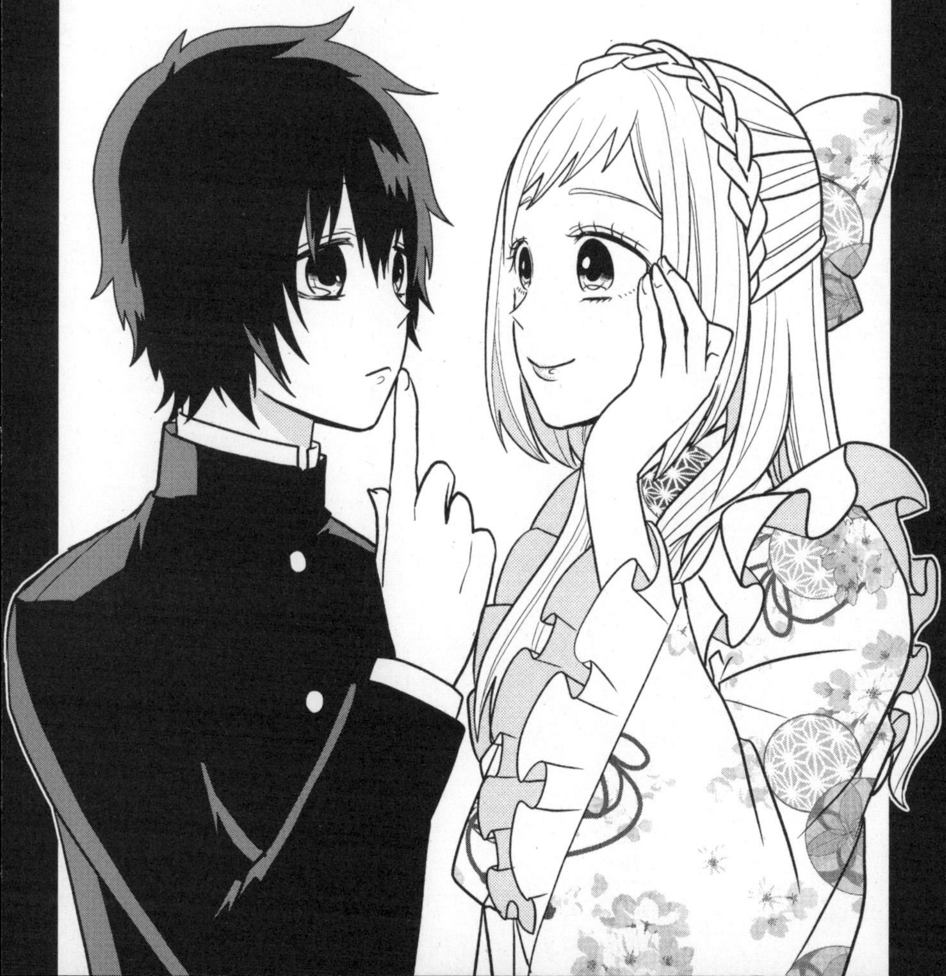

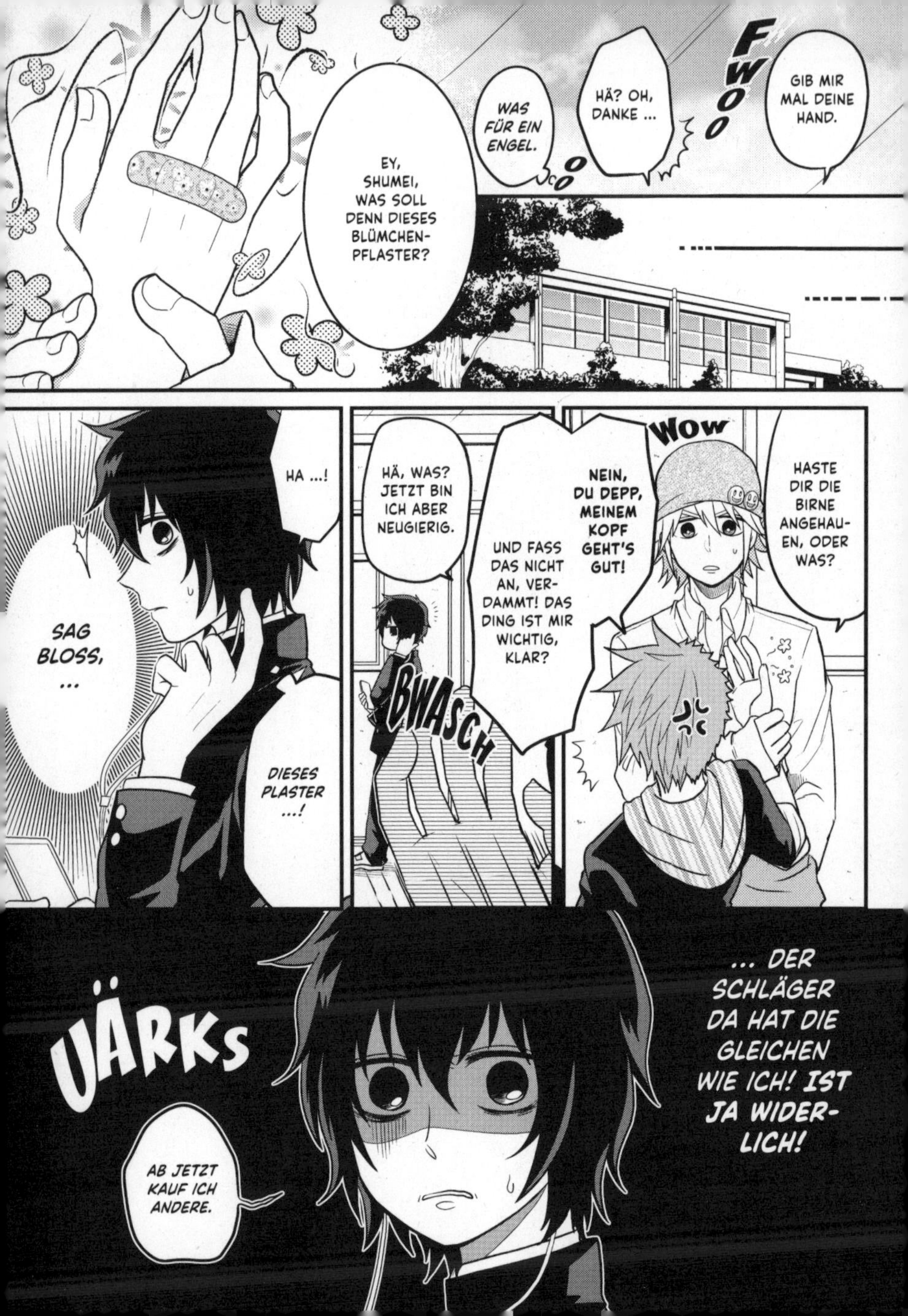
GIB MIR MAL DEINE HAND.
FWOOO
HÄ? OH, DANKE ...
WAS FÜR EIN ENGEL.
EY, SHUMEI, WAS SOLL DENN DIESES BLÜMCHEN-PFLASTER?
HASTE DIR DIE BIRNE ANGEHAU-EN, ODER WAS?
WOW
NEIN, DU DEPP, MEINEM KOPF GEHT'S GUT!
UND FASS DAS NICHT AN, VER-DAMMT! DAS DING IST MIR WICHTIG, KLAR?
BWASCH
HÄ, WAS? JETZT BIN ICH ABER NEUGIERIG.
HA ...!
SAG BLOSS, ...
DIESES PLASTER ...!
... DER SCHLÄGER DA HAT DIE GLEICHEN WIE ICH! IST JA WIDER-LICH!
UÄRKS
AB JETZT KAUF ICH ANDERE.

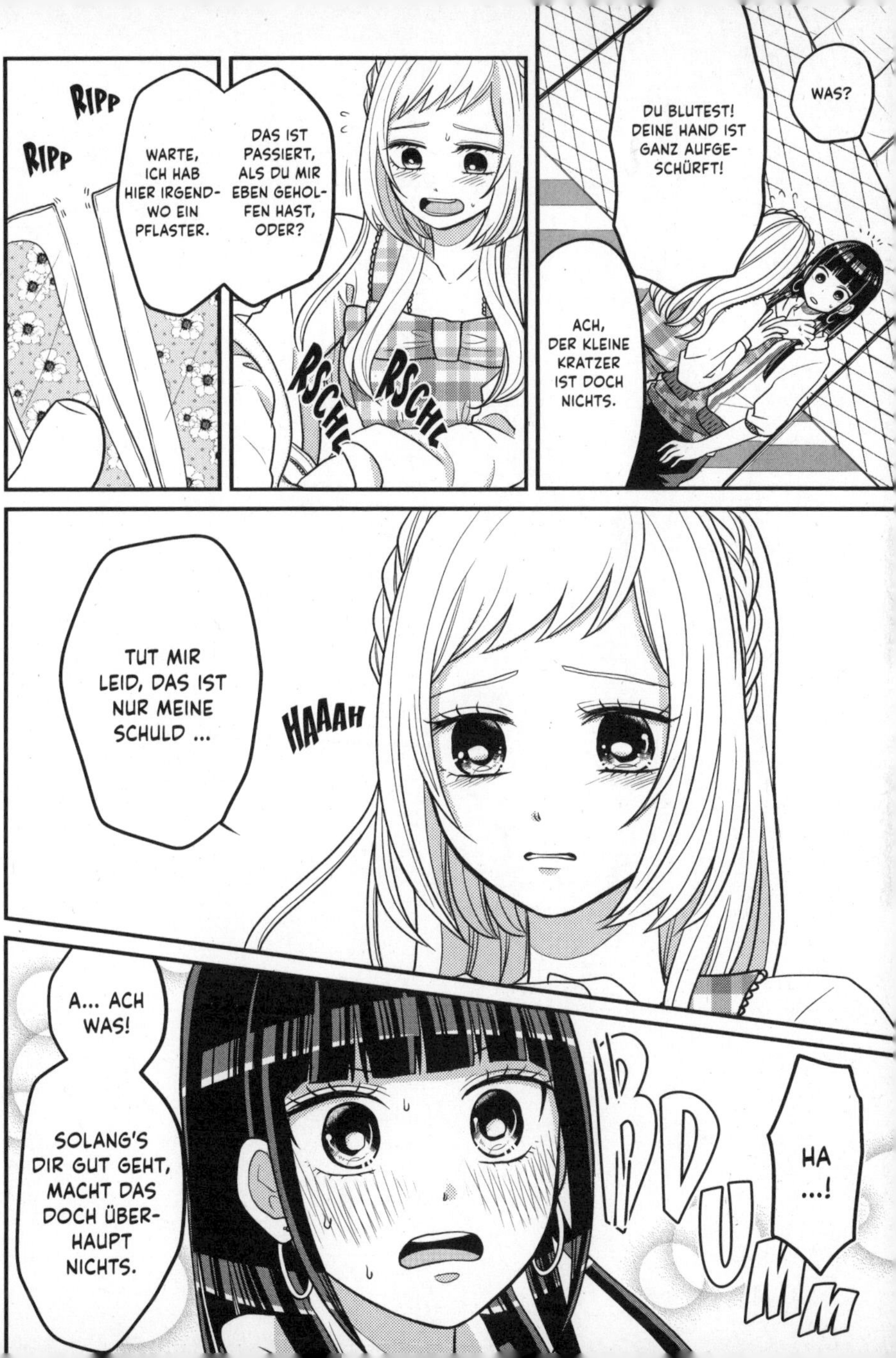
WAS?
DU BLUTEST! DEINE HAND IST GANZ AUFGE-SCHÜRFT!
ACH, DER KLEINE KRATZER IST DOCH NICHTS.
DAS IST PASSIERT, ALS DU MIR EBEN GEHOL-FEN HAST, ODER?
RSCHL
RSCHL
WARTE, ICH HAB HIER IRGEND-WO EIN PFLASTER.
RIPP
RIPP
HAAAH
TUT MIR LEID, DAS IST NUR MEINE SCHULD ...
HA ...!
BADUMM
A... ACH WAS!
SOLANG'S DIR GUT GEHT, MACHT DAS DOCH ÜBER-HAUPT NICHTS.

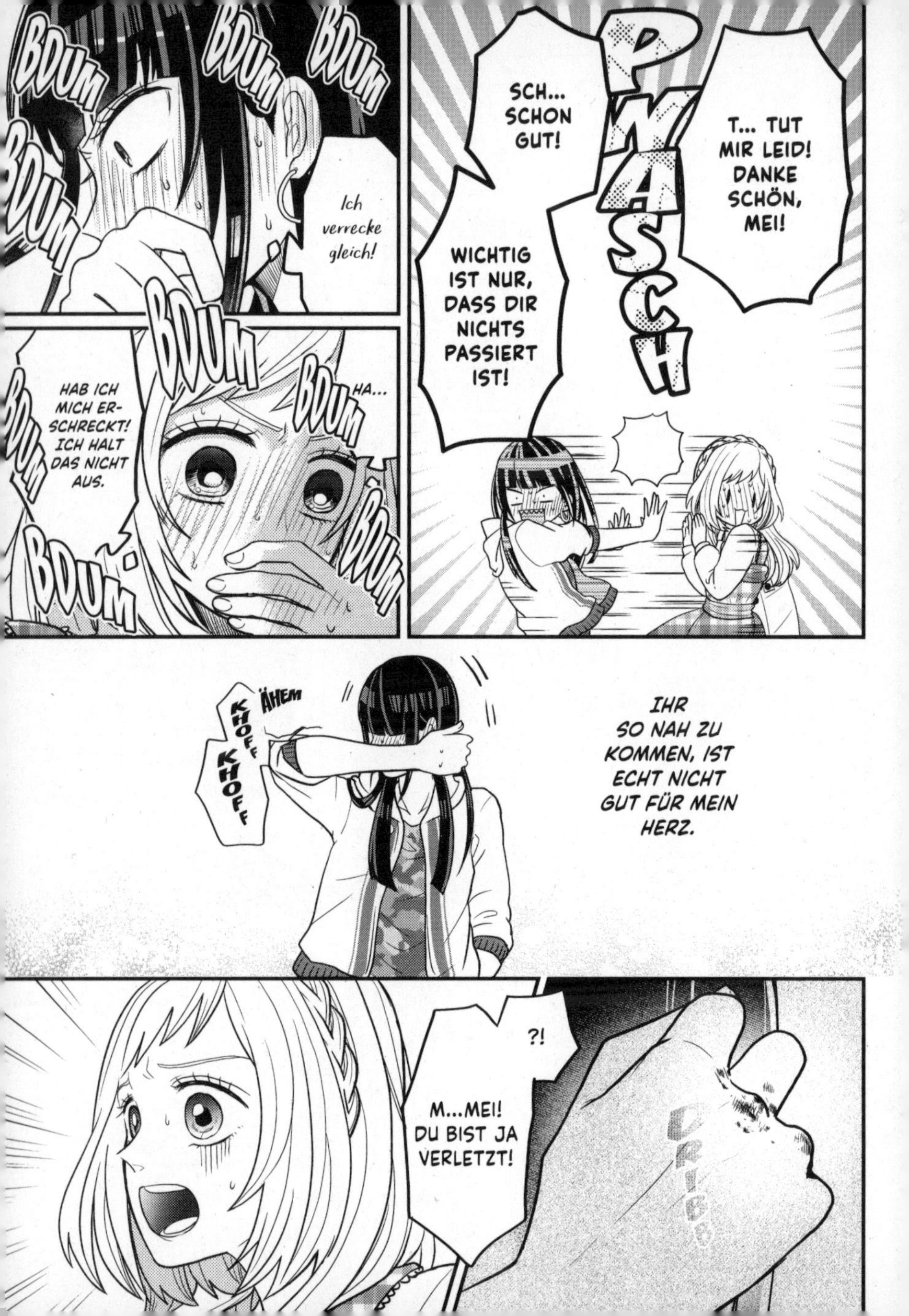

T... TUT MIR LEID! DANKE SCHÖN, MEI!
PMASCH
SCH... SCHON GUT!
WICHTIG IST NUR, DASS DIR NICHTS PASSIERT IST!
BDUM BDUM BDUM
Ich verrecke gleich!
BDUM BDUM
HA...
HAB ICH MICH ER-SCHRECKT! ICH HALT DAS NICHT AUS.
BDUM BDUM BDUM BDUM BDUM
IHR SO NAH ZU KOMMEN, IST ECHT NICHT GUT FÜR MEIN HERZ.
ÄHEM
KHOFF KHOFF
?!
M...MEI! DU BIST JA VERLETZT!

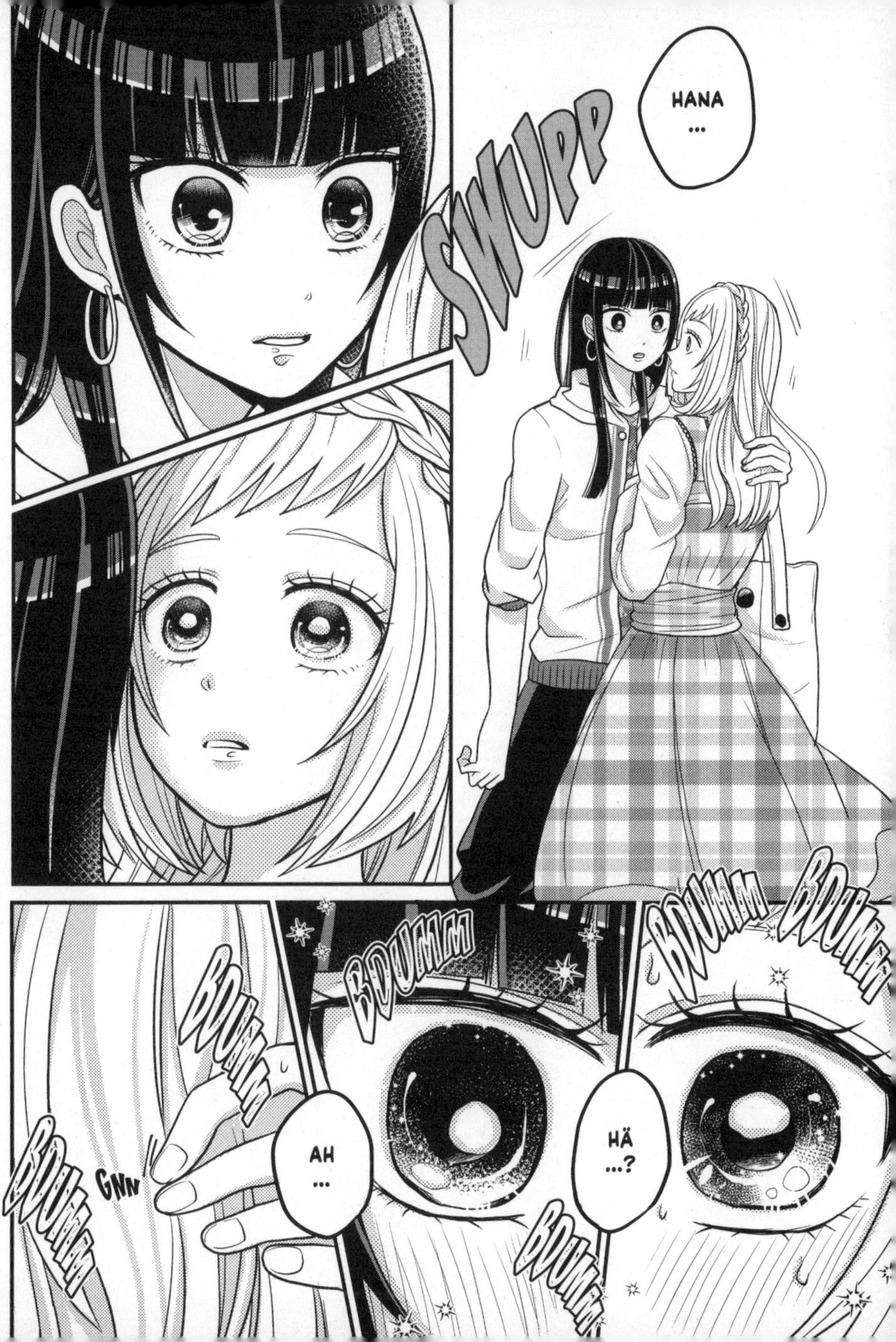
HANA
...
SWUPP
HÄ
...?
BOUMM
BOUMM
BOUMM
BOUMM
AH
...
GNN
BOUMM
BOUMM

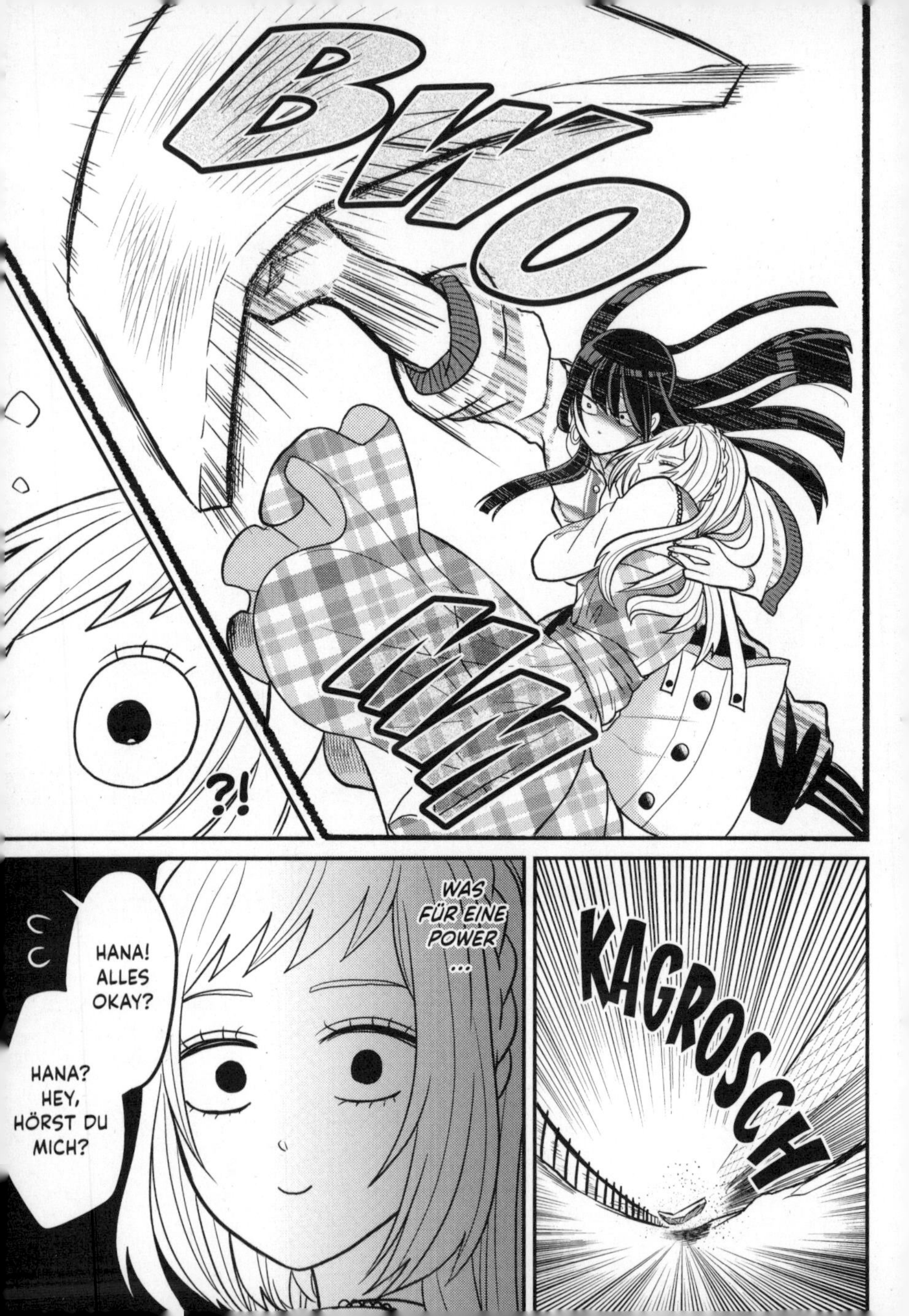
BWOO
MMM
?!
KAGROSCH
WAS FÜR EINE POWER …
HANA! ALLES OKAY?
HANA? HEY, HÖRST DU MICH?

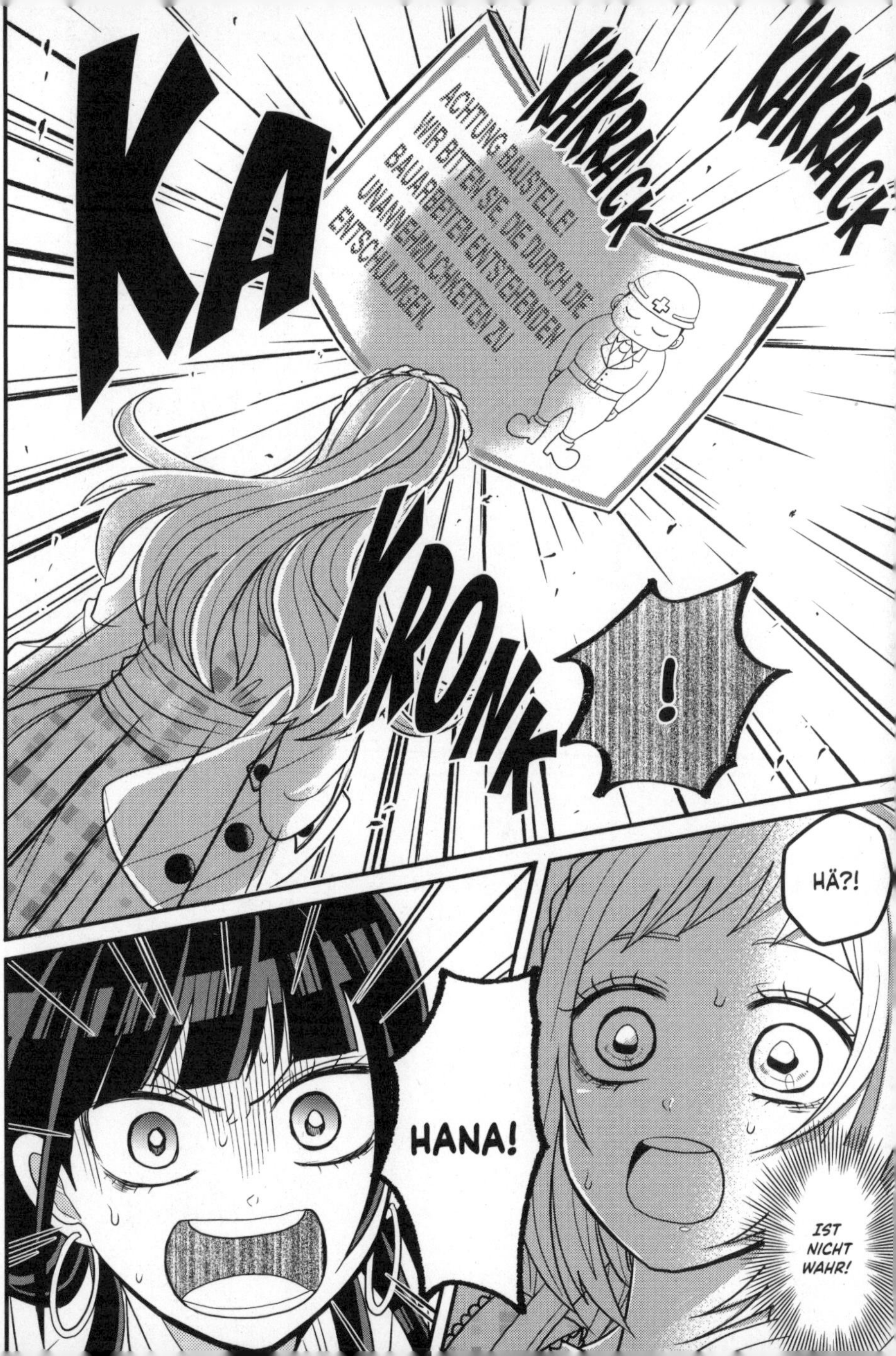
KAKRACK KAKRACK
ACHTUNG BAUSTELLE! WIR BITTEN SIE, DIE DURCH DIE BAUARBEITEN ENTSTEHENDEN UNANNEHMLICHKEITEN ZU ENTSCHULDIGEN.
KA
KRONK
!
HÄ?!
HANA!
IST NICHT WAHR!

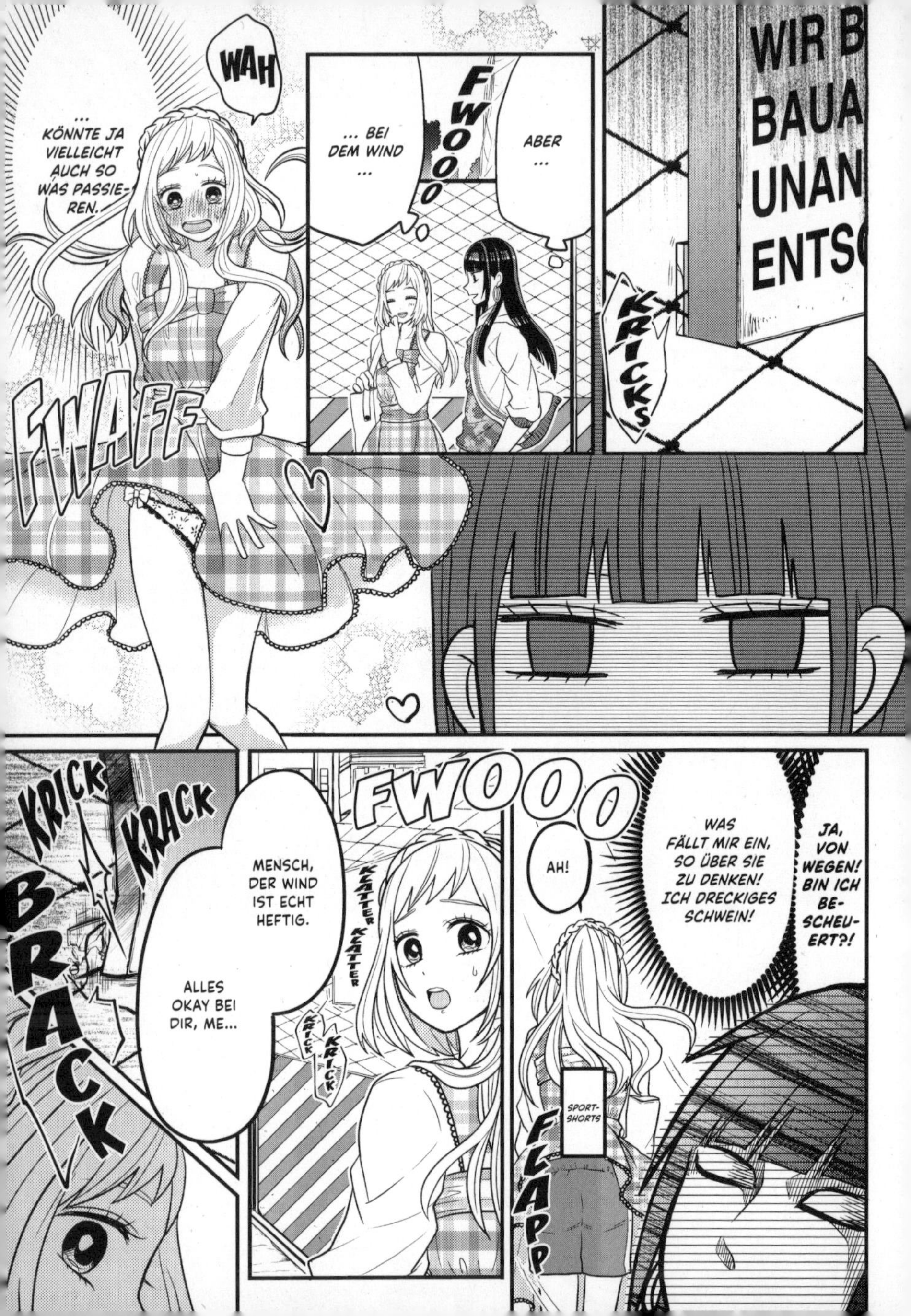
WIR B
BAUA
UNAN
ENTSC
KRICKS
ABER ...
FWOOOO
... BEI DEM WIND ...
WAH
... KÖNNTE JA VIELLEICHT AUCH SO WAS PASSIEREN.
FWAFF
JA, VON WEGEN! BIN ICH BESCHEUERT?!
WAS FÄLLT MIR EIN, SO ÜBER SIE ZU DENKEN! ICH DRECKIGES SCHWEIN!
AH!
SPORT-SHORTS
FLAPP
FWOOOO
KLATTER KLATTER
KRICK KRICK
MENSCH, DER WIND IST ECHT HEFTIG.
ALLES OKAY BEI DIR, ME...
KRICK
KRACK
BRACKO

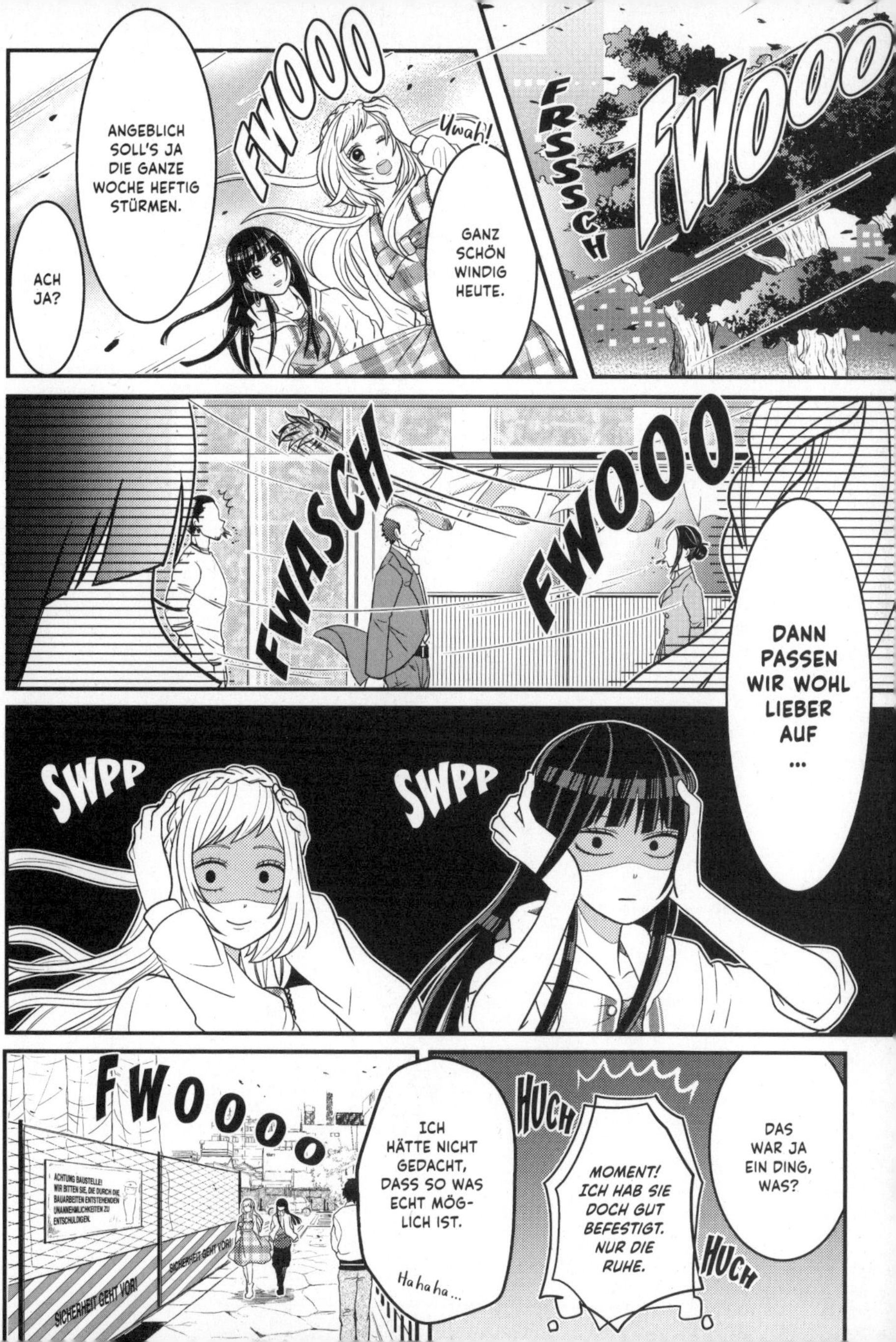
FRSSCH
FWOOO
GANZ SCHÖN WINDIG HEUTE.
Uwah!
FWOOO
ANGEBLICH SOLL'S JA DIE GANZE WOCHE HEFTIG STÜRMEN.
ACH JA?
FWOOO
FWASCH
DANN PASSEN WIR WOHL LIEBER AUF ...
SWPP
SWPP
DAS WAR JA EIN DING, WAS?
HUCH
MOMENT! ICH HAB SIE DOCH GUT BEFESTIGT. NUR DIE RUHE.
HUCH
ICH HÄTTE NICHT GEDACHT, DASS SO WAS ECHT MÖGLICH IST.
Hahaha...
FWOOOO
ACHTUNG BAUSTELLE! WIR BITTEN SIE, DIE DURCH DIE BAUARBEITEN ENTSTEHENDEN UNANNEHMLICHKEITEN ZU ENTSCHULDIGEN.
SICHERHEIT GEHT VOR!
SICHERHEIT GEHT VOR!
SICHERHEIT GEHT VOR!

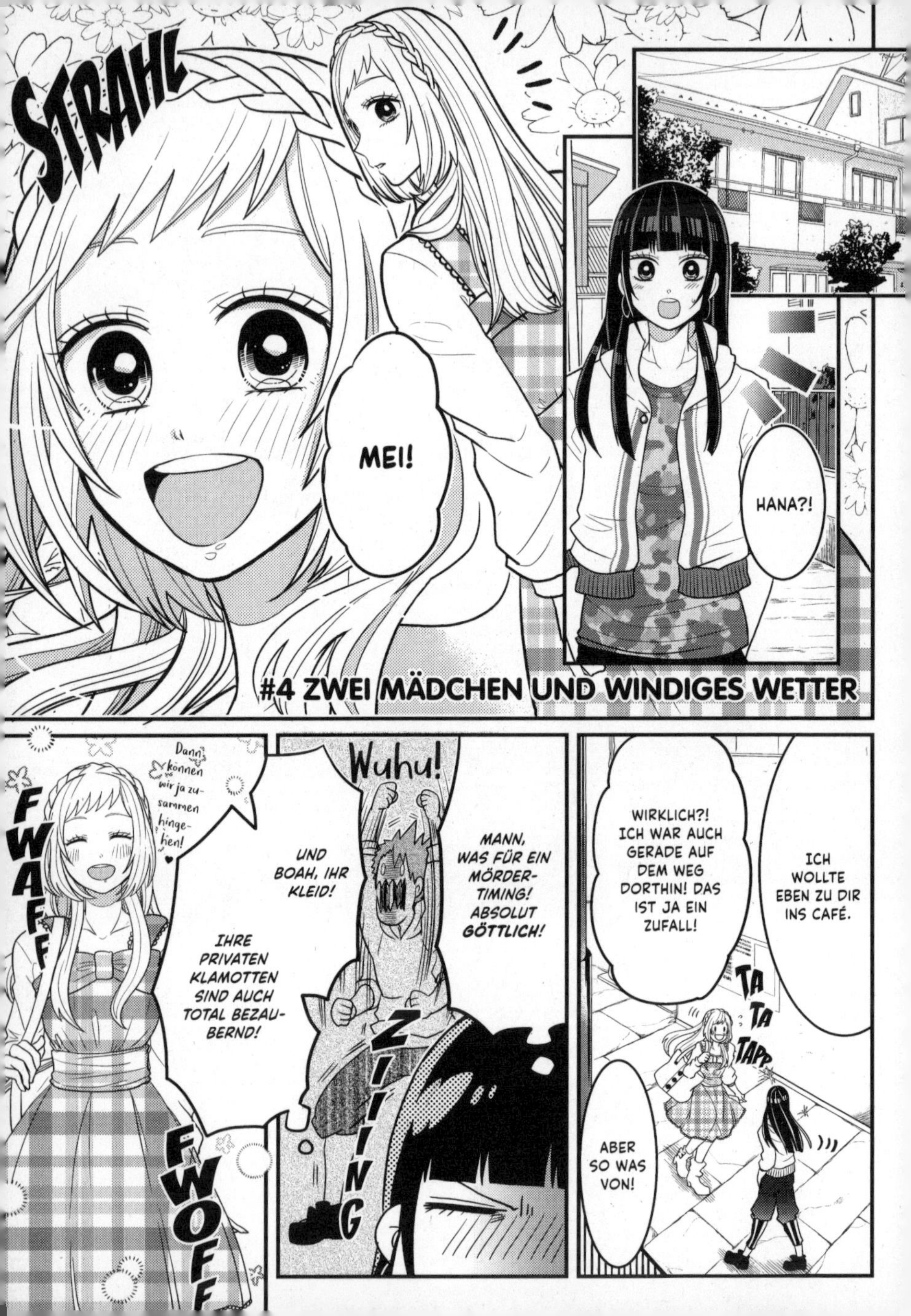
HANA?!
MEI!
STRAHL
#4 ZWEI MÄDCHEN UND WINDIGES WETTER
ICH WOLLTE EBEN ZU DIR INS CAFÉ.
WIRKLICH?! ICH WAR AUCH GERADE AUF DEM WEG DORTHIN! DAS IST JA EIN ZUFALL!
TA TA TAPP
ABER SO WAS VON!
Wuhu!
MANN, WAS FÜR EIN MÖRDER-TIMING! ABSOLUT GÖTTLICH!
UND BOAH, IHR KLEID!
IHRE PRIVATEN KLAMOTTEN SIND AUCH TOTAL BEZAUBERND!
ZIIING
Dann können wir ja zusammen hingehen!
FWAFF
FWOFF

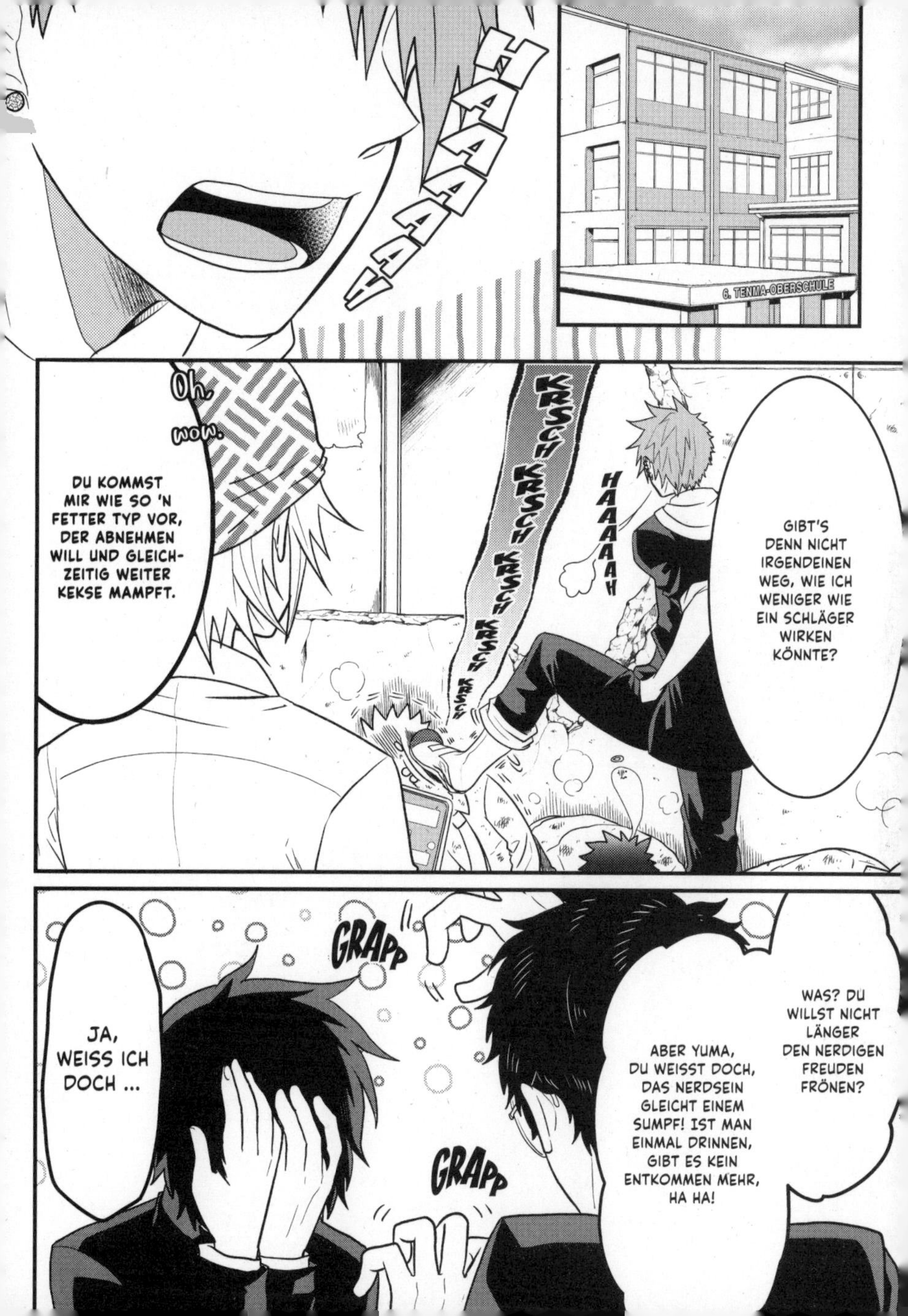
6. TENMA-OBERSCHULE
HAAAAAAAH
GIBT'S DENN NICHT IRGENDEINEN WEG, WIE ICH WENIGER WIE EIN SCHLÄGER WIRKEN KÖNNTE?
HAAAAAAH
KRSCH KRSCH KRSCH KRSCH KRSCH KRSCH
Oh. wow.
DU KOMMST MIR WIE SO 'N FETTER TYP VOR, DER ABNEHMEN WILL UND GLEICH-ZEITIG WEITER KEKSE MAMPFT.
WAS? DU WILLST NICHT LÄNGER DEN NERDIGEN FREUDEN FRÖNEN?
ABER YUMA, DU WEISST DOCH, DAS NERDSEIN GLEICHT EINEM SUMPF! IST MAN EINMAL DRINNEN, GIBT ES KEIN ENTKOMMEN MEHR, HA HA!
GRAPP
GRAPP
JA, WEISS ICH DOCH ...

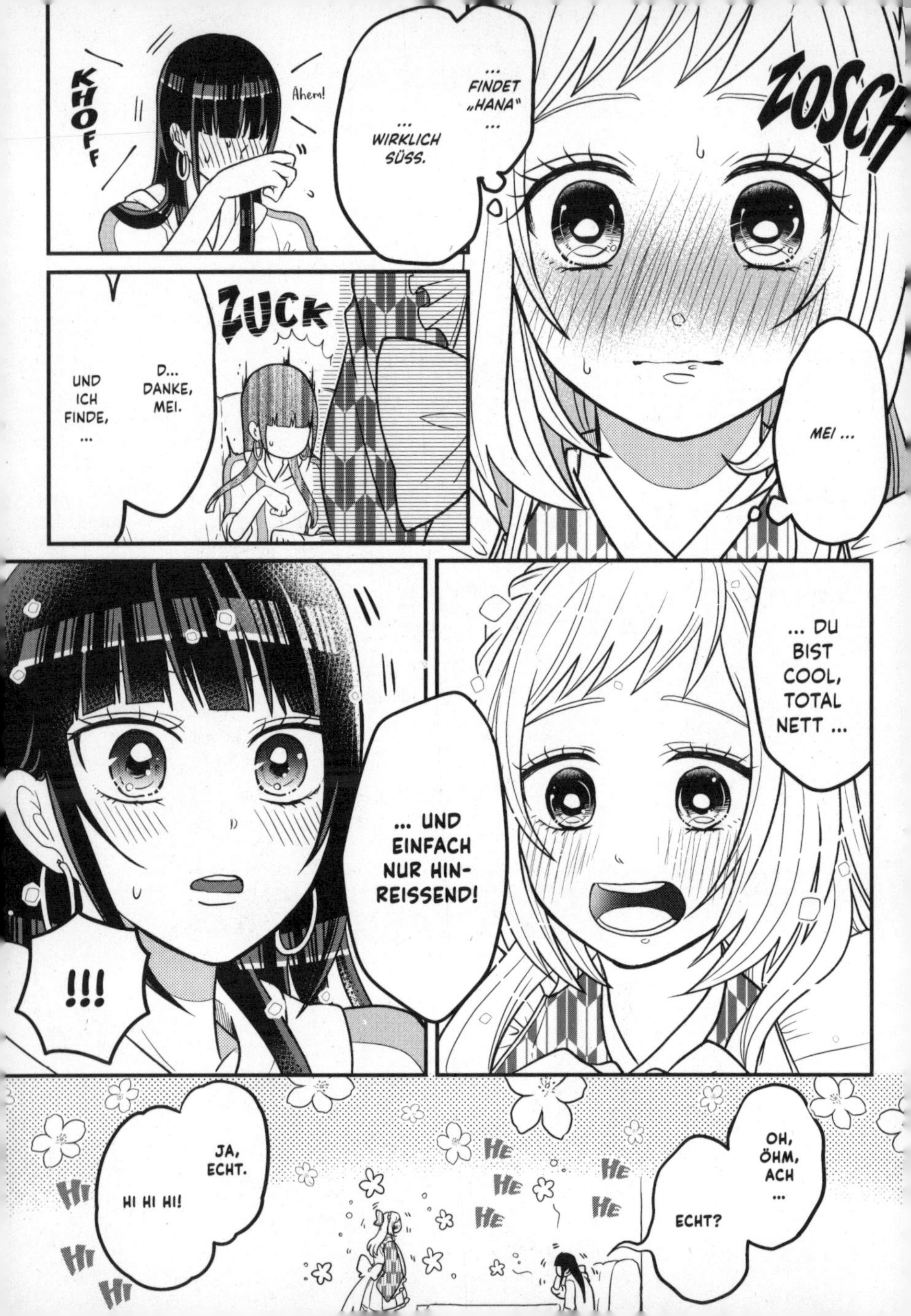
ZOSCH
... FINDET „HANA" ...
... WIRKLICH SÜSS.
KHOFF
Ahem!
MEI ...
ZUCK
D... DANKE, MEI.
UND ICH FINDE, ...
... DU BIST COOL, TOTAL NETT ...
... UND EINFACH NUR HIN-REISSEND!
!!!
OH, ÖHM, ACH ...
ECHT?
HE HE HE HE HE HE
JA, ECHT.
HI HI HI!
HI HI HI

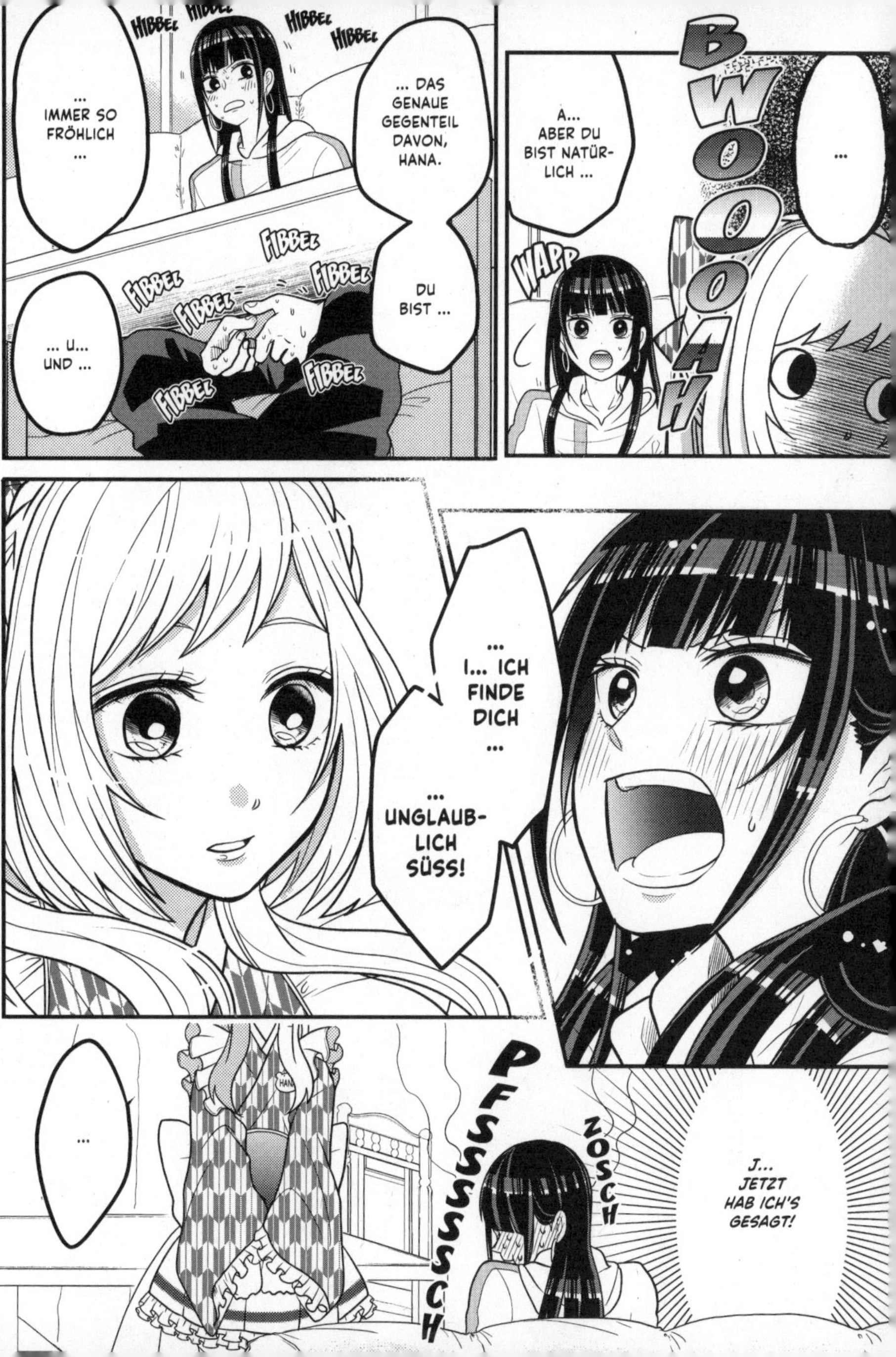
...
BWOOOOAH
A... ABER DU BIST NATÜR-LICH ...
WAPP
... DAS GENAUE GEGENTEIL DAVON, HANA.
HIBBEL HIBBEL HIBBEL HIBBEL
... IMMER SO FRÖHLICH ...
DU BIST ...
FIBBEL FIBBEL FIBBEL FIBBEL FIBBEL FIBBEL
... U... UND ...
... I... ICH FINDE DICH ...
... UNGLAUB-LICH SÜSS!
J... JETZT HAB ICH'S GESAGT!
ZOSCH
PFSSSSSSCH
HANA
...

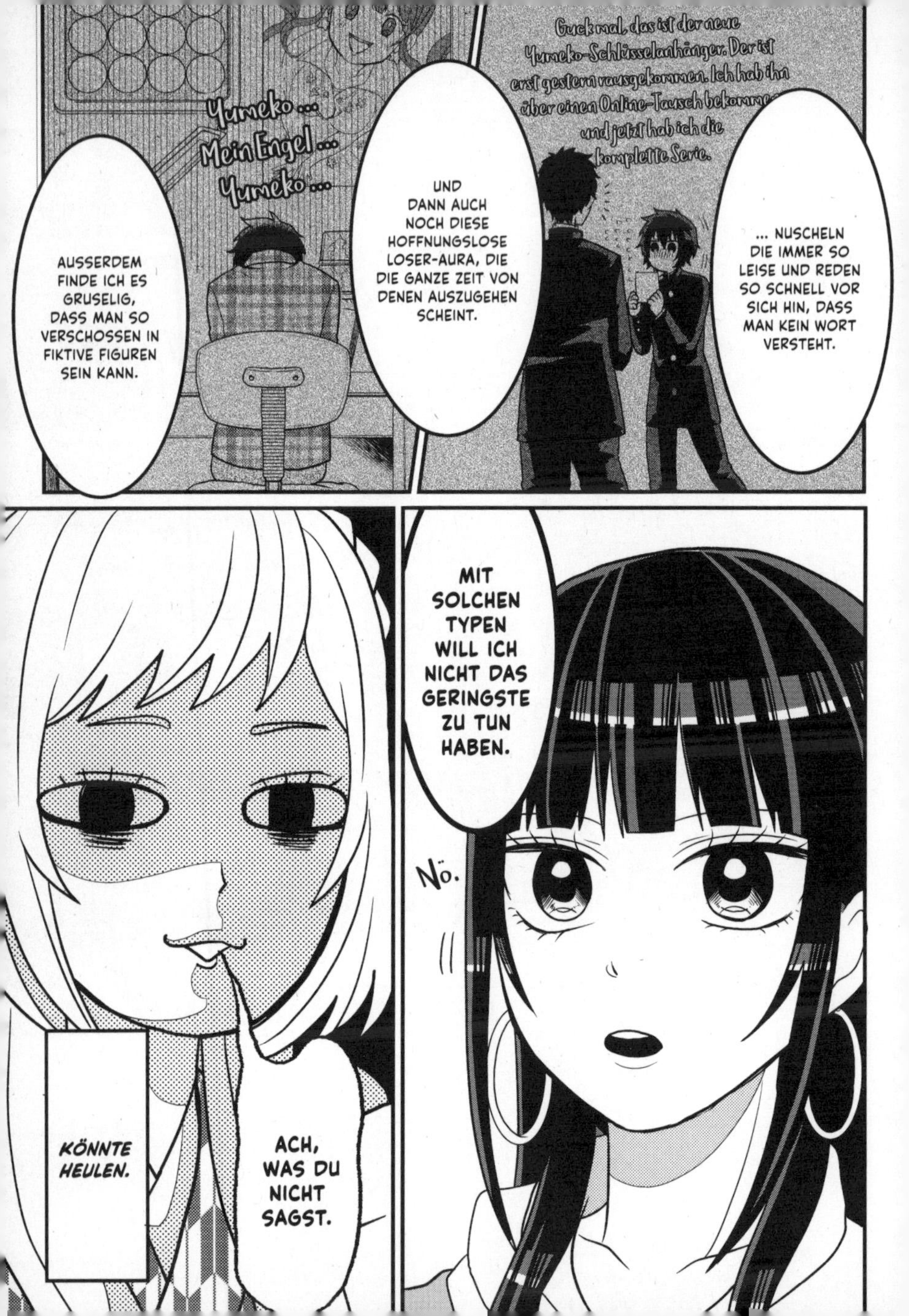
Guck mal, das ist der neue Yumeko-Schlüsselanhänger. Der ist erst gestern rausgekommen. Ich hab ihn über einen Online-Tausch bekomme
und jetzt hab ich die komplette Serie.
... NUSCHELN DIE IMMER SO LEISE UND REDEN SO SCHNELL VOR SICH HIN, DASS MAN KEIN WORT VERSTEHT.
UND DANN AUCH NOCH DIESE HOFFNUNGSLOSE LOSER-AURA, DIE DIE GANZE ZEIT VON DENEN AUSZUGEHEN SCHEINT.
Yumeko ... Mein Engel ... Yumeko ...
AUSSERDEM FINDE ICH ES GRUSELIG, DASS MAN SO VERSCHOSSEN IN FIKTIVE FIGUREN SEIN KANN.
MIT SOLCHEN TYPEN WILL ICH NICHT DAS GERINGSTE ZU TUN HABEN.
Nö.
ACH, WAS DU NICHT SAGST.
KÖNNTE HEULEN.

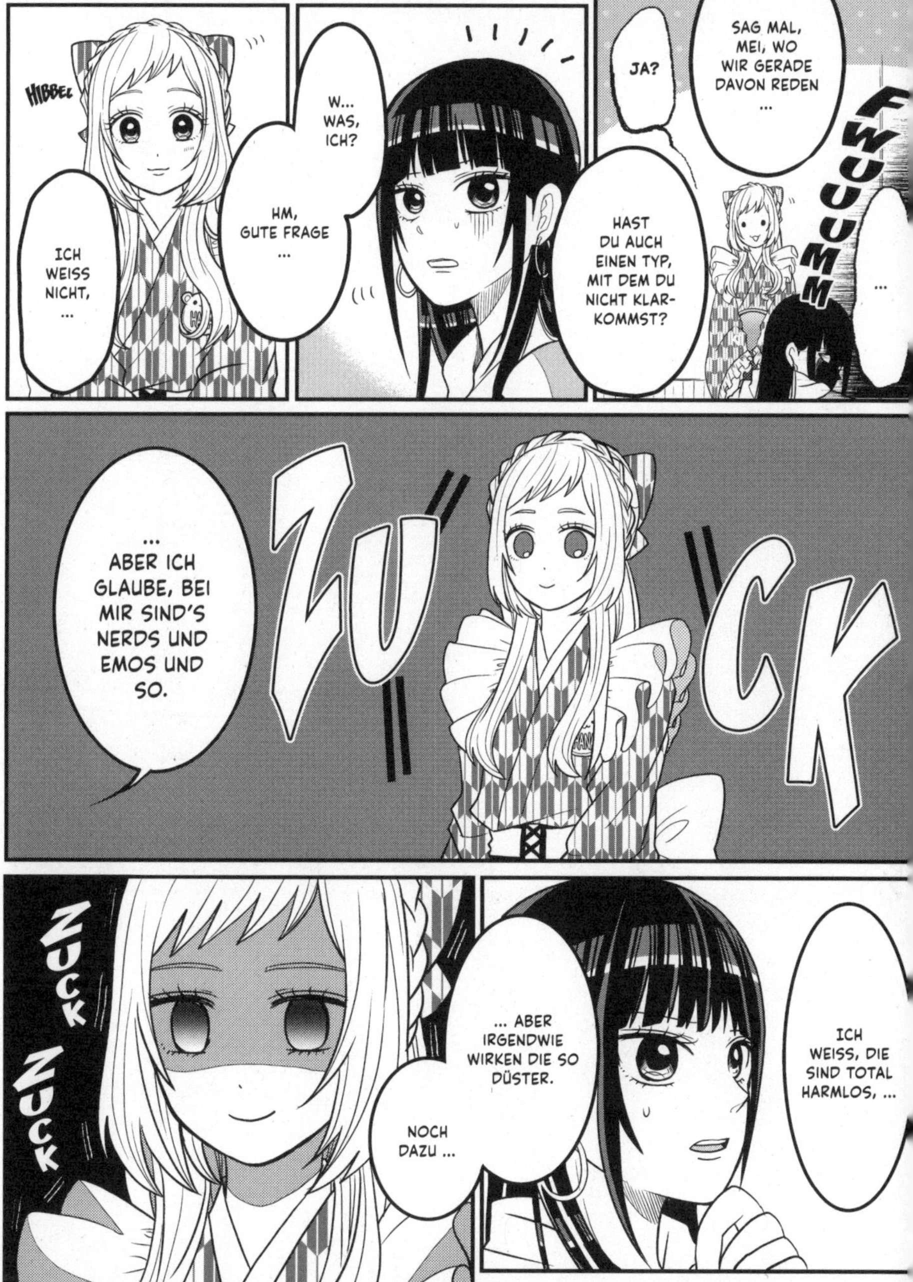
SAG MAL, MEI, WO WIR GERADE DAVON REDEN ...
JA?
FWUUUMM
HAST DU AUCH EINEN TYP, MIT DEM DU NICHT KLAR-KOMMST?
...
W... WAS, ICH?
HM, GUTE FRAGE ...
HIBBEL
ICH WEISS NICHT, ...
... ABER ICH GLAUBE, BEI MIR SIND'S NERDS UND EMOS UND SO.
ZUCK
ICH WEISS, DIE SIND TOTAL HARMLOS, ...
... ABER IRGENDWIE WIRKEN DIE SO DÜSTER.
NOCH DAZU ...
ZUCK
ZUCK

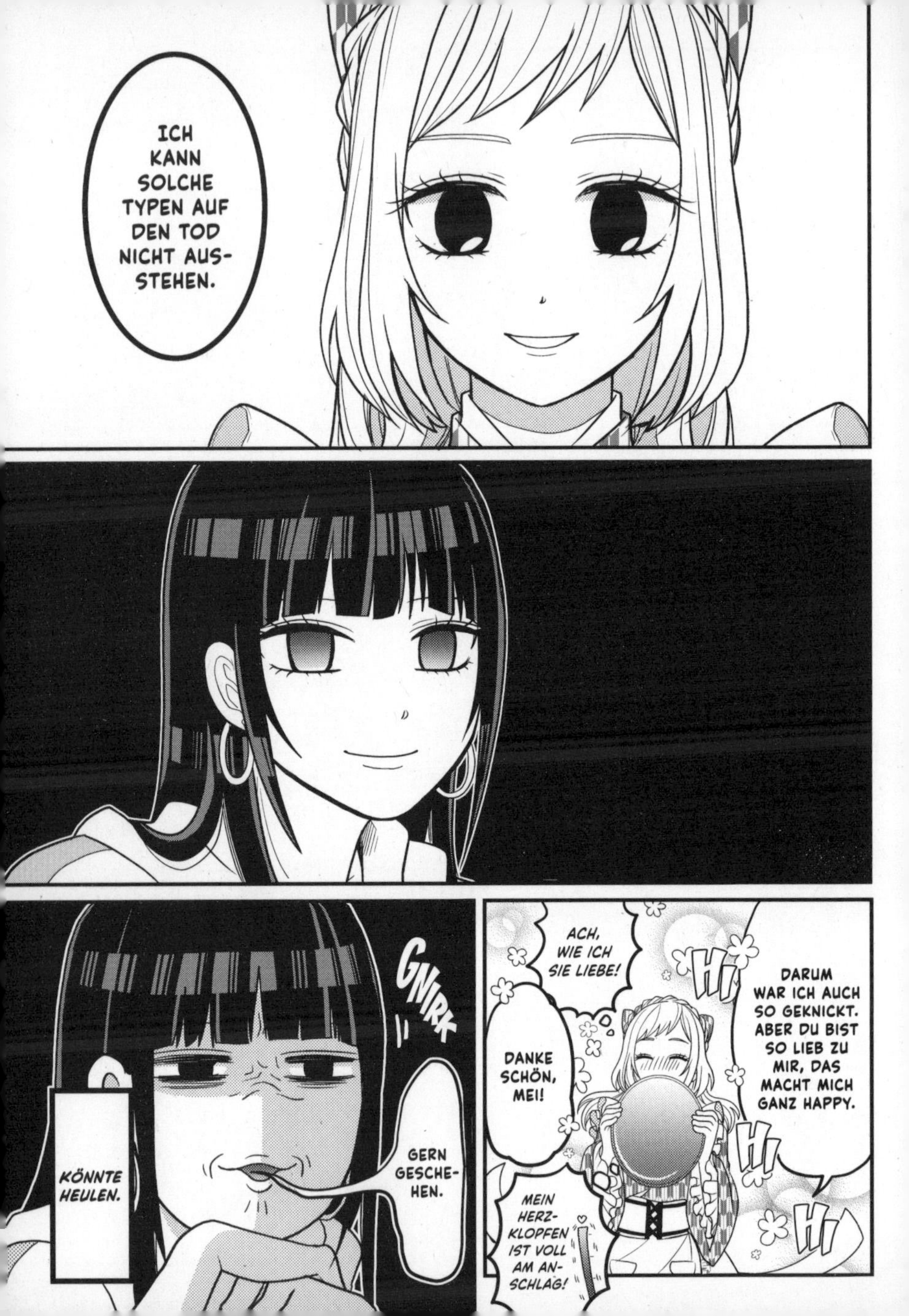

ICH KANN SOLCHE TYPEN AUF DEN TOD NICHT AUS-STEHEN.
DARUM WAR ICH AUCH SO GEKNICKT. ABER DU BIST SO LIEB ZU MIR, DAS MACHT MICH GANZ HAPPY.
HI
HI
HI
ACH, WIE ICH SIE LIEBE!
DANKE SCHÖN, MEI!
MEIN HERZ-KLOPFEN IST VOLL AM AN-SCHLAG!
GNIRK
GERN GESCHE-HEN.
KÖNNTE HEULEN.

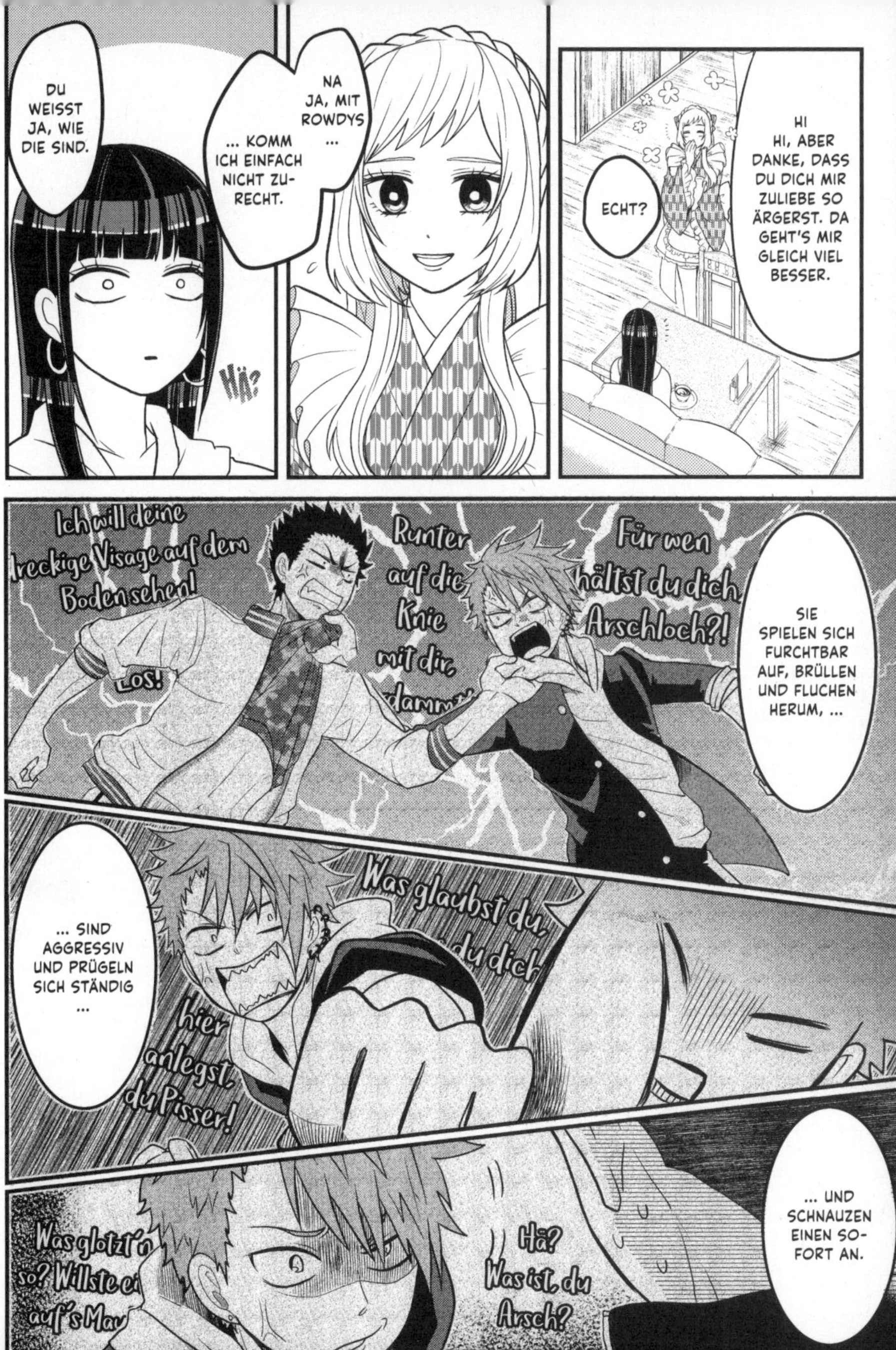
HI HI, ABER DANKE, DASS DU DICH MIR ZULIEBE SO ÄRGERST. DA GEHT'S MIR GLEICH VIEL BESSER.
ECHT?
NA JA, MIT ROWDYS ...
... KOMM ICH EINFACH NICHT ZURECHT.
DU WEISST JA, WIE DIE SIND.
HÄ?
SIE SPIELEN SICH FURCHTBAR AUF, BRÜLLEN UND FLUCHEN HERUM, ...
Für wen hältst du dich, Arschloch?!
Runter auf die Knie mit dir,
Ich will deine dreckige Visage auf dem Boden sehen!
Los!
... SIND AGGRESSIV UND PRÜGELN SICH STÄNDIG ...
Was glaubst du, du dich hier anlegst, du Pisser!
... UND SCHNAUZEN EINEN SOFORT AN.
Hä? Was ist, du Arsch?
Was glotzt'n so? Willste ei auf's Mau

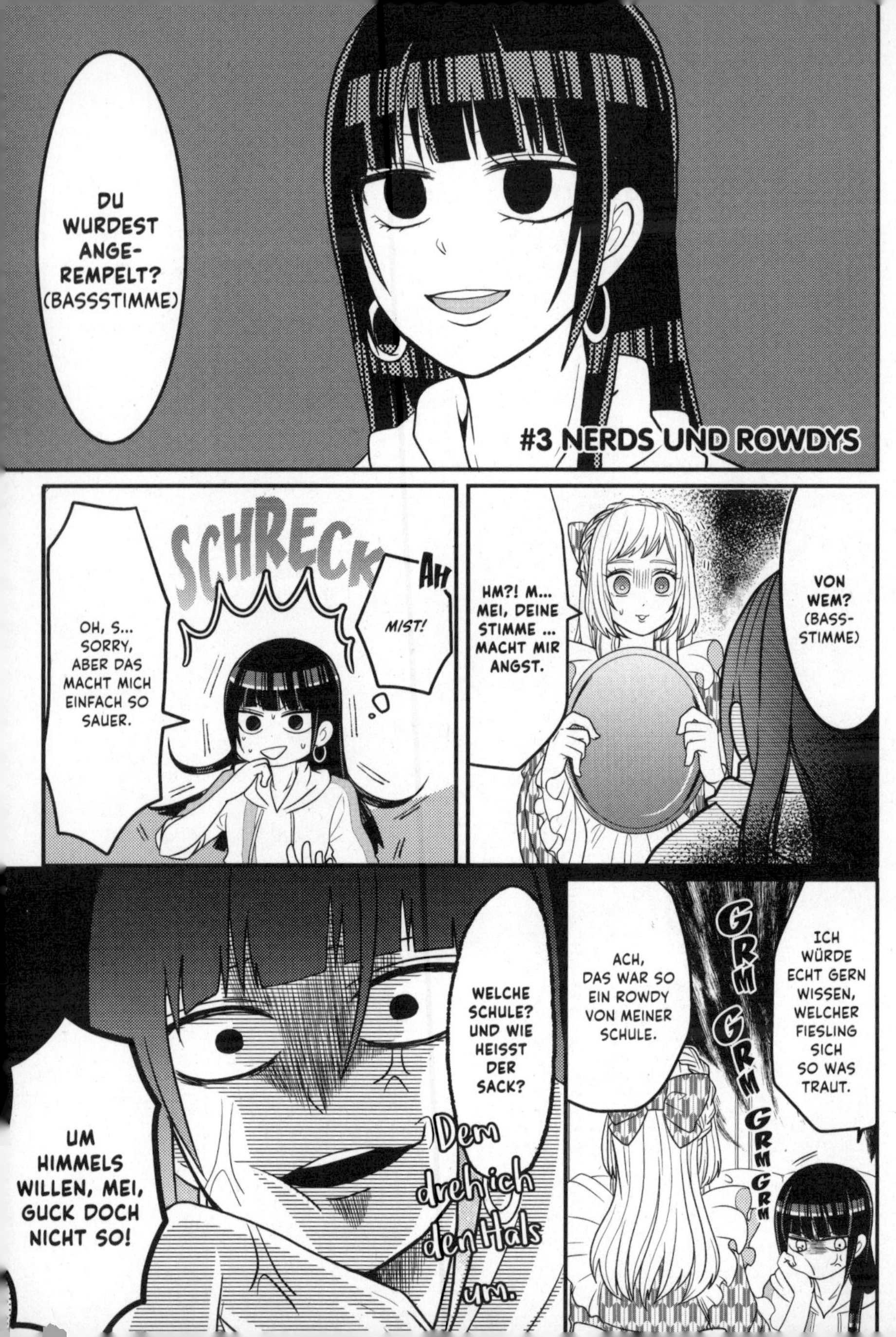
DU WURDEST ANGE-REMPELT? (BASSSTIMME)
#3 NERDS UND ROWDYS
VON WEM? (BASS-STIMME)
HM?! M... MEI, DEINE STIMME ... MACHT MIR ANGST.
AH
MIST!
SCHRECK
OH, S... SORRY, ABER DAS MACHT MICH EINFACH SO SAUER.
ICH WÜRDE ECHT GERN WISSEN, WELCHER FIESLING SICH SO WAS TRAUT.
GRM GRM GRM GRM GRM
ACH, DAS WAR SO EIN ROWDY VON MEINER SCHULE.
WELCHE SCHULE? UND WIE HEISST DER SACK?
Dem dreh ich den Hals um.
UM HIMMELS WILLEN, MEI, GUCK DOCH NICHT SO!

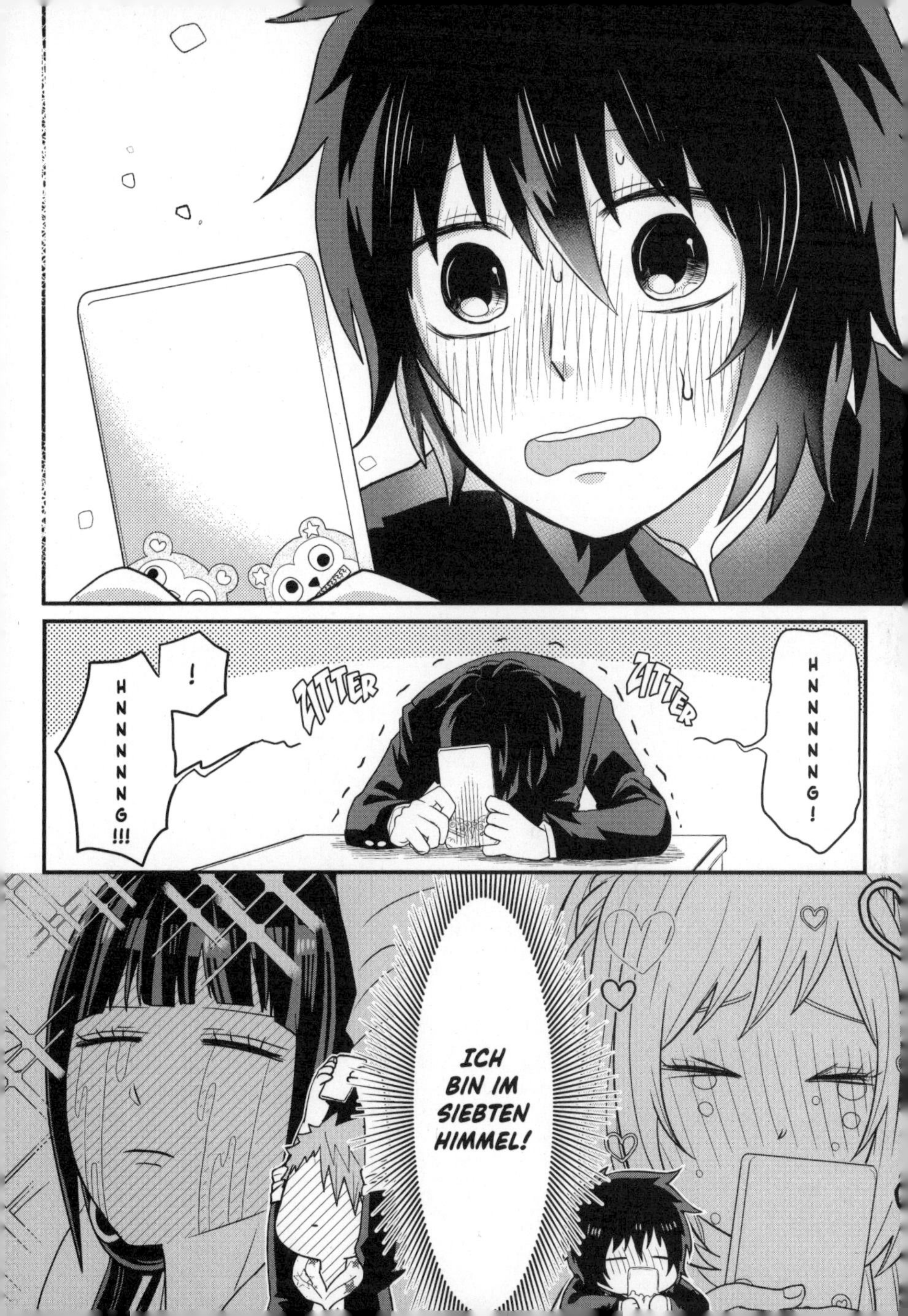
HNNNNNNG!
ZITTER
ZITTER
!
HNNNNNNG!!!
ICH BIN IM SIEBTEN HIMMEL!

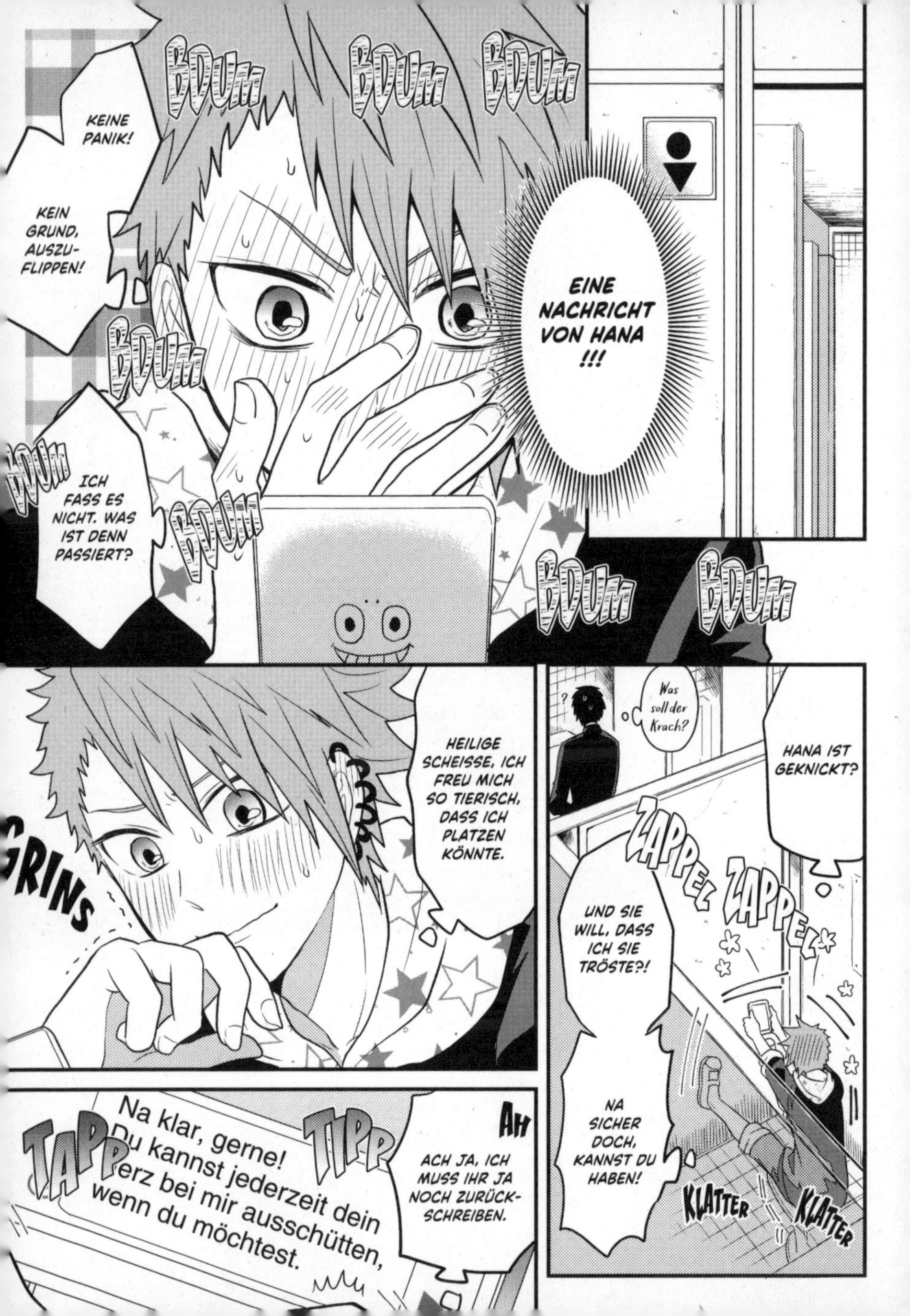
BDUM BDUM BDUM
EINE NACHRICHT VON HANA !!!
KEINE PANIK!
KEIN GRUND, AUSZUFLIPPEN!
BDUM
BDUM BDUM
ICH FASS ES NICHT. WAS IST DENN PASSIERT?
BDUM BDUM
Was soll der Krach?
HANA IST GEKNICKT?
ZAPPEL ZAPPEL
UND SIE WILL, DASS ICH SIE TRÖSTE?!
NA SICHER DOCH, KANNST DU HABEN!
KLATTER KLATTER
HEILIGE SCHEISSE, ICH FREU MICH SO TIERISCH, DASS ICH PLATZEN KÖNNTE.
GRINS
AH
ACH JA, ICH MUSS IHR JA NOCH ZURÜCKSCHREIBEN.
TIPP
TAPP
Na klar, gerne!
Du kannst jederzeit dein
erz bei mir ausschütten,
wenn du möchtest.

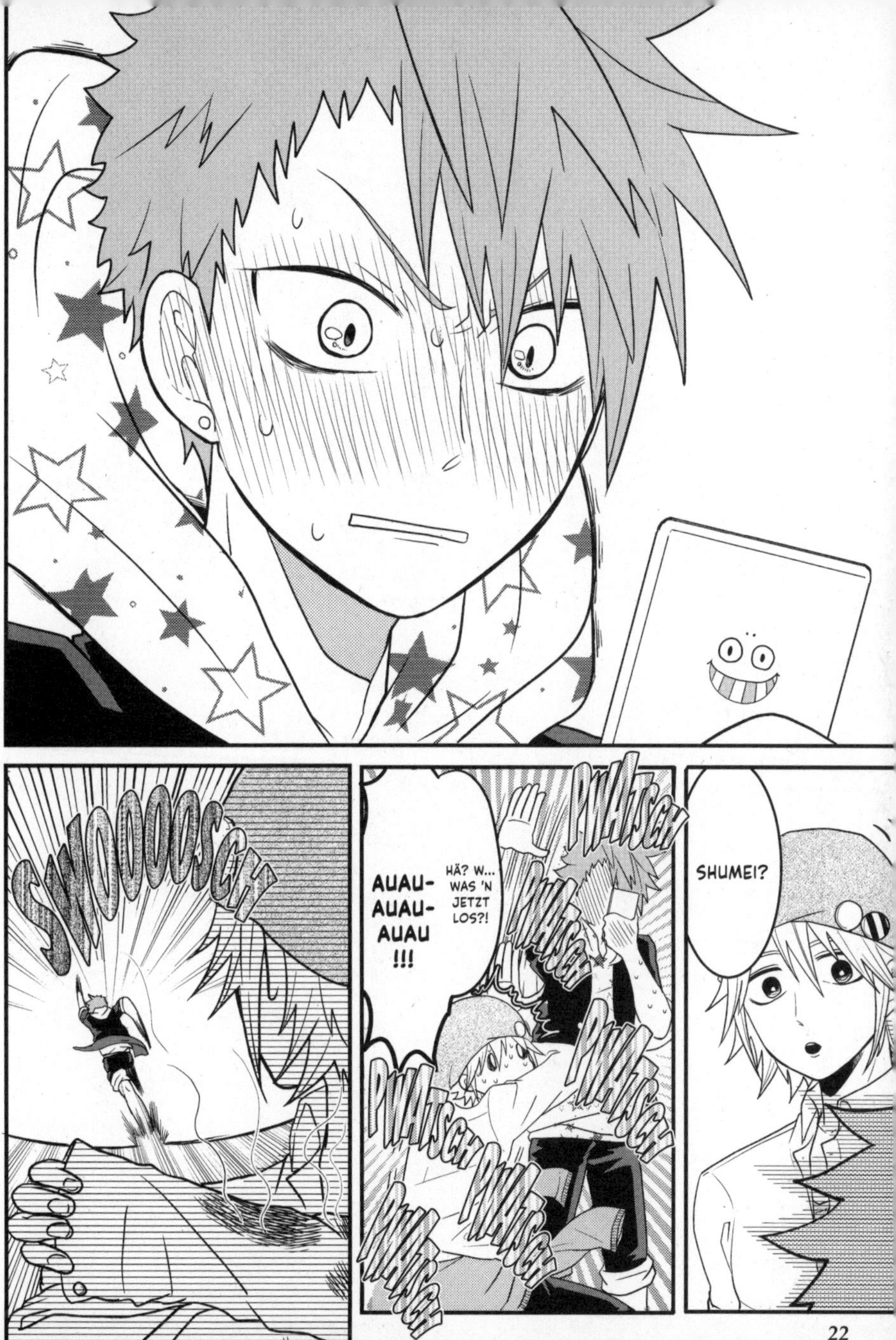
SHUMEI?
HÄ? W... WAS 'N JETZT LOS?!
AUAU-AUAU-AUAU !!!
PWATSCH
SWOOOOSCH

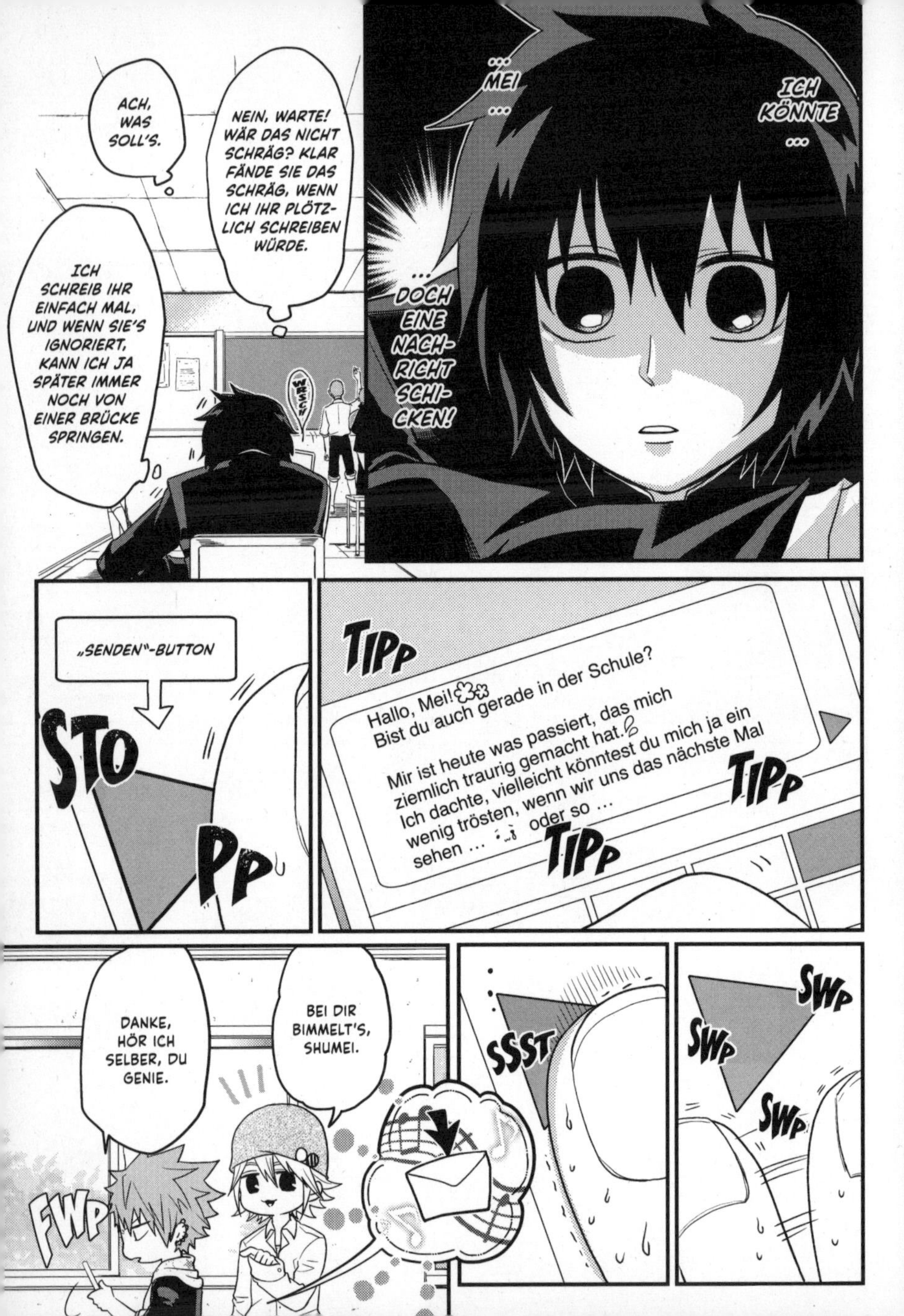
… Mei …
Ich könnte …
… doch eine Nachricht schicken!
Nein, warte! Wär das nicht schräg? Klar fände sie das schräg, wenn ich ihr plötzlich schreiben würde.
Ach, was soll's.
Ich schreib ihr einfach mal, und wenn sie's ignoriert, kann ich ja später immer noch von einer Brücke springen.
WRSCH
TIPP
Hallo, Mei!
Bist du auch gerade in der Schule?
Mir ist heute was passiert, das mich ziemlich traurig gemacht hat.
Ich dachte, vielleicht könntest du mich ja ein wenig trösten, wenn wir uns das nächste Mal sehen … oder so …
TIPP
TIPP
„Senden"-Button
STOPP
SWP
SWP
SWP
SSST
Bei dir bimmelt's, Shumei.
Danke, hör ich selber, du Genie.
FWP

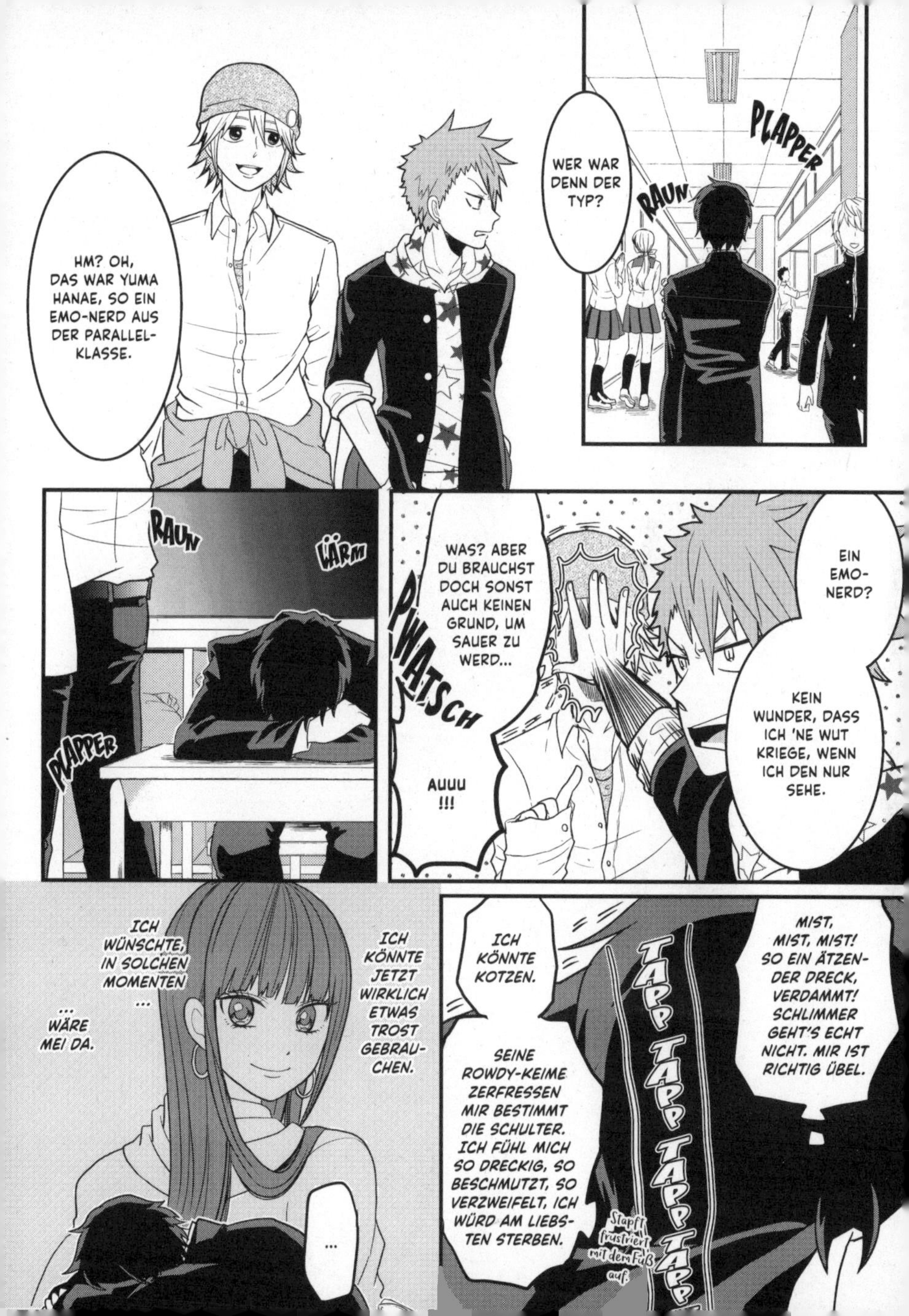
PLAPPER
RAUN
WER WAR DENN DER TYP?
HM? OH, DAS WAR YUMA HANAE, SO EIN EMO-NERD AUS DER PARALLEL-KLASSE.
EIN EMO-NERD?
KEIN WUNDER, DASS ICH 'NE WUT KRIEGE, WENN ICH DEN NUR SEHE.
WAS? ABER DU BRAUCHST DOCH SONST AUCH KEINEN GRUND, UM SAUER ZU WERD...
PWATSCH
AUUU !!!
RAUN
LÄRM
PLAPPER
MIST, MIST, MIST! SO EIN ÄTZENDER DRECK, VERDAMMT! SCHLIMMER GEHT'S ECHT NICHT. MIR IST RICHTIG ÜBEL.
ICH KÖNNTE KOTZEN.
SEINE ROWDY-KEIME ZERFRESSEN MIR BESTIMMT DIE SCHULTER. ICH FÜHL MICH SO DRECKIG, SO BESCHMUTZT, SO VERZWEIFELT, ICH WÜRD AM LIEBSTEN STERBEN.
TAPP TAPP TAPP TAPP
Stapft frustriert mit dem Fuß auf.
ICH KÖNNTE JETZT WIRKLICH ETWAS TROST GEBRAUCHEN.
ICH WÜNSCHTE, IN SOLCHEN MOMENTEN ...
... WÄRE MEI DA.
...

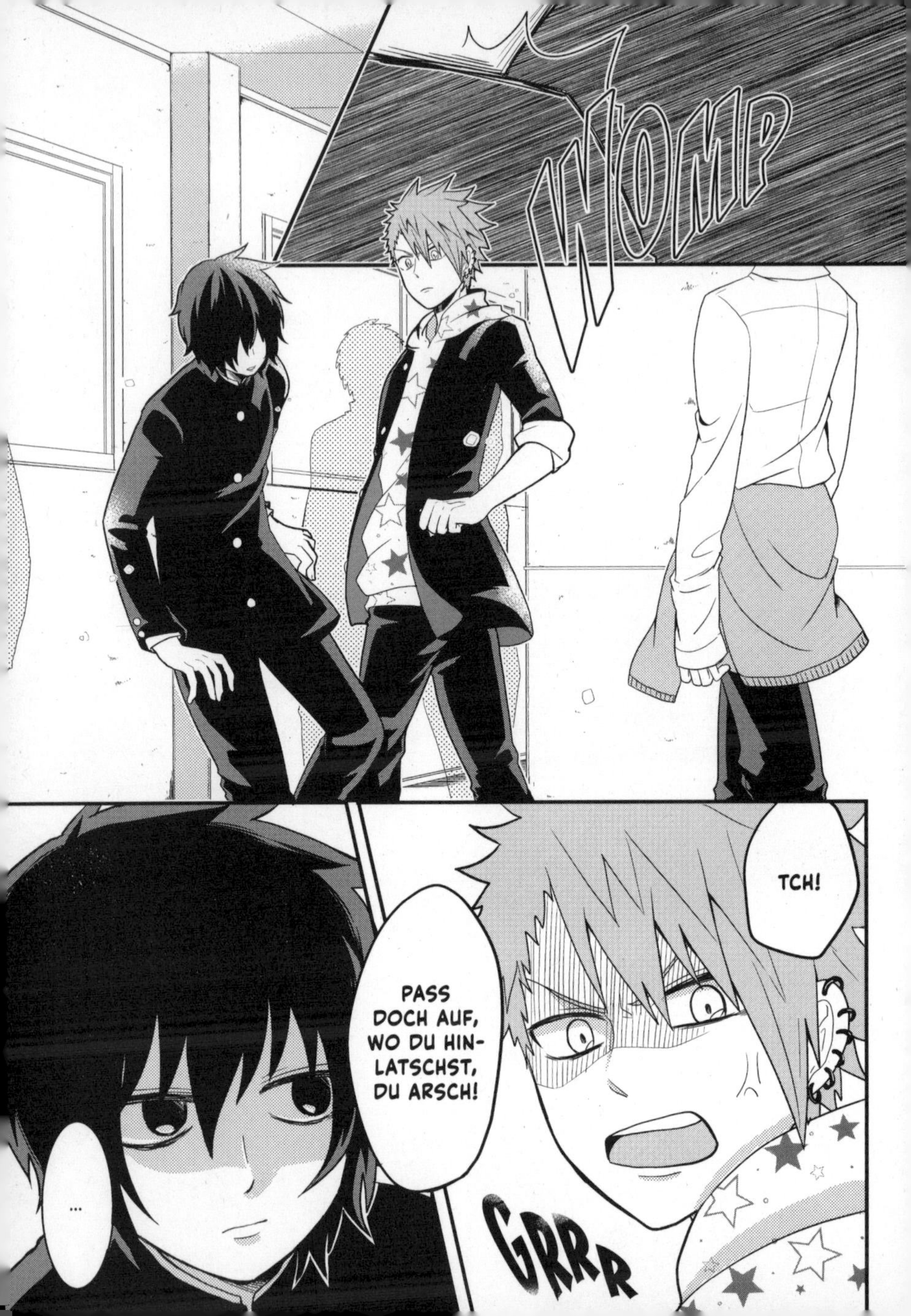
WOMP
TCH!
PASS DOCH AUF, WO DU HIN-LATSCHST, DU ARSCH!
GRRR
...

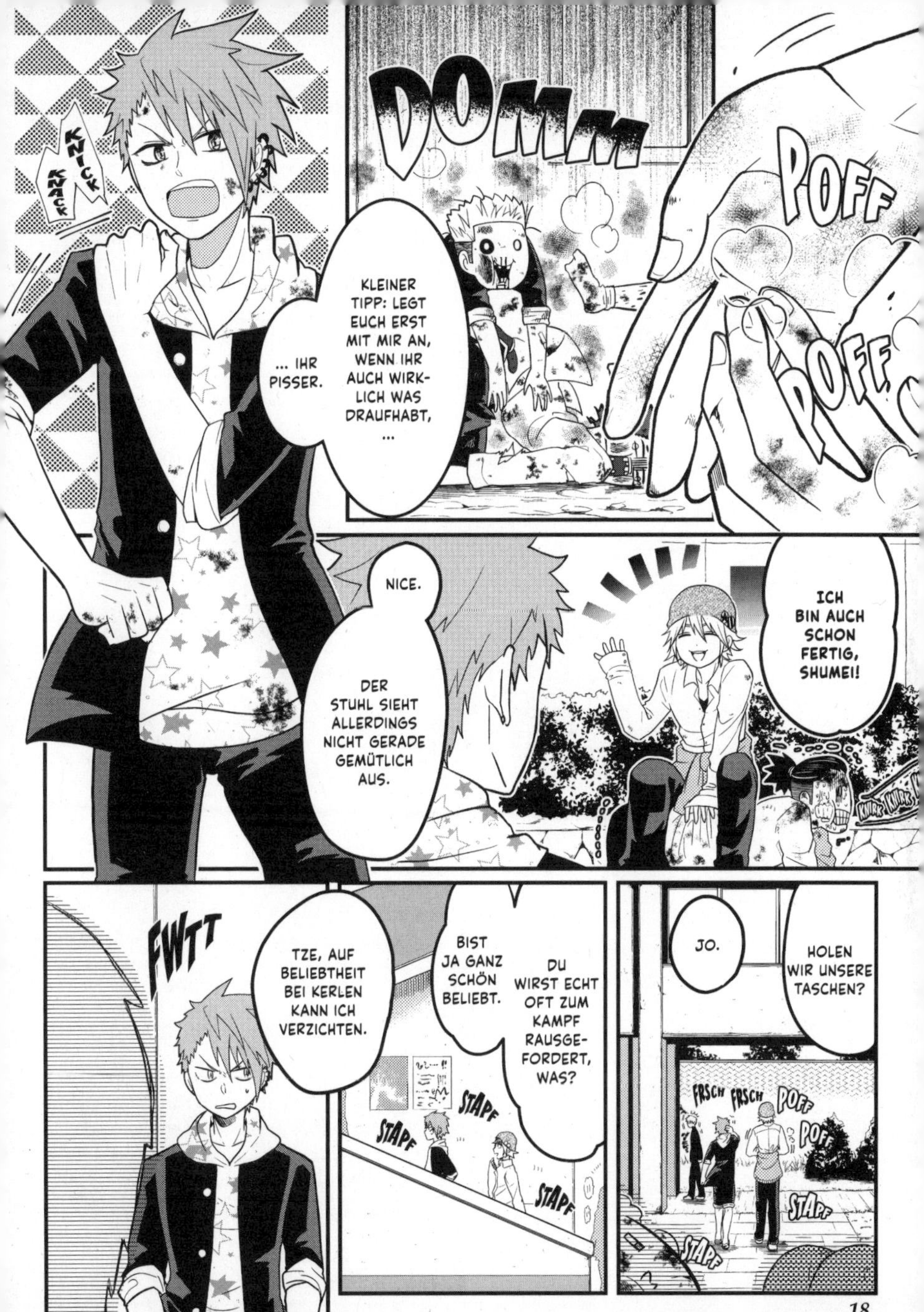
DOMM
POFF
POFF
KLEINER TIPP: LEGT EUCH ERST MIT MIR AN, WENN IHR AUCH WIRKLICH WAS DRAUFHABT, ...
... IHR PISSER.
KNICK
KNACK
ICH BIN AUCH SCHON FERTIG, SHUMEI!
NICE.
DER STUHL SIEHT ALLERDINGS NICHT GERADE GEMÜTLICH AUS.
KNIRK KNIRK
HOLEN WIR UNSERE TASCHEN?
JO.
FRSCH FRSCH POFF POFF
STAPF STAPF
BIST JA GANZ SCHÖN BELIEBT.
DU WIRST ECHT OFT ZUM KAMPF RAUSGEFORDERT, WAS?
STAPF STAPF STAPF
FWTT
TZE, AUF BELIEBTHEIT BEI KERLEN KANN ICH VERZICHTEN.

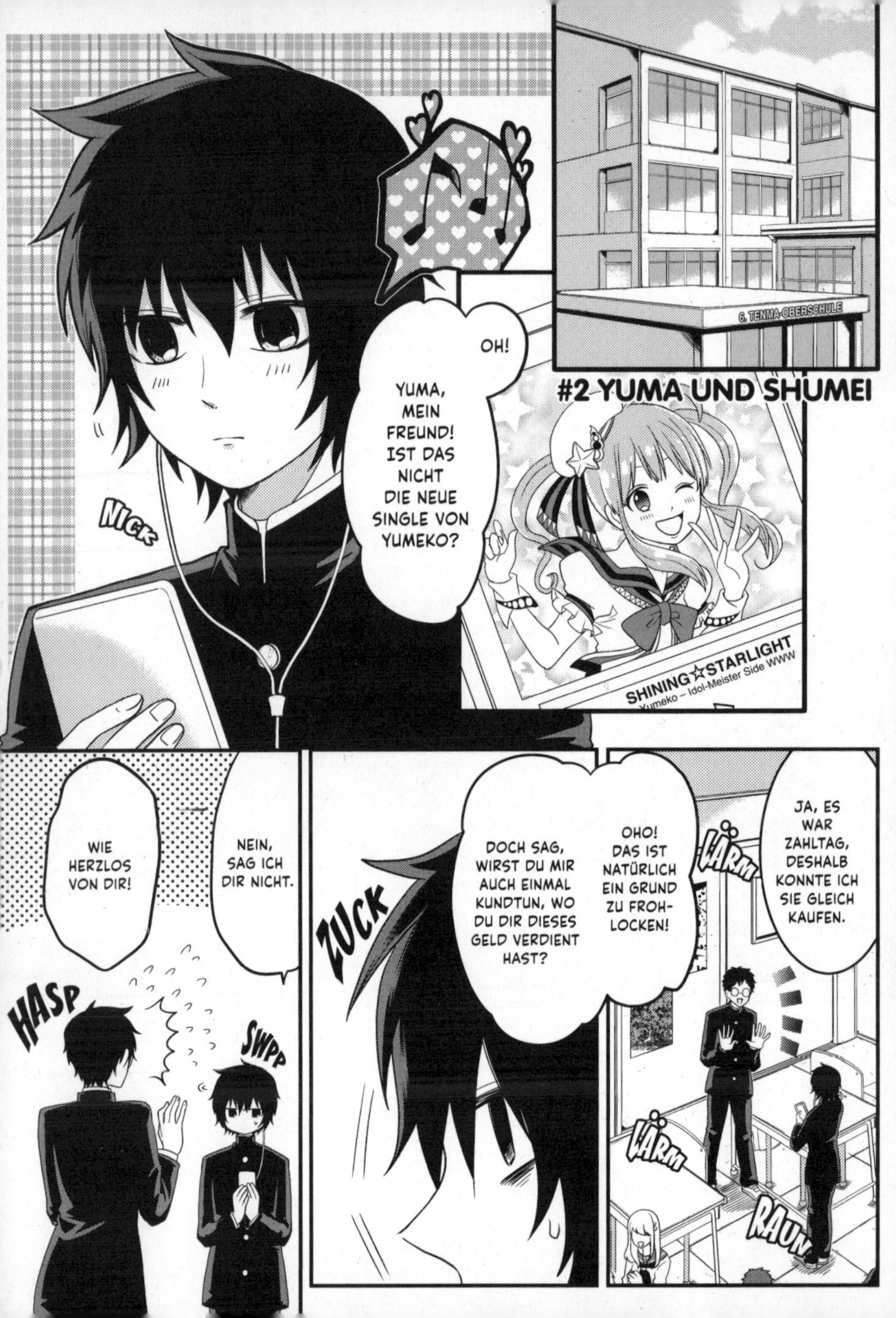
6. TENMA-OBERSCHULE
#2 YUMA UND SHUMEI
SHINING☆STARLIGHT
Yumeko – Idol-Meister Side WWW
OH!
YUMA, MEIN FREUND! IST DAS NICHT DIE NEUE SINGLE VON YUMEKO?
NICK
JA, ES WAR ZAHLTAG, DESHALB KONNTE ICH SIE GLEICH KAUFEN.
LÄRM
OHO! DAS IST NATÜRLICH EIN GRUND ZU FROH-LOCKEN!
LÄRM
RAUN
DOCH SAG, WIRST DU MIR AUCH EINMAL KUNDTUN, WO DU DIR DIESES GELD VERDIENT HAST?
ZUCK
NEIN, SAG ICH DIR NICHT.
WIE HERZLOS VON DIR!
HASP
SWPP

Shumei Satogiri

Geburtstag: 18.12.

Blutgruppe B

Größe: 1,68 m

11. Klasse

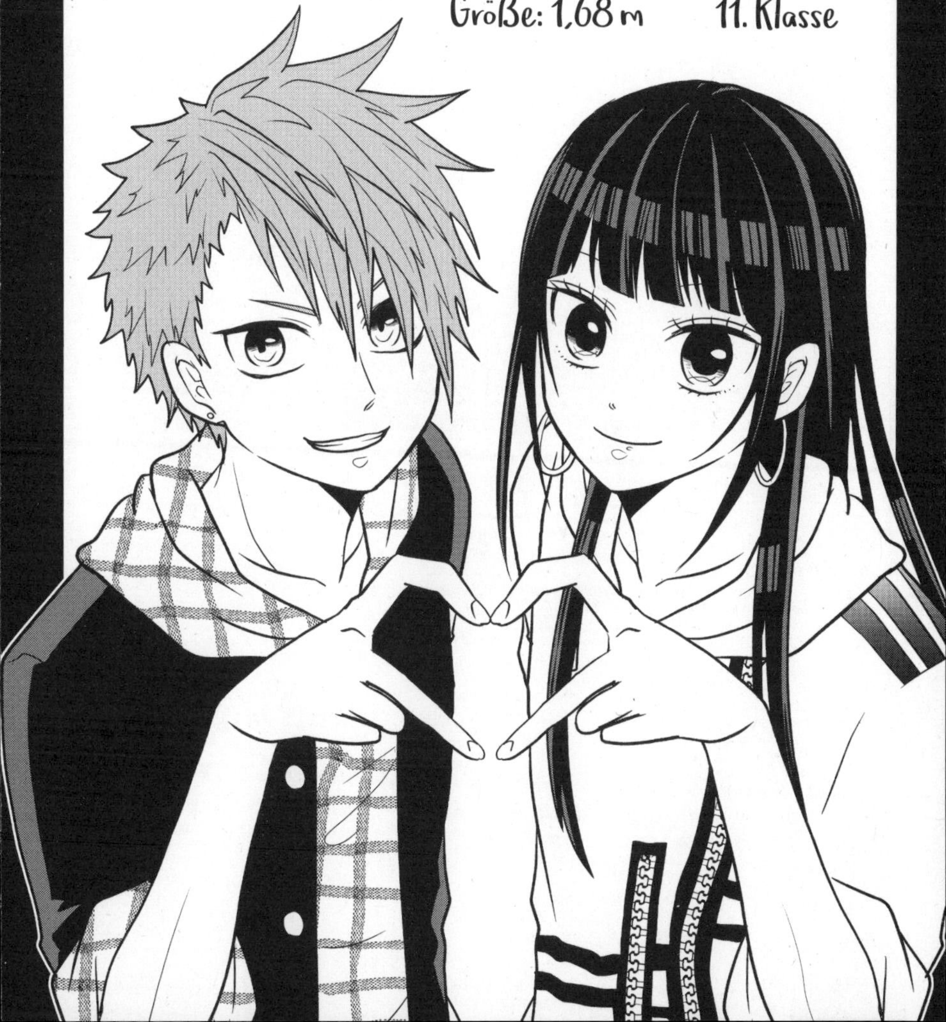

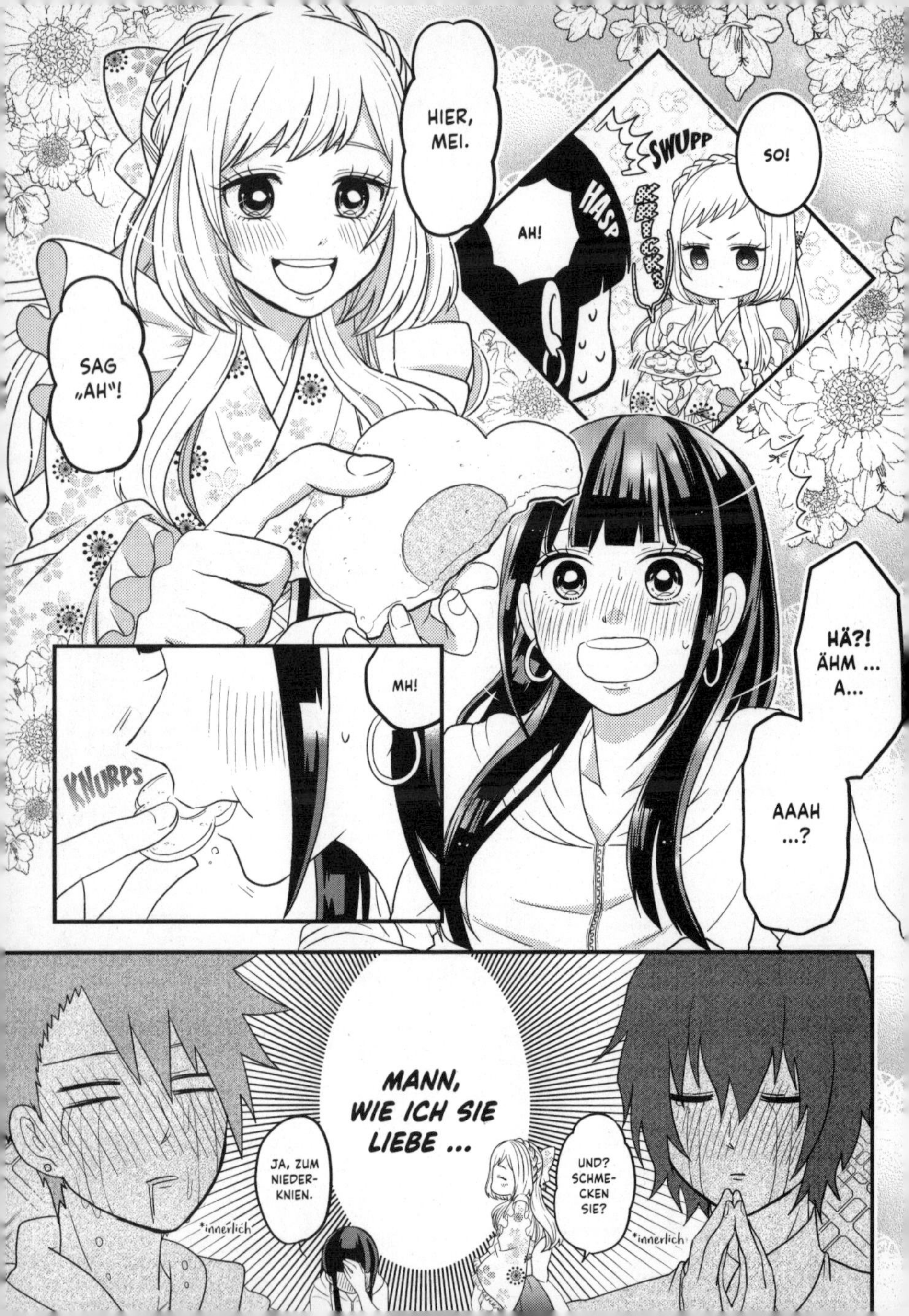
HIER, MEI.
SAG „AH"!
SO!
SWUPP
HASP
AH!
HÄ?! ÄHM ... A...
AAAH ...?
MH!
KNURPS
UND? SCHMECKEN SIE?
MANN, WIE ICH SIE LIEBE ...
JA, ZUM NIEDERKNIEN.
*innerlich
*innerlich

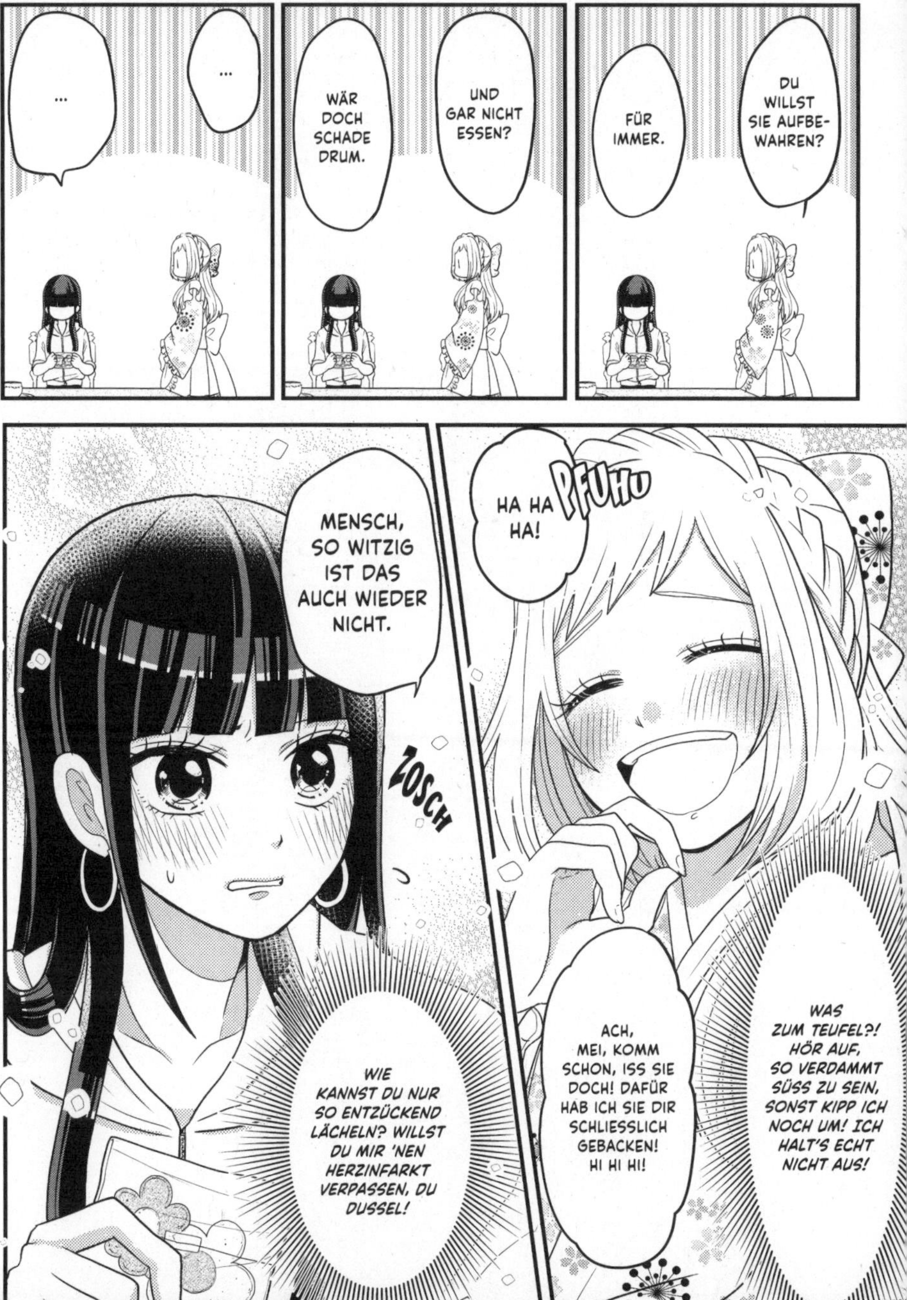
DU WILLST SIE AUFBE-WAHREN?
FÜR IMMER.
UND GAR NICHT ESSEN?
WÄR DOCH SCHADE DRUM.
...
...
HA HA HA!
PFUHU
WAS ZUM TEUFEL?! HÖR AUF, SO VERDAMMT SÜSS ZU SEIN, SONST KIPP ICH NOCH UM! ICH HALT'S ECHT NICHT AUS!
ACH, MEI, KOMM SCHON, ISS SIE DOCH! DAFÜR HAB ICH SIE DIR SCHLIESSLICH GEBACKEN! HI HI HI!
MENSCH, SO WITZIG IST DAS AUCH WIEDER NICHT.
ZOSCH
WIE KANNST DU NUR SO ENTZÜCKEND LÄCHELN? WILLST DU MIR 'NEN HERZINFARKT VERPASSEN, DU DUSSEL!

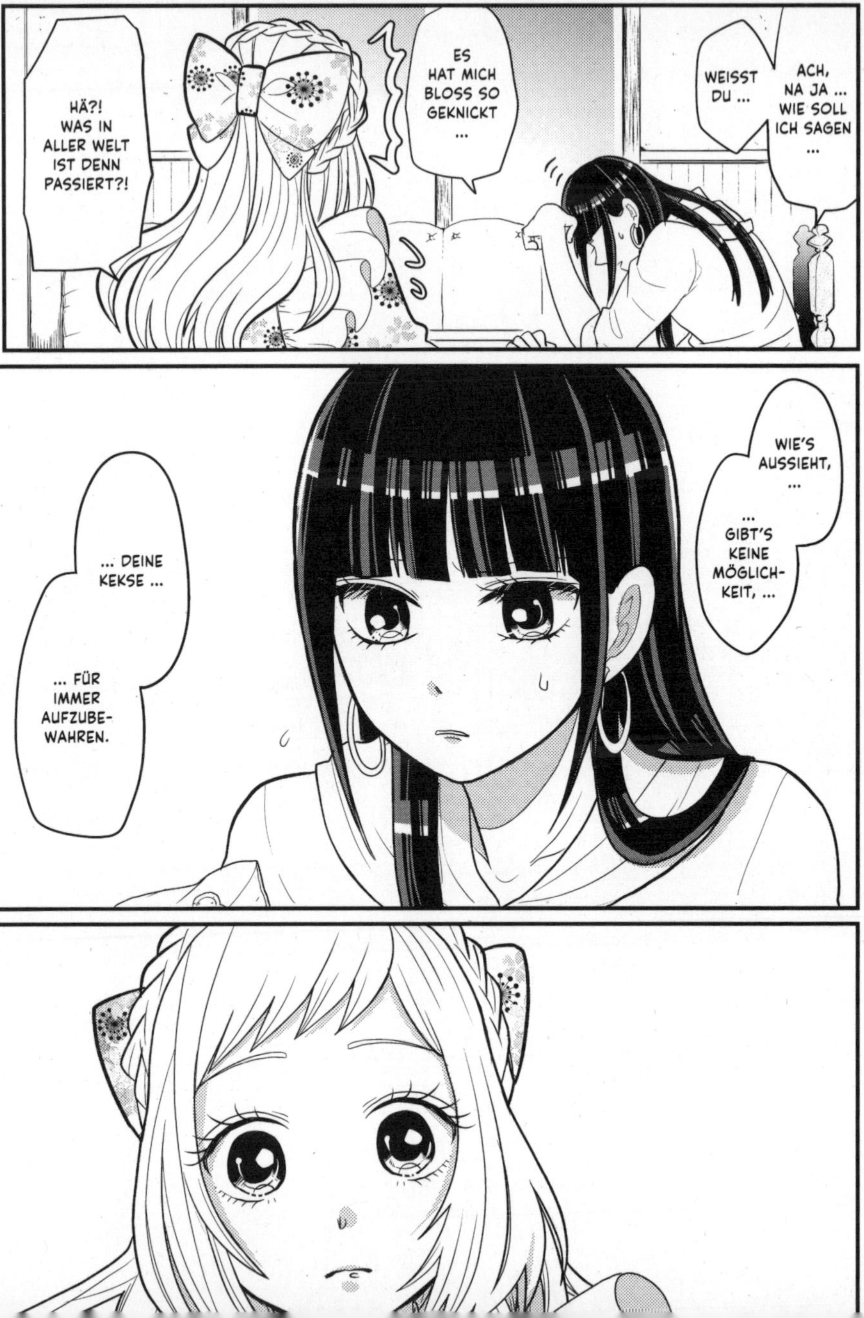
ACH, NA JA ... WIE SOLL ICH SAGEN ...
WEISST DU ...
ES HAT MICH BLOSS SO GEKNICKT ...
HÄ?! WAS IN ALLER WELT IST DENN PASSIERT?!
WIE'S AUSSIEHT, ...
... GIBT'S KEINE MÖGLICH-KEIT, ...
... DEINE KEKSE ...
... FÜR IMMER AUFZUBE-WAHREN.

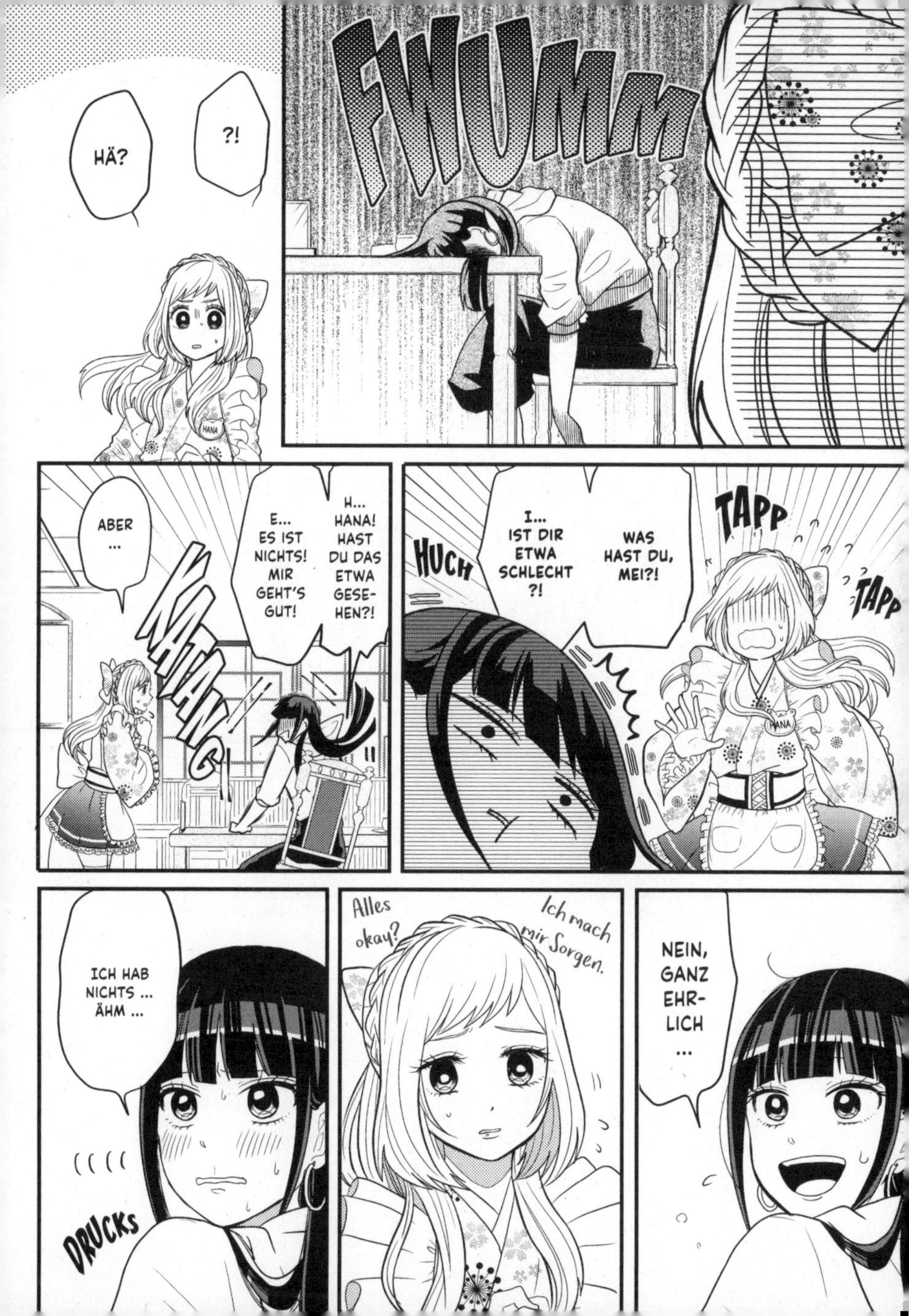
FWUMM
?!
HÄ?
TAPP
TAPP
WAS HAST DU, MEI?!
I... IST DIR ETWA SCHLECHT ?!
HUCH
H... HANA! HAST DU DAS ETWA GESE-HEN?!
E... ES IST NICHTS! MIR GEHT'S GUT!
KATANG
ABER ...
NEIN, GANZ EHR-LICH ...
Ich mach mir Sorgen.
Alles okay?
ICH HAB NICHTS ... ÄHM ...
DRUCKS

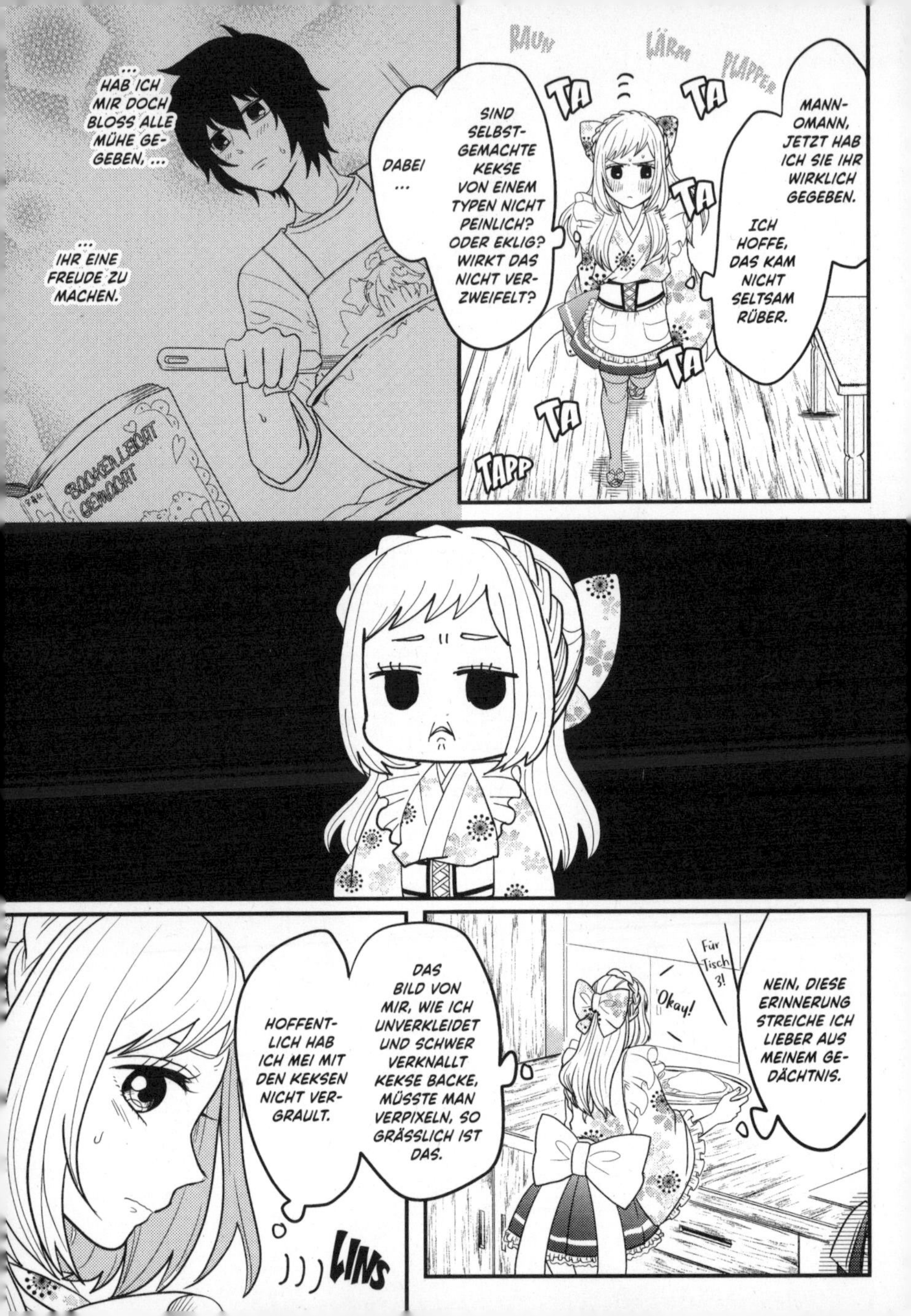
RAUN
LÄRM
PLAPPER
TA
TA
MANN-OMANN, JETZT HAB ICH SIE IHR WIRKLICH GEGEBEN.
ICH HOFFE, DAS KAM NICHT SELTSAM RÜBER.
TA
TA
SIND SELBST-GEMACHTE KEKSE VON EINEM TYPEN NICHT PEINLICH? ODER EKLIG? WIRKT DAS NICHT VER-ZWEIFELT?
DABEI ...
TA
TAPP
... HAB ICH MIR DOCH BLOSS ALLE MÜHE GE-GEBEN, ...
... IHR EINE FREUDE ZU MACHEN.
BACKEN LEICHT GEMACHT
Für Tisch 3!
Okay!
NEIN, DIESE ERINNERUNG STREICHE ICH LIEBER AUS MEINEM GE-DÄCHTNIS.
DAS BILD VON MIR, WIE ICH UNVERKLEIDET UND SCHWER VERKNALLT KEKSE BACKE, MÜSSTE MAN VERPIXELN, SO GRÄSSLICH IST DAS.
HOFFENT-LICH HAB ICH MEI MIT DEN KEKSEN NICHT VER-GRAULT.
LINS

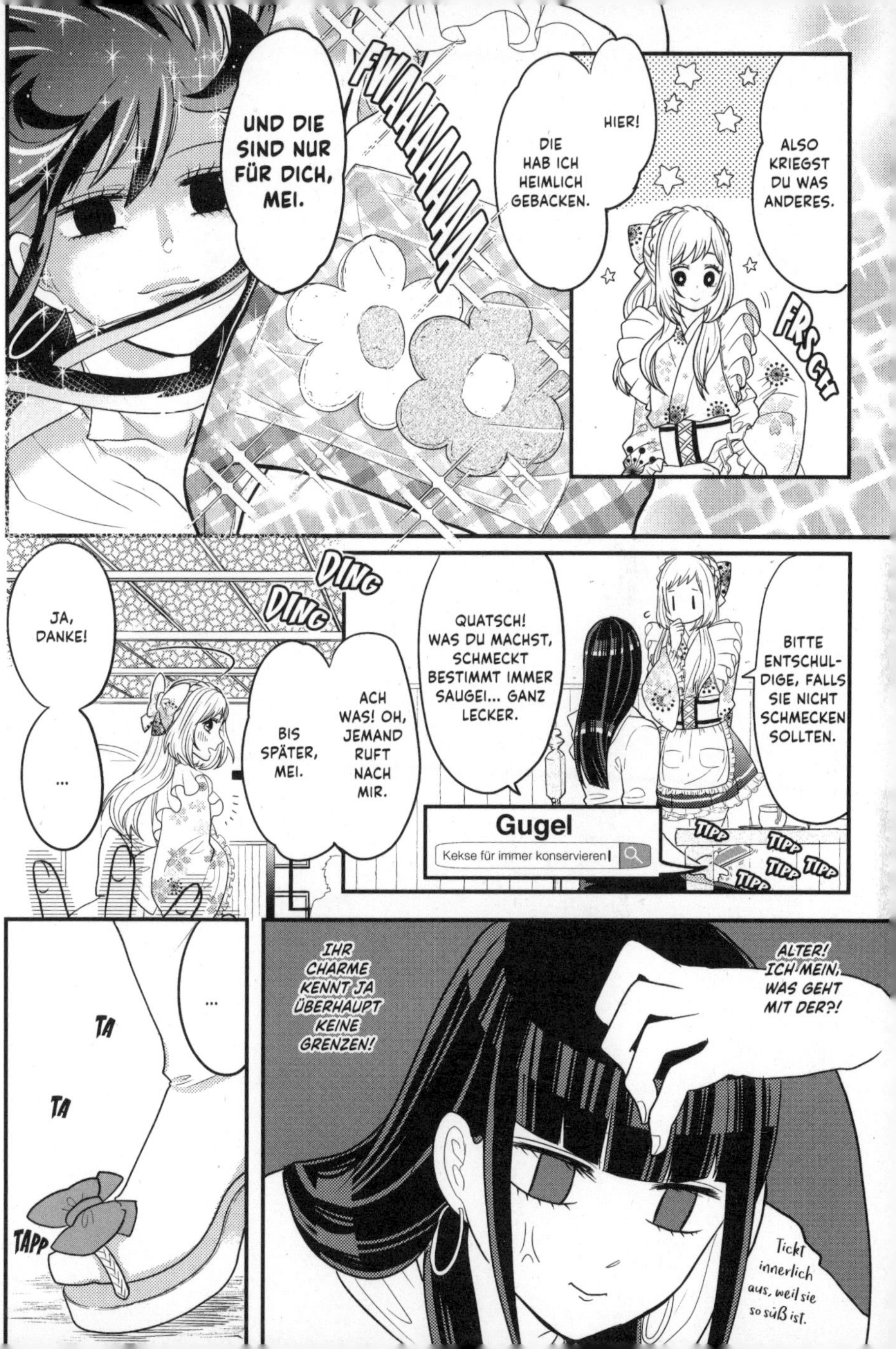
ALSO KRIEGST DU WAS ANDERES.
FRSCH
HIER!
DIE HAB ICH HEIMLICH GEBACKEN.
FWAAAAAAA
UND DIE SIND NUR FÜR DICH, MEI.
BITTE ENTSCHULDIGE, FALLS SIE NICHT SCHMECKEN SOLLTEN.
QUATSCH! WAS DU MACHST, SCHMECKT BESTIMMT IMMER SAUGEI... GANZ LECKER.
Gugel
Kekse für immer konservieren
TIPP TIPP TIPP TIPP TIPP
DING DING
ACH WAS! OH, JEMAND RUFT NACH MIR.
BIS SPÄTER, MEI.
JA, DANKE!
...
ALTER! ICH MEIN, WAS GEHT MIT DER?!
IHR CHARME KENNT JA ÜBERHAUPT KEINE GRENZEN!
Tickt innerlich aus, weil sie so süß ist.
...
TA
TA
TAPP

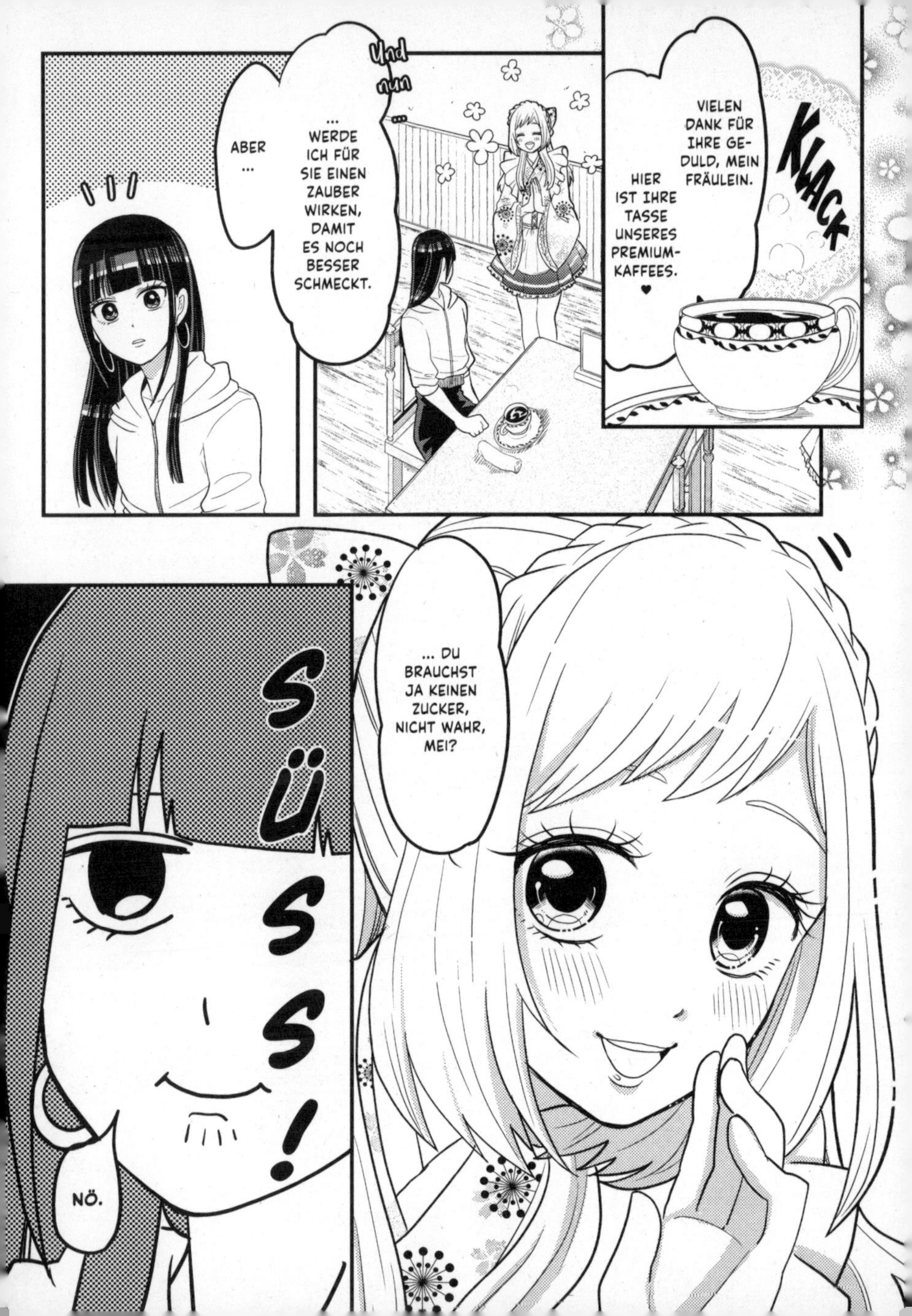
KLACK
VIELEN DANK FÜR IHRE GEDULD, MEIN FRÄULEIN.
HIER IST IHRE TASSE UNSERES PREMIUM-KAFFEES. ♥
Und nun …
… WERDE ICH FÜR SIE EINEN ZAUBER WIRKEN, DAMIT ES NOCH BESSER SCHMECKT.
ABER …
… DU BRAUCHST JA KEINEN ZUCKER, NICHT WAHR, MEI?
SÜSS!
NÖ.

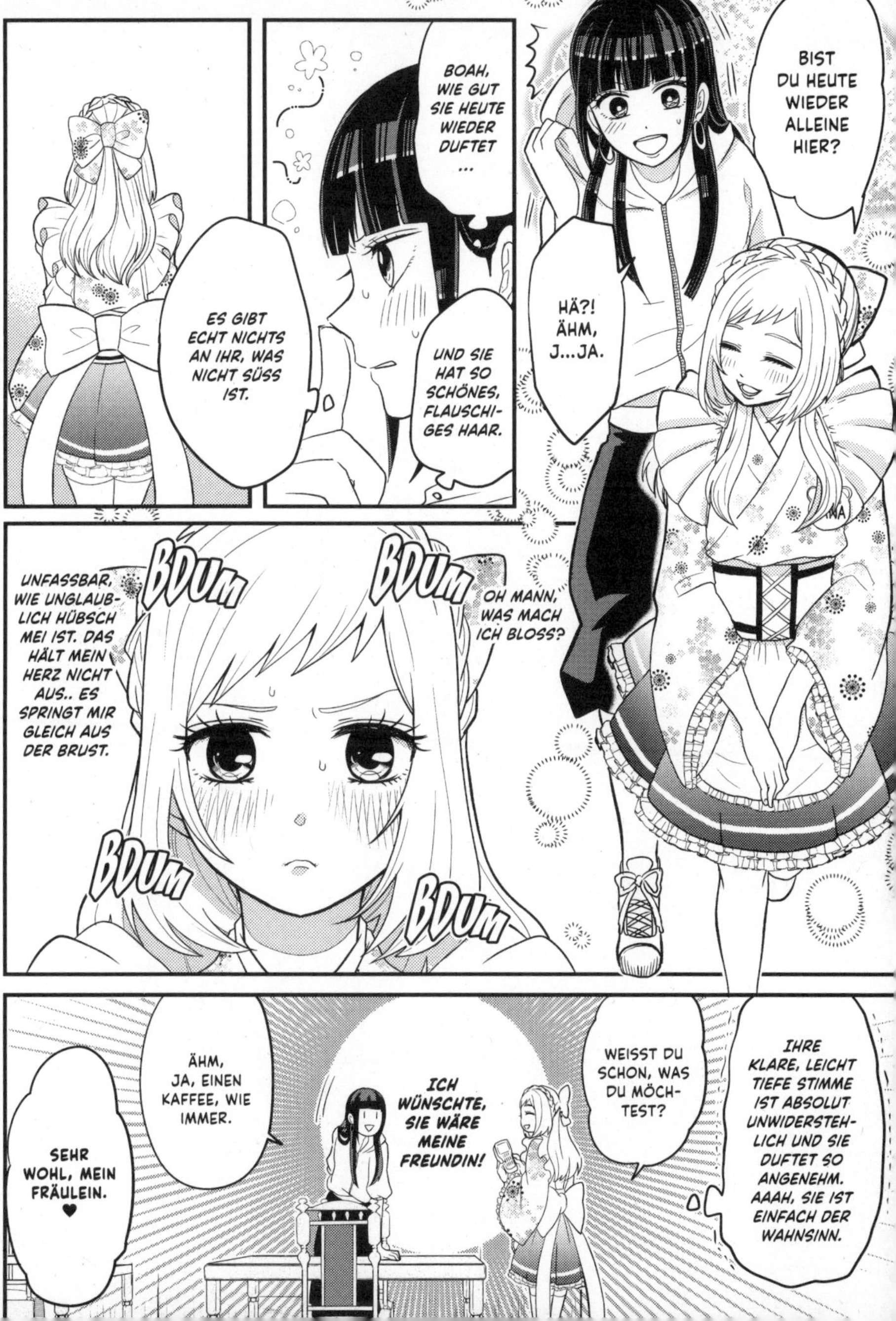

BIST DU HEUTE WIEDER ALLEINE HIER?
HÄ?! ÄHM, J...JA.
BOAH, WIE GUT SIE HEUTE WIEDER DUFTET ...
UND SIE HAT SO SCHÖNES, FLAUSCHIGES HAAR.
ES GIBT ECHT NICHTS AN IHR, WAS NICHT SÜSS IST.
OH MANN, WAS MACH ICH BLOSS?
BDUM
BDUM
UNFASSBAR, WIE UNGLAUBLICH HÜBSCH MEI IST. DAS HÄLT MEIN HERZ NICHT AUS.. ES SPRINGT MIR GLEICH AUS DER BRUST.
BDUM
BDUM
IHRE KLARE, LEICHT TIEFE STIMME IST ABSOLUT UNWIDERSTEHLICH UND SIE DUFTET SO ANGENEHM. AAAH, SIE IST EINFACH DER WAHNSINN.
WEISST DU SCHON, WAS DU MÖCHTEST?
ICH WÜNSCHTE, SIE WÄRE MEINE FREUNDIN!
ÄHM, JA, EINEN KAFFEE, WIE IMMER.
SEHR WOHL, MEIN FRÄULEIN. ♥

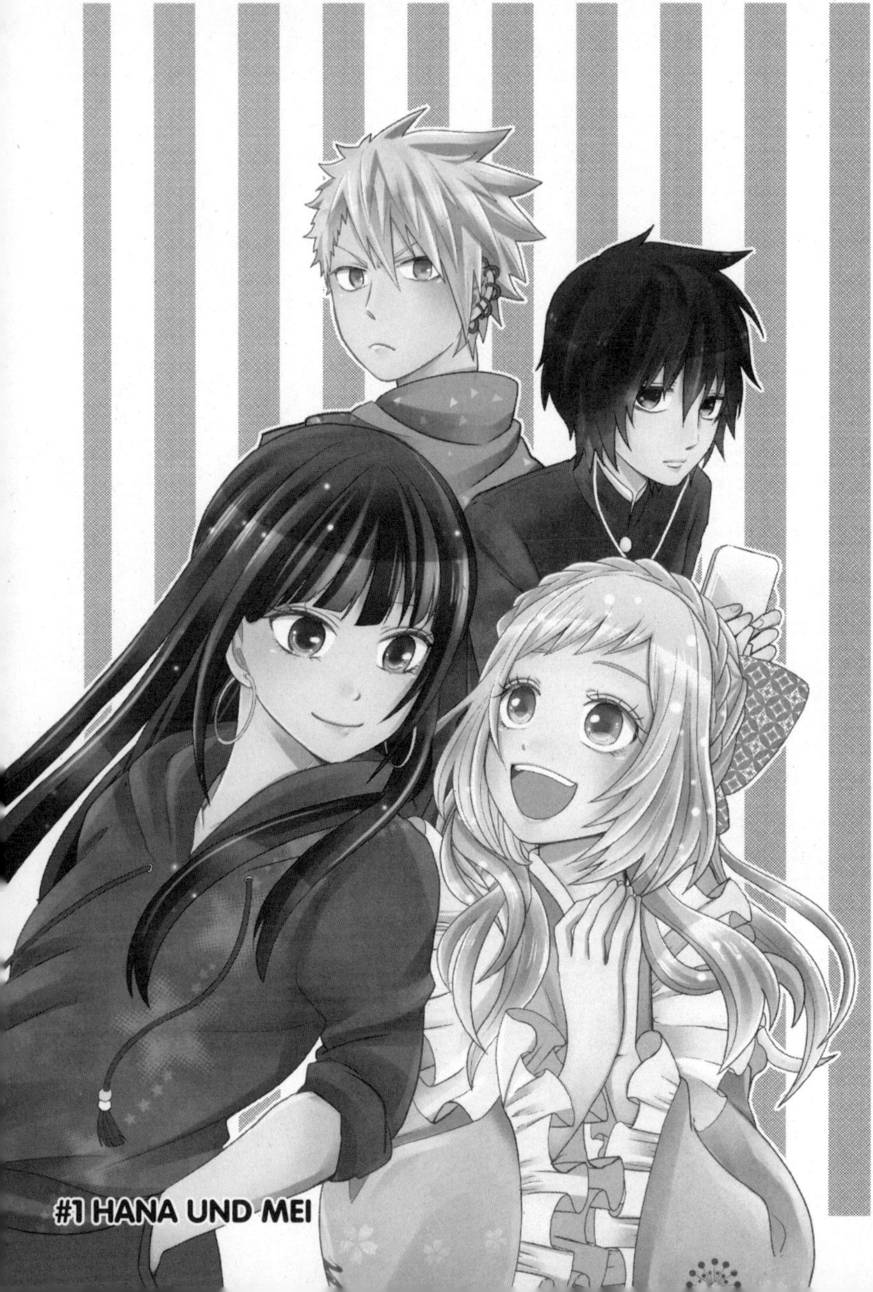
#1 HANA UND MEI

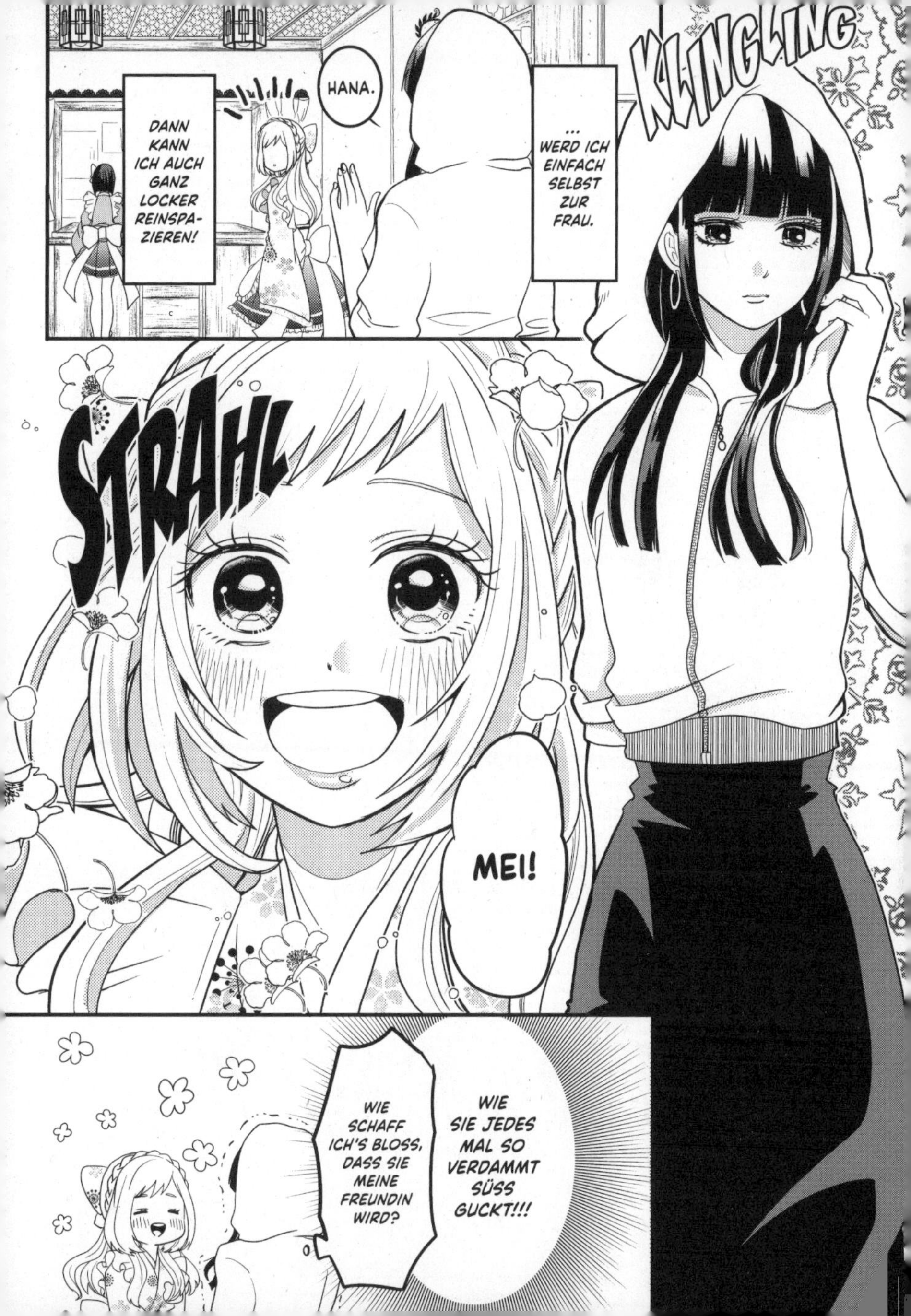
KLINGLING
... WERD ICH EINFACH SELBST ZUR FRAU.
HANA.
DANN KANN ICH AUCH GANZ LOCKER REINSPAZIEREN!
STRAHL
MEI!
WIE SIE JEDES MAL SO VERDAMMT SÜSS GUCKT!!!
WIE SCHAFF ICH'S BLOSS, DASS SIE MEINE FREUNDIN WIRD?

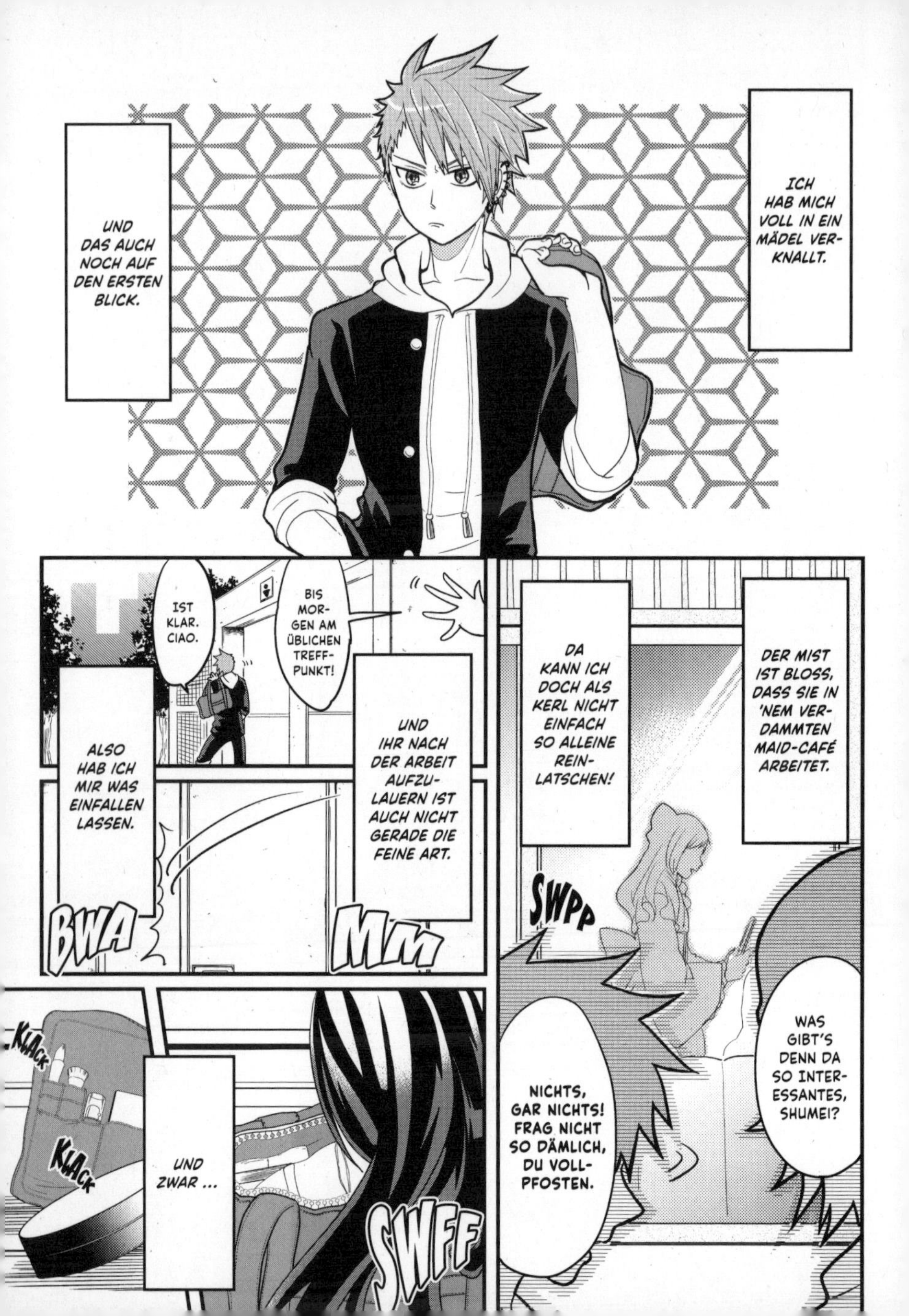
ICH HAB MICH VOLL IN EIN MÄDEL VERKNALLT.
UND DAS AUCH NOCH AUF DEN ERSTEN BLICK.
DER MIST IST BLOSS, DASS SIE IN 'NEM VERDAMMTEN MAID-CAFÉ ARBEITET.
DA KANN ICH DOCH ALS KERL NICHT EINFACH SO ALLEINE REINLATSCHEN!
SWPP
WAS GIBT'S DENN DA SO INTERESSANTES, SHUMEI?
NICHTS, GAR NICHTS! FRAG NICHT SO DÄMLICH, DU VOLLPFOSTEN.
BIS MORGEN AM ÜBLICHEN TREFFPUNKT!
IST KLAR. CIAO.
UND IHR NACH DER ARBEIT AUFZULAUERN IST AUCH NICHT GERADE DIE FEINE ART.
ALSO HAB ICH MIR WAS EINFALLEN LASSEN.
BWA MM
UND ZWAR ...
KLACK
KLACK
SWFF

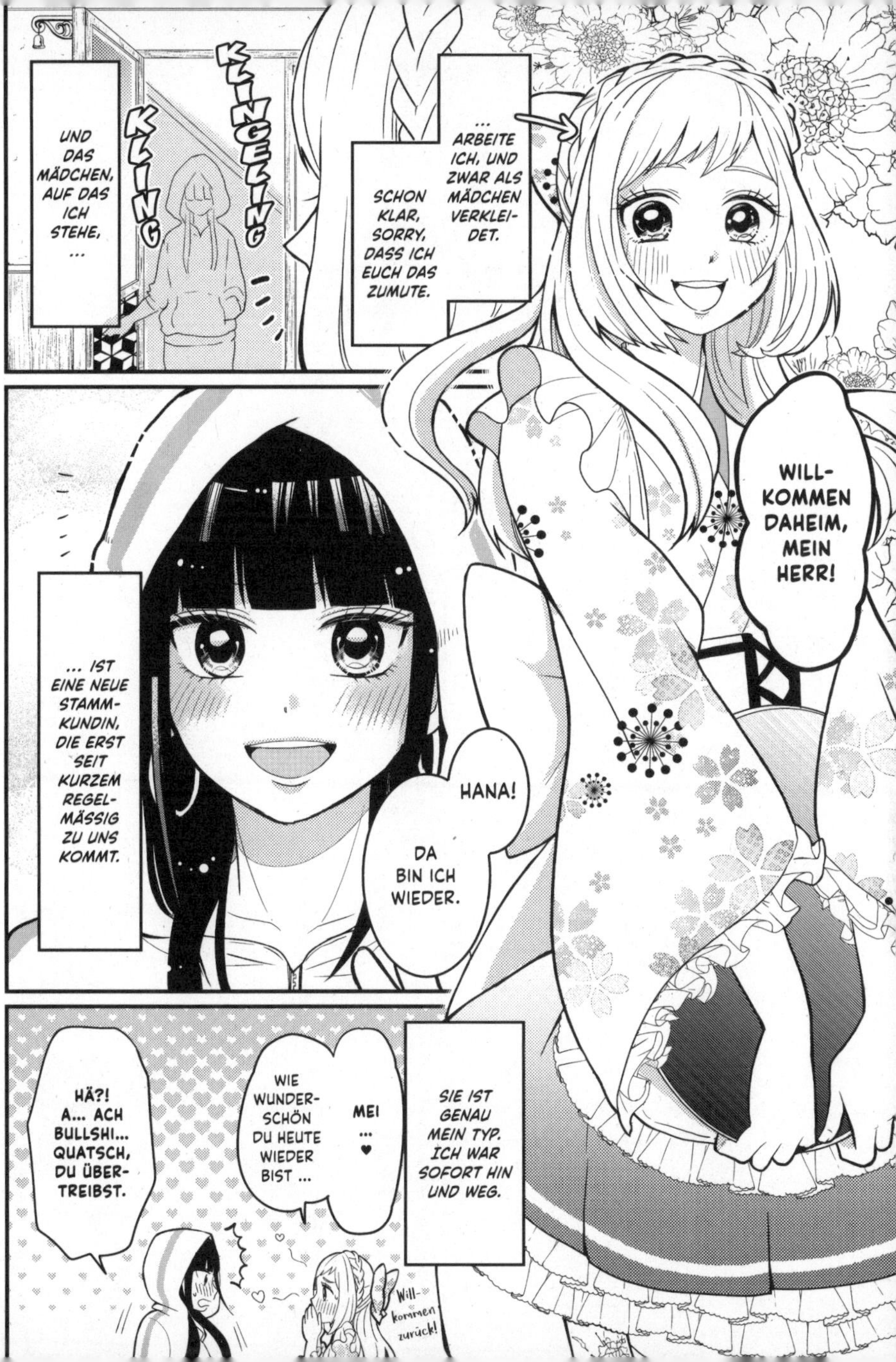
... ARBEITE ICH, UND ZWAR ALS MÄDCHEN VERKLEIDET.
SCHON KLAR, SORRY, DASS ICH EUCH DAS ZUMUTE.
KLINGELING
KLING
UND DAS MÄDCHEN, AUF DAS ICH STEHE, ...
WILLKOMMEN DAHEIM, MEIN HERR!
HANA!
DA BIN ICH WIEDER.
... IST EINE NEUE STAMMKUNDIN, DIE ERST SEIT KURZEM REGELMÄSSIG ZU UNS KOMMT.
SIE IST GENAU MEIN TYP. ICH WAR SOFORT HIN UND WEG.
MEI ... ♥
WIE WUNDERSCHÖN DU HEUTE WIEDER BIST ...
HÄ?! A... ACH BULLSHI... QUATSCH, DU ÜBERTREIBST.
Willkommen zurück!

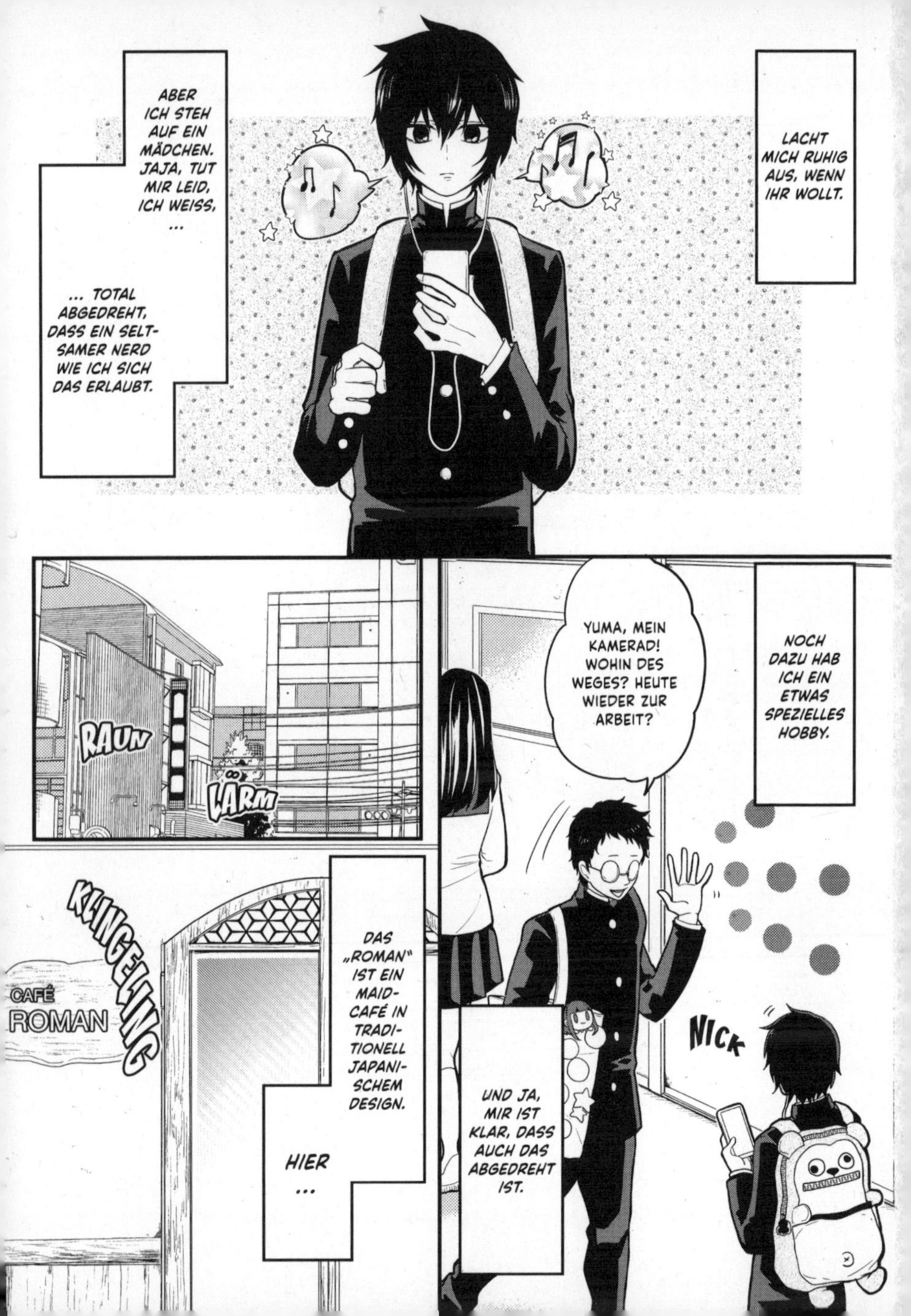
LACHT MICH RUHIG AUS, WENN IHR WOLLT.
ABER ICH STEH AUF EIN MÄDCHEN. JAJA, TUT MIR LEID, ICH WEISS, ...
... TOTAL ABGEDREHT, DASS EIN SELT-SAMER NERD WIE ICH SICH DAS ERLAUBT.
NOCH DAZU HAB ICH EIN ETWAS SPEZIELLES HOBBY.
YUMA, MEIN KAMERAD! WOHIN DES WEGES? HEUTE WIEDER ZUR ARBEIT?
NICK
UND JA, MIR IST KLAR, DASS AUCH DAS ABGEDREHT IST.
RAUN
LÄRM
DAS „ROMAN" IST EIN MAID-CAFÉ IN TRADI-TIONELL JAPANI-SCHEM DESIGN.
HIER ...
KLINGELING
CAFÉ ROMAN

Inhalt

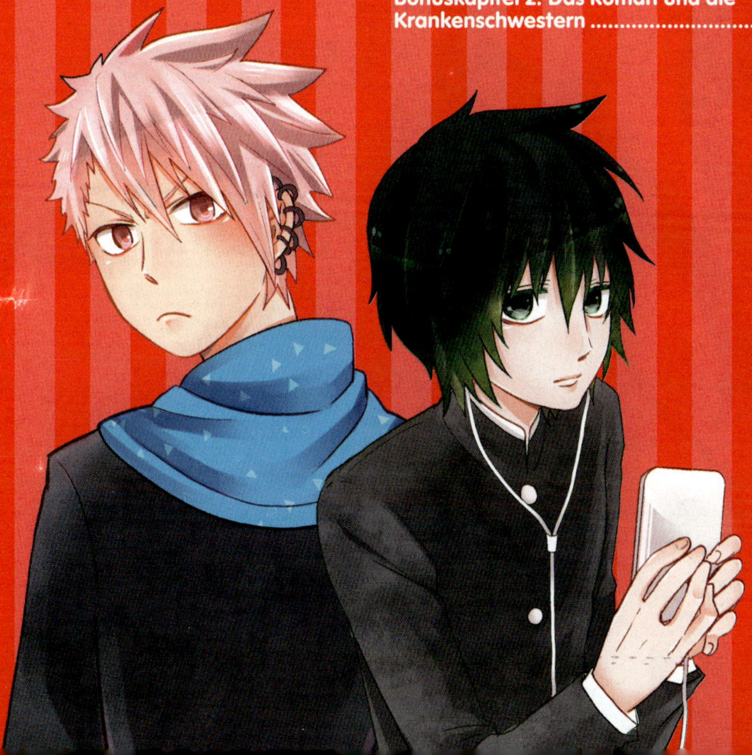

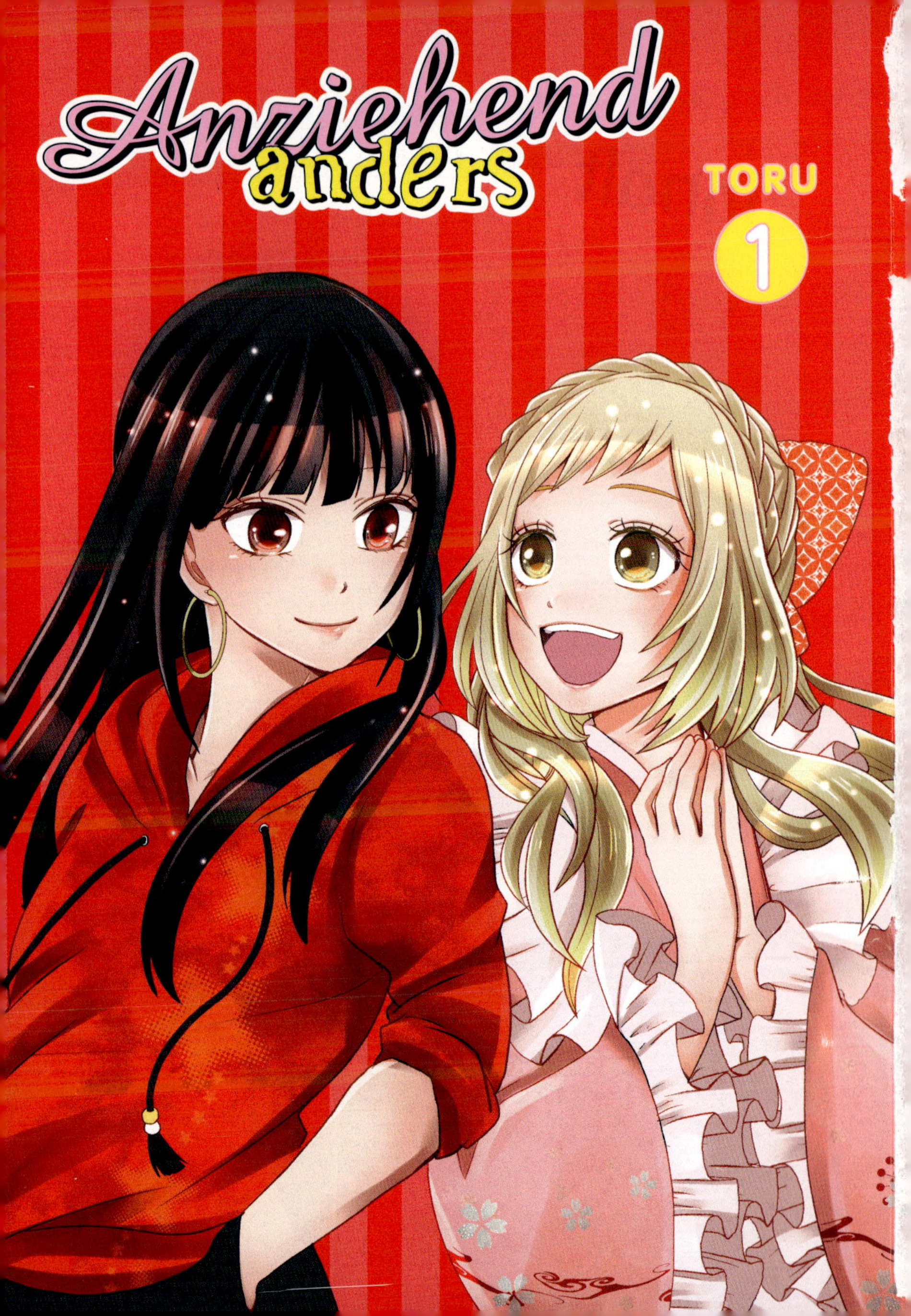
Anziehend anders
TORU
1